VAN DE DOOD TOT
HET LEVEN

Archimandriet ZACHARIAS (Zacharou)

Van de dood tot het leven

De weg van het Kruis des Heren
in ons dagelijks bestaan

MARANATHA HOUSE
A.D. 2017

VAN DE DOOD TOT HET LEVEN

*De weg van het Kruis des Heren
in ons dagelijks bestaan*

+ + +

*Translation into Dutch
of a series of talks*

Author/speaker:
Archimandriet Zacharias (Zacharou)

Dutch translation:

Nederlandse vertaling & redactie
© 2015, A. Arnold-Lyklema

Published by:

Maranatha House
www.maranathahouse.info

ISBN 978-0-9931058-3-8

Voorwoord

Christelijk te leven is onbereikbaar.
Men kan slechts Christelijk sterven.

+ Archim. Sophrony[1]

Toen vader Zacharias in 2014 Amerika bezocht – waar hij in eerdere jaren reeds verschillende malen gesproken had – werd hij warm ontvangen en velen verheugden zich erin hem te horen spreken. Ter inleiding op één van dergelijke voordrachten gaf de gastheer een indrukwekkend overzicht van de achtergrond van het leven en de werken van zijn gastspreker. Als altijd bedacht op het bewaren van de nederigheid, en dat ook ten behoeve van zijn medemensen, reageerde archimandriet Zacharias: "Na zulk een inleiding zal ik niet kunnen spreken. Ik ben maar een heel eenvoudig persoon. En al wat ik weet is een klein beetje huiselijke theologie..."

Doch het is juist deze 'huiselijke theologie' die ons, kinderen van de 20^e en 21^e eeuw, in staat stelt binnen te treden in het paradoxale mysterie, dat wordt uitgedrukt in het hierboven geciteerde woord van oudvader Sophrony – het thema van deze reeks voordrachten, wederom gehouden op uitnodiging van Bisschop Basil van Wichita.[2] Immers, zelfs wie het voorgaande onderricht heeft gehoord of gelezen en met vreugde heeft overwogen, staat nog perplex bij het aanschouwen van het contrast. Want het Evangelie wordt ons verkondigd als een "vreugdevolle boodschap" en zowel de apostelen als de heilige Vaders spreken ons over een leven "in overvloed",[3] dat voor kleine kinderen toegankelijk is.[4] En toch komt ook de Christen in het dagelijks leven oog in oog te staan met de dood, zowel als met alle ellende van deze wereld – en dat soms op zulk een wijze

---

[1] Aldus de Griekse tekst. De Engelse versie van deze uitspraak bevat een expliciete verwijzing naar de apostel Paulus: "al wat men kan doen is 'dagelijks' te sterven, in Christus"– cf. 1Kor.15:13. Zie "Saint Silouan", GK p.311 (zie ook p.317), EN p.236, (243), NL p.255, (259); "We Shall See Him", GK p.113, EN p.73.
[2] Op de "42nd Annual St. Raphael Clergy Brotherhood Retreat", te Wichita, Kansas, U.S.A. (4-7 feb. A.D.2014).
[3] Joh.10:10.
[4] Cf. Mt.19:14; Mk.10:14; Lk.18:16.

dat een mens zich inderdaad gaat afvragen: Is het werkelijk mogelijk een Christelijk leven te leiden? Hoe kunnen wij, armzaligen, werkelijk erfgenamen worden van de heerlijkheid die ons is beloofd – en waarvan wij misschien een heel klein beetje hebben mogen smaken?

In antwoord daarop schetst archimandriet Zacharias ons de weg van het Kruis – de weg van ons eigen kleine kruis, in navolging van het grote Kruis des Heren, dat alle menselijke kracht te boven gaat. Daarbij opent hij voor ons een visie, die ons in staat stelt om ondanks alles toch "de Onbereikbare te bereiken".[5] En tevens biedt hij ons de gereedschappen waarmee het ons, zelfs in onze zwakheid, mogelijk wordt een begin te maken op "de weg des Heils" – opdat ook wij zullen mogen instemmen met het overwinningslied van alle heiligen, in de genadevolle verzekering van de waarheid van het woord van de lichtstralende Paasnacht:[6]

...van de dood tot het leven,
en van de aarde naar de hemelen,
heeft Christus God ons gebracht,
terwijl wij zingen het overwinningslied:
Christus is van de doden opgestaan!

Notities bij deze uitgave

Deze uitgave berust op een reeks geluidsopnamen, die zowel de voordrachten zelf omvatten als de bijbehorende 'vragen en antwoorden'. Om de spreker zelf aan het woord te laten, is de tekst slechts zeer beperkt geredigeerd. Een appendix bevat enkele aanvullende voordrachten, gehouden in St.Tikhon's, Pennsylvania (een Orthodox klooster en seminarie), en in St. Vladimir's Orthodox Seminary, Crestwood, New York.

Er is rechtstreeks uit het Engels vertaald, voor zover van toepassing getoetst aan de beschikbare Griekse teksten. Evenals bij voorgaande uitgaven is voor Bijbelse en patristieke begrippen, zowel als voor Schriftverwijzingen[7] en andere citaten, terugge-

---

[5] Cf. Akathist tot de Moeder Gods, 2e kwart.
[6] Canon van Pascha, 1e Irmos; cf. Joh.5:24.
[7] Om praktische redenen zijn oudstestamentische verwijzingen gegeven volgens

grepen op het Grieks – als zijnde één van de voornaamste grond-
talen van de Orthodoxe Traditie, alsmede de eigen taal van de
auteur. Wat het Nederlands betreft, is in dat verband met name
gerefereerd aan de Statenvertaling (ed. Jongbloed) en de NBG'51,
zowel als aan de liturgische vertalingen van archimandriet Adriaan
(eeuwige gedachtenis!) van het Orthodox Klooster te Den Haag.
Daarnaast zijn soms ook andere gangbare Nederlandse vertalingen
geraadpleegd. In het geval van expliciete Bijbelcitaten is gekozen
voor een vertaling die zo nauw mogelijk aansluit bij het Grieks.[8]

Ten behoeve van de toegankelijkheid zijn enkele van de meer
ongebruikelijke begrippen in de noten enigszins toegelicht. Ook is
wederom een index van Bijbelcitaten opgenomen, zowel als een
Bibliografie van geciteerde werken.

*A

+ Nafeest Kruisverheffing
15 september A.D.2015

---

de Masoretische (Hebreeuwse) tekst, volgens het meest gangbare gebruik in
Nederlandse Bijbeluitgaven. Verwijzingen naar de Septuagint zijn aangegeven
met LXX. Alleen voor de Psalmen wordt eerst de Septuagint-verwijzing gegeven,
gevolgd door de in Nederlandse Bijbeluitgaven meer gebruikelijke nummering
tussen haakjes. (NB: Er bestaan kleine variaties in de vers-telling, m.n. in de
Psalmen, wat afhankelijk van de gebruikte Bijbeluitgave soms één of twee verzen
kan verschillen. Bij vaak voorkomende verschillen is dit soms aangegeven met
een schuine streep, bv. 3/5 = vers 3 of vers 5.)

[8] Hetzij rechtstreeks overgenomen uit de bestaande vertalingen, hetzij enigszins
'bijgeschaafd', ook gezien de soms specifiek Orthodoxe inzichten aangaande de
zin van bepaalde begrippen, en met inachtneming van een zo consequent
mogelijk taalgebruik.

1

Het Kruis van Christus:
de rechtvaardiging van God en de mens

In dit eerste hoofdstuk heb ik geprobeerd te laten zien, hoe belangrijk de plaats van het Kruis is in ons leven, en te begrijpen wat het is, dat werkelijk de dood overwint – wat onze onvrijwillige dood overwint, die wij geërfd hebben vanwege de zonde die voorafging aan onze komst in dit leven. En hierbij tracht ik te laten zien dat het oordeel van God, dat in de Persoon van onze Heer Jezus Christus de dood overwon, op één of andere wijze herhaald moet worden in het leven van elk van ons – willen wij het huis van God zijn. Het oordeel Gods moet beginnen bij het huis Gods, zegt de heilige Petrus;[1] en dat huis Gods zijn wij.[2]

In de Brieven van de apostel Paulus wordt gesproken over twee mensen, van wie alle anderen afstammen. Beiden zijn Stamvaders. De ene wordt de 'eerste' genoemd, en de ander de 'tweede' of de 'laatste'. "De eerste", zegt de Apostel, is "uit de aarde, aards; de tweede mens is de Heer uit de hemel".[3] De eerste werd geschapen met een "levende ziel", terwijl de tweede de Schepper is, en een "levenschenkende geest" bezit.[4]

Adam, de eerste mens, werd door God vrij geschapen, en met een ongelooflijk, een wonderbaarlijk intellect. Hij was begiftigd met een noëtisch vermogen,[5] waardoor hij op onzegbare wijze Gods aanwezigheid kon genieten, en in Zijn nabijheid de zekerheid en het

---

Dit eerste hoofdstuk komt grotendeels overeen met hoofdstuk V.5 in «ΤΟ ΧΑΡΑΓΜΑ ΤΟΥ ΧΡΙΣΤΟΥ ΣΤΗΝ ΚΑΡΔΙΑ ΤΟΥ ΑΝΘΡΩΠΟΥ» (Nederlandse uitgave: "Het zegelbeeld van Christus in het hart van de mens").

[1] 1Petr.4:11.
[2] Cf. 1Petr.2:5.
[3] 1Kor.15:47
[4] 1Kor.15:45.
[5] D.w.z. een bijzonder vermogen van het intellect (het Griekse: *nous*), een begrip dat specifiek gebruikt wordt voor het hier beschreven vermogen om God te schouwen. *Noot vert.*

geestelijk genot kon voelen van het onvergankelijke leven. Doch vlak nadat hij geschapen werd, bekoord door zijn genadegaven en vergetend dat hij geschapen was, aanvaardde hij de suggestie van de duivel, en gaf zich over aan de vreeswekkende verzoeking tot zelfvergoddelijking. Hij overtrad Gods gebod en werd verdreven uit het licht van Diens aanwezigheid. Hij werd verjaagd uit het heilige land van het Paradijs en zijn intellect verviel tot deze aarde, die geblesseerd is door de vloek der ongehoorzaamheid, zodat de geest daarop kruipt als een slang.[6]

(Het is niet gemakkelijk in Gods aanwezigheid te verblijven. De Cherubim en de Serafim, om in deze voortdurende verheerlijking van God te blijven, gebruiken slechts twee van hun zes vleugels om rond de Troon van God te vliegen. Met de andere vier bedekken zij hun geschapen wezen. Dat wil zeggen, de andere vier gebruiken zij voor de nederigheid. En het is vanwege hun nederigheid, dat zij staande kunnen blijven in een eeuwige verheerlijking: "Met twee [vleugels] bedekken zij hun aangezicht, en met twee bedekken zij hun voeten, en met de andere twee vliegen zij en roepen onophoudelijk..."[7] Er is dus veel nederigheid vereist om in Gods aanwezigheid te staan.)

Toen God de zonde van Adam en Eva berispte, rechtvaardigden zij zichzelf, waarmee zij in wezen God de schuld gaven. Toen liet God toe dat de dood, Zijn 'bestraffende kracht', in hun leven kwam – om hun waanzin te beteugelen, en opdat zij niet volstrekt verloren zouden gaan.[8]

---

[6] Zie Gen.3.

[7] Anaphora van de Goddelijke Liturgie, naar Jes.6:2-3.

[8] Deze 'bestraffende kracht', zoals de heilige Maximos de Belijder de dood noemde, bestaat hierin, dat God vrijelijk in staat is Zijn aanwezigheid terug te trekken, in elke mate die Hem welgevallig is. Wanneer de geschapen mens, wiens leven geheel berust op Gods gave, zichzelf van God afkeert, laat God dus toe dat de mens Zijn afwezigheid daadwerkelijk ervaart, en aldus de dood vindt, allereerst geestelijk – al houdt God op verborgen wijze toch zijn bestaan in stand, wat hem de mogelijkheid tot ommekeer en bekering schenkt. Vader John S. Romanides benadrukt hierbij dat de dood als zodanig niet van God afkomstig is – deze is juist het teken van Zijn afwezigheid, een vreemd element in Zijn schepping, die bedoeld was om geheel vervuld te zijn van Gods heerlijkheid. *Noot vert., cf. "The Ancestral Sin".*

Terwijl de mens tevoren "in ere" was,[9] brengt hij nu ontelbare knoppen voort die steeds weer verdorren, en niet in staat zijn de onvergankelijke vrucht voort te brengen van het eeuwige leven. Al de zonen van Adam werden beheerst door vijandschap, droefheid, moeite, smart, en tenslotte de dood. Hoewel hij geschapen was voor de eeuwigheid werd de mens, vanwege zijn val, vermorzeld door de dood, met al de tirannieke gevolgen daarvan. De oorspronkelijke eenheid van zijn ziel en lichaam werd verbroken. Zijn levenschenkende gemeenschap met God en zijn medemens werd vernietigd, en hij raakte onderworpen aan de heerschappij van de vrees voor de dood. Deze vrees maakte hem zelfzuchtig. Geconfronteerd met de dreiging van de dood raakte de mens – in zijn strijd om te overleven – in staat tot elke misdaad, en werd hij tot dienstknecht der zonde. Dat is waarom de Apostel zegt, dat de vrees voor de dood alle mensen in zonde deed verzinken, en derhalve in de dood – "waardoor allen hebben gezondigd", namelijk, vanwege de vrees voor de dood.[10]

Daar al de nakomelingen van Adam ontvangen werden en geboren zijn onder de heerschappij van de dood, werden zij sterfelijk – een "slechte boom", "adderengebroed".[11] De rechtvaardige veroordeling van Adam werd een wet voor zijn nageslacht. Dus zijn allen die geboren worden als gevolg van de zelfzuchtige genieting van de hartstochten, en derhalve "in zonde",[12] onderworpen aan de tirannieke gevolgen daarvan, en hun einde is de ontbinding in de dood, die daar terecht op volgt vanwege de zonde die eraan voorafging. Doch de dood was niet wat God wilde; en daarom, in Zijn oneindige liefde voor de mens, zond God Zijn eniggeboren Zoon in de wereld, "opdat Hij de werken van de duivel zou ontbinden",[13] en de mens zou leiden "van de dood tot het leven".[14]

In Zijn onnaspeurbare wijsheid diende God een nieuw begin te vinden, en een nieuwe Stamvader te bieden, Wiens geboorte niet voorafgegaan werd door de zonde, zodat Hij niet onderworpen zou

---

[9] Cf. LXX Ps.48:13,21 (49:12/13,20/21).
[10] Cf. Rom.5:12, zie ook geheel Rom.5-6.
[11] Zie Mt.12:33-34 & Mt.3:7; Lk.3:7.
[12] LXX Ps.50:7 (51:5/7).
[13] 1Joh.3:8; zie ook Hebr.2:14.
[14] Joh.5:24.

zijn aan "het loon der zonde", de dood.[15] Dit was Christus, de
Zoon van God, geboren "uit de Heilige Geest en de Maagd Maria":
Zijn geboorte werd niet voorafgegaan door zonde – deze was niet
"uit de wil van een man"[16] – en (derhalve) vrij van de veroordeling
van Adam. Hij nam waarlijk heel de menselijke natuur aan, met al de
gevolgen van Adams val, behalve de zonde. Hij verenigde deze
natuur met Zijn goddelijke natuur, en gaf haar "al de volheid van
de Godheid".[17] Als Hij dat had gewild, had Hij aldus kunnen
sterven – maar Zijn dood zou onrechtvaardig zijn geweest, omdat
Hij "geen zonde had begaan, noch werd bedrog gevonden in Zijn
mond.[18] [Daarom zou deze dood ook de veroordeling worden van
de rechtvaardige dood van de mens, voor wie Christus stierf.[19]]

Dus, naast de wijsheid van de smetteloze geboorte van de Zoon
van God uit de Maagd, en bovenal uit de Heilige Geest, stelde de
Allerhoogste tegenover de dood Zijn almacht. De Apostel noemt
deze almacht "de dwaasheid van God",[20] omdat dit een macht van
liefde is, onbeschrijfelijk nederig en toch absoluut; zo sterk als de
dood, zoals het Hooglied zegt.[21] Deze zwakheid van Gods nederige
liefde en wijsheid is "sterker dan de mensen", omdat deze elke mens
behoudt en hem aantrekt tot God zonder hem schrik aan te jagen, en
derhalve zonder de natuurlijke genadegave van zijn vrije wil, die hem
bij zijn uitnemende schepping geschonken was, geweld aan te doen.

Deze nederige liefde van God werd geopenbaard bij de zelfontlediging van Christus, waarin het Kruis de centrale plaats heeft.
Gods openbaring leert ons, dat Hij de wereld zodanig liefhad, "dat
Hij Zijn eniggeboren Zoon gegeven heeft, opdat eenieder die in
Hem gelooft niet verloren ga, maar eeuwig leven hebbe".[22] Maar
ook de Zoon heeft deze zelfde liefde voor de wereld, en vrijwillig
en in alle vrijheid aanvaardt Hij dit als een gebod. Dit toont Hij op

---

[15] Rom.6:23.
[16] Cf. Joh.1:13.
[17] Kol.2:9.
[18] 1Petr.2:2.
[19] Voor de zinsnede tussen haakjes, zie «ΤΟ ΧΑΡΑΓΜΑ ΤΟΥ ΧΡΙΣΤΟΥ...» (NL: "Het
zegelbeeld van Christus ..."). *Noot vert.*
[20] 1Kor.1:25.
[21] Hoogl.8:6.
[22] Joh.3:16.

het ogenblik van Zijn intrede in de wereld. Hij zegt: "Zie, Ik ben gekomen [..] om Uw wil te doen, o God".[23]

Christus is de eeuwige Erfgenaam en Bezitter van de wil van de hemelse Vader, zowel als de uitdrukking daarvan. Als zodanig, "daar Hij de Zijnen, die in de wereld waren, liefhad, zo heeft Hij hen liefgehad tot het einde".[24]

De liefde van Christus is in haar volheid absoluut, zowel in relatie tot God de Vader, als in relatie tot de "ellendige mens"[25] die Hij kwam behouden. Hij weet, dat het gebod van Zijn Vader "het eeuwige leven"[26] is – en "Hij heeft de geboden van Zijn Vader bewaard en blijft in Diens liefde"[27] – en Hij weet dat "niemand groter liefde [heeft]" [28] dan deze liefde, en daarom heeft Hij "de gedaante van een dienstknecht" aangenomen, van een mens.[29]

Christus' liefde voor de mens bereikte haar uiterste hoogtepunt in de liefde voor Zijn vijanden, de mensen die in zonde leefden – want de zonde is "vijandschap jegens God".[30] Daarom ook roept de Apostel in dankbare verbazing uit, dat Christus voor ons gestorven is "toen wij nog zondaars waren".[31] Deze liefde bleek volmaakt in Zijn gehoorzaamheid en Zijn aanvaarding van het Kruis der schande. In de hof van Gethsémane leverde Hij Zijn menselijke wil over aan de hemelse Vader. Aan het Kruis offerde Hij Zijn lichaam, en met Zijn reine ziel daalde Hij neder in de hel, voor het heil van allen.

Christus kwam in de wereld met slechts één doel: Het "eeuwig voornemen"[32] te vervullen, Gods vóóreeuwige plan voor het heil der mensen. Wanneer de Heer onderricht gaf en wonderen verrichtte, verlangde Hij om "het Evangelie te verkondigen aan de armen..., om de gebrokenen van hart te genezen, om vrijlating te verkondigen

---

[23] Hebr.10:7,9.
[24] Joh.13:1.
[25] Cf. Rom.7:24.
[26] Joh.12:50.
[27] Cf. Joh.15:10.
[28] Joh.15:13.
[29] Cf. Fil.2:7.
[30] Cf. Rom.8:7; Jak.4:4.
[31] Rom.5:8.
[32] Ef.3:11; cf. Ef.1:11.

aan de krijgsgevangenen en herstel van gezicht aan de blinden, om de
gewonden heen te zenden in vrijheid, om te verkondigen het aange-
name jaar des Heren"[33] – in één woord, om Zijn Koninkrijk te instal-
leren in het leven van de wereld. Toen Hij in Gethsémane bad onder
bloedig zweet en tot het einde toe de beker dronk van Gods vóóreeuwige wil, omwille van het heil der mensen, omvatte Zijn gebed
de gehele Adam en al de breedte van de tijd. Toen Hij opging tot
Golgotha besefte Hij, zoals Hij (eerder) had gezegd, dat alleen
"indien een graankorrel... in de aarde valt en sterft" hij "veel vrucht
voortbrengt".[34] En daarom "heeft Hij voor allen de dood gesmaakt",[35]
en wel de onterende dood des Kruises.[36] Toen Hij nederdaalde in het
graf droeg Hij in Zijn hart diezelfde inhoud: Zijn sterk verlangen
naar het heil der wereld, de "doop" in het "vuur" van Zijn liefde.[37]

De Heer aanvaardde de dood vrijwillig, uit gehoorzaamheid aan
Zijn hemelse Vader en uit liefde voor de mens. De "onberispelijke en
smetteloze" Christus nam de zonden der wereld op Zich, en "werd
voor ons tot een vloek" gemaakt.[38] Doch zijn dood was onrechtvaardig, omdat Hij zonder zonde was, en daarom werd dit de veroordeling van onze dood, die rechtvaardig is. De Hemelse Vader stond
niet toe dat Zijn heilige Zoon "het verderf zou zien",[39] maar Hij heeft
Hem "opgewekt op de derde dag" en Hem gegeven om openlijk te
verschijnen.[40] Toen Christus opstond, stond Hij uiteraard op met
heel de inhoud van Zijn hart, waarmee Hij ook gestorven was – heel
het geslacht der mensen. En deze "overwinning"[41] op de dood deelt
Hij met allen. Daarom ook zegt de heilige Johannes
Chrysostomos, in Zijn "woord voor de Paasnacht", dat "Christus is
opgestaan, en geen dode is er meer in de graven".[42]

(Hiermee probeer ik te zeggen, dat Christus in de wereld kwam

---

[33] Cf. Jes.61:1-2 (LXX); Lk.4:18-19.
[34] Zie Joh.12:24.
[35] Cf. Hebr.2:9.
[36] Cf. Fil.2:8 & Heb.12:2.
[37] Cf. Lk.12:49-50.
[38] Zie 1Petr.1:19; Joh.1:29; Gal.3:13.
[39] Cf. Hand.2:27,31; 13:35; LXX Ps.15(16):10.
[40] Hand.10:40.
[41] 1Kor.15:57.
[42] Homilie voor de Paasnacht, te vinden in het Pentekostarion.

met één gedachte en één verlangen, dat allen zouden worden behouden. Met deze zelfde gedachte sprak Hij tot ons het woord van Zijn Vader. Met dezelfde gedachte en hetzelfde verlangen bad Hij in Gethsémane voor de gehele mensheid. Met dezelfde gedachte en hetzelfde verlangen besteeg Hij het Kruis. Met hetzelfde verlangen als de inhoud van Zijn hart ging Hij naar het graf en stierf Hij. En aldus, toen Hij werd opgewekt, werd Hij opgewekt met dezelfde inhoud in Zijn hart: de gehele mensheid. Dat is hoe wij het woord van de heilige Johannes Chrysostomos verstaan in Zijn Paashomilie: "Opgestaan is Christus, en geen dode is er meer in het graf." En er bestaat een zekere overeenkomst hiermee bij het vieren van de Liturgie. Hoe meer ons gebed tijdens de Liturgie, en bij de voorbereiding op de Liturgie, omvat: ten tijde van de consecratie van de Heilige Gaven zal de zegen van God worden uitgespreid over al diegenen voor wie wij hebben gebeden– over de gehele wereld, als wij gebeden hebben voor het heil van de gehele wereld, hetgeen de wezenlijke aard is van de Liturgie. Het is dus zeer belangrijk om voorbereid naar de Liturgie te komen, vol van dergelijke geneigdheden en vol gebeden, want wanneer wij dat alles voor Gods aanschijn brengen ten tijde van de consecratie – wanneer de uitwisseling zal plaatsvinden van ons kleine leven met het oneindige leven van God – dan zullen al die dingen gezegend worden. De zegen van God zal alle dingen overschaduwen die wij voor Zijn aanschijn hebben gebracht in de Liturgie.

Ik herinner me een zekere priester in Cyprus, die vele namen noemde – hij is een geweldig priester; hij heeft, ik weet niet hoeveel, veertien of vijftien kerken gebouwd in Afrika, met het geld dat hij geërfd had van zijn vader. En hij zeide tot mij, dat hij vele namen noemde, en één van zijn parochianen bracht altijd een zeer slecht geschreven papiertje, zodat hij in de verzoeking kwam dit niet te lezen in de Proskomidie, omdat het zo slecht geschreven was, de namen nauwelijks leesbaar. Toch dwong hij zichzelf dit elke keer te lezen, en na enige tijd kwam die man en zeide tot hem: "Vader, dank u wel voor uw gebeden. Alles gaat nu beter. Ons hele gezin, de één na de ander, herstelt en betert zich." En zo vertelde hij mij hoe belangrijk het om in de Liturgie de namen van de mensen te gedenken die ons zijn toevertrouwd.)

Dus zo werd Gods oordeel bekend gemaakt in de persoon van de Tweede Adam. Christus' onrechtvaardige en zondeloze dood, omwille van Gods gebod en het heil van de mens, veroordeelde onze dood – die wij verdienen vanwege de zonde die daaraan voorafging – en opende voor ons "de wegen des levens".[43] Dit voorbeeld van Christus wordt de mens aangeboden tot navolging en als een gebod om te volgen in Zijn voetsporen.[44]

Petrus, het hoofd der Apostelen, drukt iets uit wat zeer diepgaand en geheimnisvol is, wanneer hij zegt: "Het is de tijd, dat het oordeel van God beginne bij het huis van God; [...] en indien de rechtvaardige nauwelijks behouden wordt, waar zal dan de goddeloze en zondaar verschijnen?"[45] Hier is duidelijk dat het oordeel dat de rechtvaardigen behoudt – zij het met inspanning, zwoegen en moeiten – het oordeel is van de Zoon van God, dat in hun leven herhaald wordt. Het is noodzakelijk dat dit oordeel dat Hij onderging, herhaald wordt in het leven der gelovigen. (Ik denk hierbij aan het woord van de heilige Basilius de Grote, dat zegt: "Maak vrijwillig hetgeen onvrijwillig is", dat wil zeggen de dood – daar wij toch moeten sterven, laten wij vrijwillig sterven – "en spaar niet het leven waarvan gij node zult worden beroofd".[46])

De Zoon van God is het Huis Gods bij uitstek, omdat "in Hem heel de volheid van de Godheid lichamelijk [woont]".[47] Maar ook wij zijn het "huis Gods",[48] omdat Christus "door het geloof [kan wonen] in onze harten" – aldus de Brief aan de Efezen.[49] Het oordeel van Christus' lijden en Zijn dood aan het Kruis is van zodanige aard, dat het niet kan worden overtroffen, zoals Jesaja op profetische wijze verkondigde.[50] Wanneer dit oordeel herhaald wordt in het leven der gelovigen, staat dit in verhouding tot de maat van de genade die elk van God ontvangen heeft (en het is dus ook vrijwillig). De Schrift zegt: "Want de geringste ontvangt gratie uit barmhartigheid, doch

---

[43] Hand.2:28; Ps.15(16):11.
[44] Cf.1Petr.2:21.
[45] 1Petr.4:17-18
[46] Homilie 18, "On the Martyr Gordius" (PG31, 505C).
[47] Kol.2:9.
[48] Heb.3:6.
[49] Cf. Ef.3:17.
[50] Zie bv. Jes.40:13-14 & Jes.53.

de machtigen zullen op machtige wijze worden getoetst".[51] (Dat wil zeggen, "Aan wie veel gegeven is, van hem zal veel worden gevraagd".[52] En, vergeef mij dat ik dit zeg, als priesters behoren wij tot die categorie. Aan ons is veel gegeven – het heilig Priesterschap – en veel zal worden gevraagd: "Want de geringste ontvangt gratie uit barmhartigheid, doch de machtigen zullen op machtige wijze worden getoetst". Dit is een prachtig woord! Het komt uit de Wijsheid van Salomo.)

Toen wij "oud zuurdeeg" waren[53] – scheuten ontsproten aan Adam – waren wij bekend met de verdorring vanwege de ongehoorzaamheid, en met de woeste verlatenheid vanwege het kwaad en Adams overtredingen. Wij verduurden het vervloekte oordeel over de eerstgeschapene als lijfeigenen. Doch nu wij zijn wedergeboren uit het onvergankelijk zaad van het Woord Gods,[54] en in het vervolg vrij zijn van de oude Wet, zijn wij geroepen – zo zegt de apostel Petrus – om het verheerlijkte oordeel van de Tweede Adam te omhelzen.[55] Het is dit oordeel dat de dood overwint en leidt tot het onverwoestbare leven des Hemels.

Hoe en wanneer is deze rechtvaardigheid van het oordeel van de Zoon van God werkzaam in het leven der gelovigen? Mensen worden behouden wanneer zij vrienden van het Kruis worden en leven in overeenstemming met de geest van Zijn offer. Er zijn vele manieren om dit te doen. Wij zullen een aantal voorbeelden geven:

Christus openbaarde Gods oneindige liefde voor de wereld door een onrechtvaardige en onschuldige dood te sterven. Evenzo hebben de gelovigen, door hun lijden, het voorrecht hunnerzijds hun dankbare liefde te tonen jegens Christus, de Aanvoerder van hun heil.[56] Het meest volmaakte voorbeeld is dat van de martelaren. Het lijden en de verdrukkingen die Gods voorzienigheid in ons leven toestaat, vormen onze leertijd in het Grote Kruis van Christus. Zoals Hij Zijn vóóreeuwige heerlijkheid is binnengegaan door al het lijden van Zijn zelfontlediging en Zijn kruisiging, evenzo wordt de

---

[51] LXX Wijsh.6:6.
[52] Lk.12:48.
[53] Cf. 1Kor.5:7,8.
[54] 1Petr.1:23.
[55] Zie 1Petr.1:7; 1Petr.2:21.
[56] Cf. Hebr.2:10.

leerling van Christus, door lijden en verdrukkingen te verduren, verwaardigd de uitbreiding van de goddelijke liefde te ontvangen, en
binnen te treden in de eeuwige rust van de engelen en de rechtvaardigen. Uiteraard is de onwrikbare voorwaarde om hierin te slagen,
dat zijn lijden niet het gevolg is van daaraan voorafgaande zonde.
Zijn lijden moet geschieden "omwille van de rechtvaardigheid", en
"in naam van Christus". Dan, zo zegt de Apostel, wordt het hem toe-
gerekend als gemeenschap aan het heilig lijden van Christus – en
zulk een mens is zalig, want "de Geest der heerlijkheid en der kracht,
de Geest van God, rust op [hem].[57]

Hetzelfde oordeel is werkzaam in de vervolgingen. Vervolgingen
die de leerling gezegend maken en God verheerlijken, zijn die, waarin
de gelovige "als een schaap ter slachting" wordt geleid – zonder het
kwaad te weerstaan, zoals de Heer zegt[58] – omdat hij zich heeft overgeleverd aan God "Die rechtvaardig oordeelt". En Gods rechtvaardig
oordeel is de heilige kreet van Zijn liefde, aan het Kruis: "Vader, vergeef hen, want zij weten niet wat zij doen"[59] – dit is het rechtvaardige
oordeel van God. Daarom ook getuigen onze heilige Vaders, dat waar
de liefde voor de vijanden is, daar is ook de Heilige Geest aanwezig,
Die in de ziel getuigt van het heil;[60] en degene die de liefde voor de
vijanden niet heeft bereikt, diens heil is nog niet zeker.[61] De
vervolgingen en de haat van de wereld tegen de Christenen brengen
heerlijkheid wanneer zij niet gezocht worden, maar "zonder reden"[62]
worden verdragen "om het geweten jegens God".[63]

(Hoe krachtig is het om vijanden te verdragen, en hen zelfs lief
te hebben. Ik herinner me een jonge vrouw, een dokter, die het
klooster bezocht. Zij werkte in een kliniek en zij had moeilijkheden met haar baas, de hoofdarts daar, die haar werkelijk het
leven onmogelijk maakte. En zij stond op het punt de geneeskunde
geheel op te geven en te stoppen met werken, zozeer wanhoopte zij.
En ik weet dat zij na een biecht de raad kreeg als volgt te bidden:

---

[57] 1Petr.4:14.
[58] Mt.5:39. Zie ook Hand.9:32; Jes.53:7 & Rom.8:36; LXX Ps.43:23 (44:22/23).
[59] Lk.23:34.
[60] Cf. "Saint Silouan", GK p.373, 390, EN p.289, 304, NL p.311, 325.
[61] Cf. ibid., GK p.475-476, EN p.377-378, NL p.398.
[62] Joh.15:25.
[63] 1Petr.2:19.

"Heer, ik dank U, dat Gij deze man op mijn pad hebt gebracht, om mij te tonen hoe ver mijn hart van U verwijderd is." En terwijl zij zo aan het bidden was, komt twee weken later deze dokter van het ziekenhuis – die in het geheel niet aan haar verwant was – naar haar toe, en hij maakt een buiging voor haar en zegt tot haar: "Ofwel gij zijt niet langer dezelfde persoon, of ik heb een fout gemaakt." En beide waren waar. Want het lukte haar, dat alles te verdragen en zelfs op zulk een wijze te bidden.)

De grootste onrechtvaardigheid die ooit in de geschiedenis van de wereld heeft plaatsgevonden, was de kruisiging van de Heer der heerlijkheid, die beraamd werd door de boosaardigheid der mensen en Gods rechtvaardig oordeel. Zonder dat de mensen zich hiervan bewust waren, beschikte God in Zijn wijsheid – met de dwaasheid van de liefde van het Kruis – dat hun onrechtvaardige vergelding zou dienen tot hun eigen heil. Daarom ook hebben de vrienden van het Kruis, wanneer zij onrecht verduren, de moed te groeien in de genade des heils. Wij verstaan waarom de apostel Paulus de Korinthiërs beweeklaagt, wanneer zij hun toevlucht nemen tot aardse gerechtshoven om gerechtvaardigd te worden, in plaats van er de voorkeur aan te geven onrecht te lijden en te vertrouwen op God, Die zelfs de goddeloze mens om niet rechtvaardigt wanneer deze gelooft.[64] Daarom ook zeiden onze heilige Vaders, die de wijsheid kenden van Gods oordelen en de kracht van het Kruis, dat al wie zichzelf rechtvaardigt wanneer hij beschuldigd wordt vanwege de waarheid, of wanneer hij berispt wordt, zijn heil verloochent – wie zichzelf rechtvaardigt wanneer hij gecorrigeerd wordt, "haat zijn eigen heil". Wanneer wij ervoor kiezen onrecht te lijden, veeleer dan onze rechten op te eisen, dan wordt de rechtvaardigheid in ons leven steeds meer gelijk aan het oordeel van Christus.

(Het 'oordeel van Christus' betekent hier het mysterie van Christus, Zijn vrijwillige zelfontlediging, Zijn vrijwillige dood omwille van ons heil. De Heer bezag nimmer wie het was die Hem kruisigden – of het de Romeinen waren, of de Grieken, of de Joden – maar Hij zeide: "De beker, die Mijn Vader Mij geeft, zou Ik die niet drinken?"[65])

---

[64] Zie 1Kor.6:7 & Rom.4:5.
[65] Cf. Joh.18:11.

In hun onrechtvaardigheid boden de mensen Christus het kruis der schande. Doch door dit aan te nemen als de Beker van Zijn Vader, veranderde Hij dit in het Kruis van rechtvaardigheid en liefde. Hiermee openbaarde Hij de kracht en de wijsheid van God, waardoor Hij de zonde en de dood teniet doet, en hen die geloven binnenleidt in de heerlijkheid van de aanneming tot zonen.

Iets dergelijks gebeurt ook in het leven van Zijn leerlingen. Wanneer zij schande dragen door Gods waarheid te belijden in deze wereld die in boosheid ligt, dan ontvangen zij dezelfde eer en heerlijkheid van Christus, Die "in tegenwoordigheid van Zijn Vader, Die in de hemelen is",[66] belijdt dat zij de Zijne zijn. Of, om een concreter voorbeeld te geven, wanneer wij het Mysterie van de Biecht naderen en de schaamte dragen voor onze zonden en onze geestelijke armoede, dan rekent de Heer ons dit toe als dankbaarheid voor de schande die Hij verdragen heeft omwille van ons, en dit schenkt ons de genade der vernieuwing. (Het is hierom, dat hoe oprechter de biecht is, en hoe sterker de schaamte die wij dragen in de biecht, des te krachtiger de genade van de wedergeboorte is, die wij daaraan ontlenen.) Dan maakt Hij ons tot deelgenoten van de heerlijkheid van alle heiligen in de hemel, zoals Hijzelf bevestigt: "Er is vreugde voor het aanschijn van de engelen Gods over één zondaar die zich bekeert".[67]

Evenzo, wanneer wij vasten in gehoorzaamheid aan de Kerk en aldus iets smaken van de dood, dan overwint deze kleine en vrijwillige dood omwille van het gebod, het verderf van onze dood en trekt Gods genade aan, die ons "zonder uiterlijke waarneming"[68] voorbereidt om ook de kracht van Christus' Opstanding te kennen, "vierend het eeuwige Pascha".[69] (Ik denk bijvoorbeeld aan de eerste week van de Grote Vasten, wanneer wij drie dagen lang niet eten en de rest van de week nauwelijks. En hoewel gij een voorsmaak van de dood voelt en een zekere zwakheid, toch wordt iets anders sterker binnenin uzelf. Er verrijst een machtige geest, en op kalme en stille wijze wordt iedere aanroep van de Naam van Christus krachtig. Dat wil zeggen, hoe zwakker het lichaam wordt, des te krachtiger wordt het

---

[66] Cf. Mt.10:32.
[67] Lk.15:10.
[68] Cf. Lk.17:20.
[69] Paascanon, 5e Ode.

aanroepen van Zijn Naam – slechts een kleine voorsmaak van de dood, en onmiddellijk gaat dit gepaard met een levenschenkende kracht, die openbaar wordt in het gebed!)

Naar de mate waarin wij de dood smaken – altijd in overeenstemming met Gods gebod – ontvangen wij ook de vertroosting der Opstanding, de vertroosting van de goddelijke liefde – en deze vertroosting der liefde doet de dood om reden van de zonde teniet, en leidt tot de opstanding der doden. In het lichaam dat "het sterven omwille van Jezus" in zich draagt,[70] ontwaakt een sterke geest van liefde en heilige vrijmoedigheid, die onwankelbaar kan staan in de eeuwige Aanwezigheid van de verheerlijkte Jezus – hoe groter onze verzaking, des te sterker wordt ons hart om in Gods aanwezigheid te staan. Een zekere man Gods,[71] die dit mysterie van het oordeel van het Kruis kende, en hoe een onrechtvaardige dood omwille van het gebod, de dood uitwist die ons toekomt vanwege de zonde, zeide: "Christelijk te leven is onbereikbaar. Men kan slechts Christelijk sterven, zoals ook de heilige Paulus dagelijks stierf (1Kor.15:31)", "opdat ook het leven van Jezus openbaar moge worden in ons sterfelijk vlees".[72]

Wanneer wij met dankbaarheid het ultieme en onbereikbare oordeel beschouwen van de Zoon van God, Die vrijwillig gekruisigd werd om de dood van Zijn vijanden uit te wissen en Zijn heerlijkheid met hen te delen – wijzelf zijn Zijn vijanden – dan worden wij begeesterd met dankbaarheid voor Zijn heilsdaad. (Ditzelfde leven wij in de Liturgie. In de Liturgie vormen wij een vergadering van Gods vijanden, want, zoals de Schrift zegt, wij "allen hebben gezondigd en schieten tekort in de heerlijkheid Gods"[73]. En de zonde is vijandschap jegens God, dus zijn wij Zijn vijanden. En toch deelt Hij Zichzelf uit in de Liturgie, Hij biedt ons Zichzelf, Hij geeft ons Zijn leven in de Heilige Gaven. Dus de Liturgie wordt in feite

---

[70] Cf. 2Kor.4:10.
[71] Vader Zacharias verwijst hier naar een woord van oudvader Sophrony, soms iets uitgebreider verwoord als: "...Al wat men kan doen als Christen is dagelijks te sterven." (cf. 1Kor.15:13). Zie "Saint Silouan", GK p.311&317, EN p.236&241, NL p.255&259; en "We Shall See Him", GK p.113, EN p.73.
[72] Cf. 1Kor.15:31; 2Kor.4:10-11. Zie voorgaande noot.
[73] Cf. Rom.3:23.

opgedragen voor Gods vijanden, die er uiteraard naar streven Zijn
vrienden te worden.)

Deze dankbaarheid wordt in ons omgevormd tot vurige warmte
en tot zelfhaat, vanwege de goddeloosheid van ons hart, dat zich nog
niet volledig aan Christus heeft overgeleverd. Een heilige zelfhaat
als deze helpt ons om met zelfverloochening het kruis van ons leerlingschap op ons te nemen, achter Christus aan, de eerste en grote
Kruisdrager. Het relatief zeer kleine kruis, waarmee Zijn goede Voorzienigheid ons begenadigd heeft, wordt dan de sleutel die ons de erfenis
opent van het Grote Kruis, met heel de rijkdom van het eeuwige leven.

Als wij niet de zelfverloochening en de zelfhaat bezitten, die het
gebod van het kruis van het leerlingschap vereist, dan zullen wij noch
God ervan overtuigen dat wij de Zijne zijn, noch ook de talrijke vijanden van het geloof, die ons steeds nauwer omringen, en die vanuit
de hoogte en hovaardig tot ons spreken. Als wij niet in staat zijn de
boodschap van het Kruis mee te delen aan degenen die ons omringen,
omdat het woord van het Kruis niet eerst tot onze eigen harten heeft
gesproken, dan blijft er niets anders over dan de woorden van de
Psalm die wij lezen op Goede Vrijdag: "De zot zeide in zijn hart:
Er is geen God".[74]

Als echter het woord van het Kruis rijkelijk in ons woont, dan
zal ons innerlijk oog langzamerhand gereinigd worden, en het zal
de gehele schepping zien als één orkest, zingend in reidans "het lied
van het Lam" Dat ons heeft vrijgekocht door Zijn kostbaar bloed,
en dat aanstonds "alle tranen van [onze] ogen zal afwissen".[75] (Dit
is de laatste tedere daad van God, wanneer Hij wederkomt in heerlijkheid: de tranen af te wissen van de ogen van Zijn uitverkorenen
– wat toont hoe kostbaar het is, zich tot Hem te wenden met een
verbroken hart.)

Nu bevinden wij ons in het hart van het "grote mysterie der
vroomheid"[76] – het mysterie van het Kruis. Een mysterie dat een
bepaalde heerlijkheid verbergt, en dat geopenbaard wordt in heerlijkheid. "Vóór eeuwige tijden"[77] werd dit door de eeuwige wijsheid

---

[74] LXX Ps.13(14):1; 52(53):1.
[75] Cf. Openb.5:9; 7:17; 21:4.
[76] 1Tim.3:16.
[77] 2Tim.1:9; Tit.1:2.

en de wonderbare Raad van God ontworpen, met een onbegrijpelijke hoogte en een onnaspeurlijke diepte. Het bleef "verzwegen" en "sinds alle eeuwen verborgen"[78] in de boezem van de Drieëne Godheid. Het werd op vage wijze geopenbaard, als een schaduw, in de symbolen en profetische voorafbeeldingen van het Oude Testament.

(Soms is het prachtig bij een rivier te staan en door het water heen te kijken, en de weerspiegeling van de zon te zien in het water. Het is mogelijk en dragelijk voor ons het licht van de zon weerspiegeld te zien in het water – want wij kunnen niet rechtstreeks in de zon kijken; alleen de arenden hebben dit vermogen rechtstreeks in het licht van de zon te zien. En voor ons geldt hetzelfde, wanneer wij over de waarheid van God lezen in het Oude Testament. Dit is alsof wij Gods waarheid bezien, weerspiegeld in het water.)

Doch dit mysterie wordt verklaard – op precieze en heldere wijze – en het werd geopenbaard, toen "de volheid der tijden"[79] gekomen was, bij de verschijning in het vlees van de Eniggeboren Zoon van God,[80] Die Mede-eeuwig is met de Vader. (Dit gezegd hebbend, het is tevens verbazingwekkend hoe Gods profeten, in zulk een ver verleden, in de geest elk detail van Zijn leven hebben geschouwd. Zoals wanneer wij Jesaja lezen: Elk afzonderlijk detail van Zijn leven en van Zijn lijden wordt daar beschreven.)

Wij menen, dat dit mysterie het liefdevolle plan is van God voor de schepping der wereld; het is het doel van het Evangelie van Christus omwille van het heil der mensen, en tenslotte is het de kracht die inspireert tot de onophoudelijke doxologie in de hemel, gericht tot de Heer, onze Heiland en Weldoener. Wanneer wij de plaats van het Kruis in ons leven verstaan, dan wordt alles wat ons overkomt tot dienaar van het grootste wonder dat deze wereld kent, namelijk, de vereniging van het menselijk hart met de Geest Gods. Verdrukkingen en lijden, zowel vrijwillig als onvrijwillig, dragen bij aan onze heiliging. Hetgeen onvrijwillig is kunnen wij omvormen tot heil door de zelfberisping; dan wordt ons kruis verenigd met het Kruis van Christus, en verwerft zo het heil. De goede rover, die als eerste het Paradijs betrad, leerde ons deze wijsheid op de meest uit-

---

[78] Ef.3:9.
[79] Ef.1:10.
[80] Cf. Kol.1:26-27.

ncmende wijze. (Hij is onze beste leraar, zegt de heilige Johannes
Chrysostomos.)

Een nog grotere wijsheid is het vrijwillige leed van de vrienden
van het Kruis, want daardoor ontkomen zij aan de ijdelheid van de
wereld, om een nog machtiger liefde voor Christus te verkrijgen –
Die omwille van hen "niet Zichzelf heeft behaagd, maar zoals
geschreven staat: De smaadheden van hen, die U smaadden zijn op
[Hem] gevallen".[81] Zoals Christus "verteerd" werd door de ijver
voor het huis Gods,[82] dat wil zeggen voor ons – want wij zijn het
huis Gods – zo moeten ook Zijn leerlingen, "om het woord van
Zijn lippen harde wegen bewaren".[83] Zij aanvaarden het kruis van
Zijn tuchtiging en Zijn oordelen, want zodra zij proberen van het
kruis af te komen, al is het maar voor even, dan verzwakt in hen de
stroom van de waarachtige eeuwigheid.

Door Zijn onzegbare daad van zelfontlediging heeft Christus God
gerechtvaardigd tegenover de mens, terwijl Hij door Zijn volmaakte en onbeschrijfelijke nederigheid de mens gerechtvaardigd
heeft tegenover diens Formeerder.[84]

De rechtvaardigheid van God jegens de mens werd op volmaakte
wijze geopenbaard, doordat God in de persoon van Christus aan de

---

[81] Cf. Rom.15:3; LXX Ps.68:10 (69:9/10).

[82] LXX Ps.68:10 (69:9/10).

[83] LXX Ps.16(17):4 – de Nederlandse vertaling volgt hier het Grieks. Psalmver-
talingen naar het Hebreeuws spreken over "zichzelf wachten/bewaren voor de
paden van de geweldenaar/inbreker/verderver". *Noot vert.*

[84] Dit vraagt misschien om wat nadere toelichting: Door Zijn liefde "tot het einde"
te tonen in de Persoon van Zijn Zoon, blijft God voor immer gezegend. Niemand
kan met Hem in het oordeel treden, want het offer dat Hij voor ons gebracht heeft
door Zijn Eniggeboren Zoon over te leveren tot de dood, dit offer gaat alles wat
wijzelf in deze wereld kunnen lijden ver te boven. Dus door zulk een liefde tot het
einde te tonen, heeft Christus God de Vader gerechtvaardigd. En niemand kan ooit
nog voor Zijn aanschijn staan om Hem te oordelen, doch Hij blijft voor immer
gezegend. Maar Christus rechtvaardigt ook de mens, want Hij heeft ons een volmaakt voorbeeld getoond van gehoorzaamheid aan God, een volmaakt, zondeloos
voorbeeld. En al wie volgt in Zijn voetsporen, die wordt eveneens, uit genade,
door God als zoon aanvaard. Dus op deze wijze, door Zijn gehoorzaamheid aan
de Vader, door Zijn zelfontlediging, heeft Hij God gerechtvaardigd tegenover de
mensen, en door Zijn kruisiging heeft Hij de mens gerechtvaardigd tegenover God.

mens Zijn liefde "tot het einde" schonk.[85] Omwille van de mens leverde Hij Zijn Eniggeboren Zoon over tot de dood. "Hoe zal Hij ons, mét Hem, niet ook met alle dingen begenadigen?" zegt de heilige Paulus.[86] Hoe hard het kruis van de goddelijke wil ons ook moge toeschijnen, van nu af aan kan de mens God niet meer beschuldigen, want Zijn gave is oneindig veel groter. Aldus richt de rover aan het kruis de pijlen der beschuldiging op zijn eigen onrechtvaardigheid en ondankbaarheid, zonder God te beschuldigen, Die voor immer rechtvaardig en gezegend blijft.

Christus rechtvaardigt de mens voor Gods aanschijn, doordat Hij als mens volmaakte "gehoorzaamheid"[87] toonde en een zondeloze levenswandel. God heeft in Hem Zijn welbehagen, en in Zijn persoon aanvaardt Hij iedere mens die Zijn weg en Zijn voetsporen volgt. Waarlijk, het Kruis van Christus is de enige weegschaal van rechtvaardigheid – zoals gezegd wordt in één van de troparia van de Uren[88] – die ons overbrengt van de dood tot het leven, van de aarde naar de Hemel, van de mens tot God.[89] Het kruis van het leerlingschap bij Christus is tot zaligheid geworden voor Zijn leerlingen, die in hun leven niets anders willen weten dan alleen Christus, "en Dien gekruisigd".[90] Vergeef mij.

Vladyko, mag ik hier nog één ding aan toevoegen... Het Kruis van Christus is zo oneindig groot, dat niemand in staat zou zijn dit te dragen. En als het op ons zou vallen, dan zou het ons vermorzelen, en ons tot stof verpulveren.[91] Het onze is een klein kruis, en dit wordt zeer wijs beschikt door Gods voorzienigheid; ieders kruis is anders – precies datgene wat nodig is om onszelf los te maken van elke hartstochtelijke gehechtheid die wij in deze wereld hebben, en om in staat te zijn met een vrij hart voort te snellen op de weg van de geboden,[92] achter Christus aan. Vergeef mij.

---

[85] Joh.13:1.
[86] Rom.8:32.
[87] Cf. Fil.2:8.
[88] Cf. Negende Uur in de Grote Vasten, zie Triodion.
[89] Cf. Paascanon.
[90] 1Kor.2:2.
[91] Cf. Mt.21:44; Lk.20:18.
[92] Cf. LXX Ps.118(119):32.

2

De omkering van de piramide van de geschapen wereld

ader Sophrony biedt ons een originele gedachte over de wijze waarop de Heer de onrechtvaardigheid en de ongelijkheid in het leven van dit geschapen bestaan corrigeert. En hij streeft ernaar ons te wijzen op de volmaaktheid van Christus' nederige liefde "tot het einde",[1] die iedereen geneest – en waardoor niemand voor Gods aanschijn kan staan om te twisten of te klagen.

De grootheid van de met rede begaafde mens ligt hierin, dat hij vanaf den beginne door God geschapen werd naar Diens "beeld en gelijkenis",[2] met als bestemming te groeien in de genade van het goddelijk zoonschap. Ondanks de smartelijke gebeurtenis van de val en de opstandigheid van de mens, deed God Zijn oorspronkelijke plan niet teniet. Maar Hij zond Zijn Zoon, Die voor ons "de Weg" werd – de weg van God tot de mens, en de weg van de mens tot God.[3] Met andere woorden, in de Persoon van Christus werd ons de "mens des Heren" geopenbaard, die genoemd wordt in het Boek Spreuken:[4] de eniggeboren Zoon van God, Die door God "tot [dit] werk gebouwd" werd uit de heilige Maagd – en wel in het bijzonder door de Heilige Geest – en Die van "vóór de eeuwigheid gegrondvest" is in de Raad van de Heilige Drieëenheid. Deze Weg van God overbrugde de "grote kloof"[5] tussen ons en God, die gecreëerd was door de zonde.

(Alle woorden des Heren lijken ons hard, vanwege deze grote kloof die gecreëerd werd tussen de 'natuurlijke' wijze van leven in deze wereld, en de bovennatuurlijke leefwijze van Zijn Koninkrijk.

Dit hoofdstuk komt gedeeltelijk overeen met het gelijknamige hoofdstuk V.3 in «ΤΟ ΧΑΡΑΓΜΑ ΤΟΥ ΧΡΙΣΤΟΥ...» (NL: "Het zegelbeeld van Christus...").

[1] Joh.13:1.
[2] Cf. Gen.1:26.
[3] Cf. Joh.14:6.
[4] Cf. Spr.8:22-23 (LXX).
[5] Lk.16:26.

Er zijn drie niveaus van leven: het natuurlijke, het bovennatuurlijke, en het niveau daar tussenin, dat overbrugd wordt door Gods genade. Men kan niet van deze natuurlijke wijze van leven overgaan tot het bovennatuurlijke niveau van het paradijs, tenzij Gods genade de kloof overbrugt die daartussen ligt. Daarom zijn al de woorden van de Heer een oproep om deze overgang te maken. Maar zonder Gods genade is dit onmogelijk. Derhalve zijn de woorden des Heren "harde woorden",[6] zoals de Joden vanaf het begin terecht opmerkten. Maar hoe harder Zijn woorden, hoe meer genade zij ons schenken wanneer wij ze aanvaarden. En daardoor wordt het ons mogelijk de sprong te maken van het niveau van dit leven, het natuurlijke, tot het bovennatuurlijke niveau van de hemel.)

Gedurende heel het Oude Testament onderscheidden de profeten en rechtvaardigen deze weg op profetische wijze; daarvoor baden zij, daarop baseerden zij hun leven, en zij wachtten op de vollediger openbaring daarvan, die verwezenlijkt werd door de Verschijning in het vlees van onze Heer Jezus Christus, toen "de volheid der tijden" gekomen was.[7] De grote apostel Paulus, in zijn verkondiging van de Weg des Heren, drukt zich met verwondering uit over de grootheid hiervan, waarbij de genadegaven die daarmee gepaard gaan getuigen van Gods verzoening met de mensen en van de toebereiding van het éne Lichaam van Christus, de Kerk. Hij karakteriseert deze weg eerst als een nederdaling "tot de nederste delen der aarde", en vervolgens als een opgang tot boven de hemelen.[8] Hij staat versteld over het eerste gedeelte van de weg, waarop hij bijzonder nadruk legt: Christus' vrijwillige nederdaling, die leidde tot de heerlijkheid die Hij had als God, "eer de wereld was". (Het grootste wonder voor ons is niet de Opstanding van de Heer. Het grootste wonder is Zijn aanvaarding van de dood, te aanvaarden om te sterven aan het Kruis omwille van ons – want dat was volstrekt onnatuurlijk, en tegengesteld aan Zijn natuur. De Opstanding was het natuurlijke gevolg van Zijn onschuld en Zijn rechtvaardigheid.)

Oudvader Sophrony toont de weg des Heren op een beeldende wijze, die karakteristiek is voor hemzelf als kunstenaar, maar die

---

[6] Cf. Joh.6:60.
[7] Cf. Ef.1:10 & Gal.4:4.
[8] Cf. Ef.4:9-10.

tevens Evangelisch is en zijn integratie weerspiegelt in het mysterie van de zelfontlediging en de nederigheid van Christus. Hij merkt op, dat de wereld het beeld toont van een "piramide van het zijn" met een onrechtvaardige en onvolmaakte hiërarchische ordening, die ongelijk verdeeld is in hogere en lagere klassen van mensen. Aan de top van de piramide zitten de machtige regeerders en koningen der aarde, die de natiën "overheersen" en "hun gezag doen gelden" over hen – en zij worden zelfs beschouwd als "weldoeners".[9] Doch de Heer verwerpt dit uitdrukkelijk, zeggende: "Doch zo zal het niet zijn onder u".[10] Immers, deze piramide is het gevolg van Adams val in de zonde. Op dat moment voegde de vrijheid van de mens zich naar de wet van het verderf en de dood, en verloor zijn waarachtige oriëntatie. Niettemin, vanaf het moment dat de mens geschapen werd, blijft in hem een ingeboren idee bestaan van rechtvaardigheid en ge-lijkheid, en zijn geest eist dit vervuld te zien in de daadwerkelijke ervaring van dit leven. Doch alle oplossingen die worden geopperd door de filosofie of de politiek blijken onrealistisch en niet toepasbaar te zijn. Elke poging de onoplosbare ongelijkheid en onrechtvaardig-heid op te lossen – die veroorzaakt worden door de vrijheid en de incongruentie van wil van de mensen onderling – faalt, en leidt dan tot nog tragischer gevolgen. (Wij hebben dit bijvoorbeeld, nog niet zolang geleden, gezien in het systeem van het communisme.) De geschiedenis van vele eeuwen toont aan dat er menselijkerwijs geen genezing bestaat voor dit gegeven van de piramide van deze wereld – de rechtop staande piramide. Christus, "Die ons van God geworden is tot wijsheid, en tot rechtvaardigheid, en heiliging, en verlossing",[11] heeft het verlangen van de mens naar rechtvaardigheid en gelijkheid vervuld door deze piramide om te keren.

De Heer Jezus verbergt Zijn almacht, om de overtreder van Zijn gebod – de mens – het heil te schenken. Om de schuldige niet te verschrikken en diens vrijheid te waarborgen, heeft Hij – in Zijn grenzeloze wijsheid en goedheid – een vreemde manier gevonden om de zondaar te behouden, zonder Zijn eigen almacht ten toon te spreiden. God, Die heilig en ongenaakbaar is, daalde neder vanaf

---

[9] Cf. Lk.22:25.
[10] Cf. Mt.20:26, Mk.10:43; Lk.22:26.
[11] 1Kor.1:30.

de hoogte van Zijn heerlijkheid, werd een zwakke mens en nam al het verderf en alle pijn op Zich, die in de lange jaren van zonde opeengehoopt waren. Hij dook in de diepste put van de gevallen natuur van de mens, zonder Zijn eigen onschuldige en zondeloze leven te sparen. (Het Kruis van Christus begint met Zijn Vleeswording. Het was een groot Kruis voor de Onstoffelijke, de Goddelijke, om deze vorm van ons bestaan op Zich te nemen – dat wil zeggen, Zich te verenigen met de vergankelijke natuur van de mens.) Hij verdroeg dat alle toorn van de haat, elke aanval en smart op Hem vielen – werkelijk "al de smaadheden van Hem die Hem smaadden" vielen op Hem.[12] Hij droeg de meest ongelofelijke onrechtvaardigheid die de boosaardigheid en de onbeschaamdheid van de geest van de boze maar kon beramen, met instemming van het verderf en het verraad der mensen, die "gedurende hun ganse leven dienstbaarheid verschuldigd waren"[13] aan diezelfde jaloerse geest van boosaardigheid van de tegenstander. Door Zijn onvergankelijke zelfontlediging, Zijn onbeschrijfelijke nederigheid en Zijn onvatbare tocht naar omlaag, toonde Christus dat Zijn liefde voor de mens onmetelijk is, en dat inderdaad niemand "groter liefde [heeft] dan deze, dat iemand het leven zijner ziel zou zetten voor zijn vrienden."[14] Hij keerde de drukkende en onheilige piramide van deze wereld ondersteboven en stelde Zichzelf onderaan, aan de top van deze omgekeerde piramide. Als een "onberispelijk en smetteloos Lam"[15] nam Christus het gewicht en de "vloek" op Zich van de zonden van de gehele wereld.[16] Zoals Jezus' eigen woord bevestigt, "daar Hij de Zijnen... liefhad, zo heeft Hij hen liefgehad tot het einde".[17] En "de Zijnen" zijn alle mensen, voor wie Hij "desgelijks"[18] een nederig mens werd, en voor wiens heil Hij gestorven is. Hij stelde Zichzelf beneden allen, om allen op te heffen tot Zijn eeuwig Koninkrijk. Op wonderbare wijze toonde

---

[12] Cf. LXX Ps.68:10 (69:9/10); Rom.15:3.
[13] Heb.2:15.
[14] Joh.15:13.
[15] 1Petr.1:19.
[16] Cf. Gal.3:13; 1Joh.2:2.
[17] Joh.13:1.
[18] Heb.2:14.

Hij, dat – zoals de Apostel zegt – "het dwaze van God wijzer [is] dan de mensen, en het zwakke van God sterker dan de mensen".[19]

(Het is hierom dat wij onze ascetische traditie zien, dat de grootste deugd is om zichzelf beneden allen te kunnen plaatsen. Ik herinner me uit de verhalen van de Woestijnvaders, dat iemand naar de heilige Poemen de Grote ging en hem vertelde: "Vader, ik denk dat ik het onafgebroken gebed heb bereikt." En de heilige zeide tot hem: "En gij denkt, dat dit iets groots is? Dat is slechts het begin. Het is een groot ding, in staat te zijn uzelf beneden allen te kunnen plaatsen, lager dan iedereen." Dat is het voorbeeld van Christus.)

Deze nederige weg van Christus naar omlaag is vervuld van de geest van Zijn Zichzelf offerende liefde die heerst aan de top van de omgekeerde piramide. Aan degenen die Hem willen volgen stelt de Heer voor deze weg te leren kennen en daarin te worden ingewijd: "Komt tot Mij... en leert van Mij, want Ik ben zachtmoedig en nederig van hart; en gij zult rust vinden voor uw zielen".[20] (Daarom is er geen andere wetenschap in het Evangelie van Christus dan het leren van de nederigheid – iets waarin men voortdurend in de leer moet zijn.) In de heiligenlevens lezen wij dat de ene heilige één woord uit het Evangelie hoorde, waardoor zijn leven getransformeerd werd. Een ander hoorde een ander woord, en weer hetzelfde effect. Alle woorden van de Heer ontspringen aan Zijn nederige geest, en schenken ons de zachtmoedige en nederige Jezus te schouwen. Elke keer dat Zijn woord aanvaard wordt, gaat dit gepaard met de gewaarwording van Zijn nederige liefde en met een (godwelgevallige) eerzucht, zodat de leerling dit beantwoordt met liefde, en omlaag gaat naar de plaats waar Christus Zichzelf overlevert voor de Zijnen, en waar de zoetgeurende bries waait van de Heilige Geest. Naar de plaats waar de heilige en onbevlekte tempel Gods wordt opgebouwd. Waar de gemeenschap der genade werkzaam is in allen die met Hem verenigd zijn, en geworden zijn tot ledematen van Zijn Lichaam. Het is daar, dat de nieuwe schepping geopenbaard wordt. In deze wereld is Christus "lijdende"[21] en "gekruisigd"[22], en niemand kan Hem leren

---

[19] 1Kor.1:25.
[20] Mt.11:28-29.
[21] Hand.26:23.
[22] Gal.3:1; cf. 1Kor.2:2.

kennen en verenigd worden met Zijn Geest, tenzij hij deze nederige tocht naar omlaag onderneemt – de enige weg die leidt tot verlossing en tot de "overvloed"[23] van Zijn onvernietigbare leven, in de eeuwige rust van "de geesten der vervolmaakte rechtvaardigen"[24] en in de zaligheid van Zijn "onvergankelijk erfdeel".[25]

Het aanvaarden van de woorden van de Heer Jezus, en de aanraking met de geest van Zijn zichzelf offerende liefde, beginnen de nederige gedaante van Christus te schetsen in het hart van de gelovige. Enerzijds openbaart dit de volmaaktheid, de grootheid en de heiligheid van Christus' weg, zoals getoond werd in Zijn Godwaardige zelfontlediging en Zijn liefde "tot het einde".[26] Anderzijds overtuigt dit tegelijkertijd van de geestelijke armoede van de mens, en het berispt de onrechtvaardigheid van de zonden, en de nutteloosheid van zijn leven tot dan toe. De gelovige wordt in verwondering aangetrokken tot de Persoon van de algoede Heiland, en hij is bereid Hem met heel zijn ziel te volgen, "waar Hij ook heengaat"[27] – zelfs tot de diepten van de omgekeerde piramide. (Het is daarom, dat geen van de apostelen een werkelijk natuurlijke dood stierf; zij allen volgden het voorbeeld van de Heer – over het levenseinde van de heilige Johannes de Theoloog bestaan er drie theorieën, maar dat is een andere kwestie. Doch alle apostelen en de vele Christenen van het begin betoonden deze moed in letterlijke zin.) De gelovige is bereid de voorwaarden te aanvaarden voor het leerlingschap in de Geest van de éne en enige Leraar, zoals Deze Zelf heeft gesteld: "Wie onder u groot wil worden, laat hem uw dienaar zijn; en wie onder u de eerste wil zijn, laat hem uw dienstknecht zijn".[28] Of, om nog exacter te zijn: "Al wie het leven zijner ziel zal verliezen omwille van Mij, die zal het behouden".[29]

De weg van Christus, en in het bijzonder de tocht van de laatste dagen van Zijn leven, openbaarden dat de inhoud van Zijn goddelijke

---

[23] Joh.10:10.
[24] Hebr.12:23, cf. Dienst voor de overledenen.
[25] Cf. 1Petr.1:4.
[26] Cf. Joh.13:1.
[27] Openb.14:4.
[28] Mt.20:26-27.
[29] Lk.9:24.

hypostase Zijn "liefde tot het einde" is.[30] Zoals oudvader Sophrony zegt, was Christus' liefde in alle opzichten "tot het einde". Deze liefde bleek volmaakt ten aanzien van Zijn Vader in de hemel. Door Zijn zelfontlediging te aanvaarden schonk de Heer Jezus aan Zijn beginloze Vader de mogelijkheid om aan de wereld te tonen dat ook de volheid van Diens eigen Hypostase Zijn grenzeloze liefde is voor de mens. Want "alzo heeft God de wereld liefgehad, dat Hij Zijn eniggeboren Zoon gegeven heeft, opdat eenieder die in Hem gelooft, niet verloren zou gaan, maar eeuwig leven hebbe".[31] En Paulus, Christus' grote Apostel, in verwondering over deze liefde, roept in dankbaarheid uit: "Hij Die Zijn eigen Zoon niet heeft gespaard, maar Hem voor ons allen heeft overgeleverd, hoe zal Hij ons, mét Hem, niet ook met alle dingen begenadigen?"[32] Christus heeft de hemelse Vader op onweerlegbare wijze gerecht-vaardigd, zodat van nu af aan niemand die in lijden verkeert Hem kan beschuldigen, maar God blijkt voor immer overwinnaar in al de oordelen van Zijn rechtvaardigheid – "gezegend en waarachtig", terwijl alle mensen "leugenaars" zijn.[33] (Wij allen zijn leugenaars, omdat wij onstabiel zijn in onze trouw en onze liefde voor God. De ene dag bidden wij, en wij betonen grote liefde tot God, en de volgende dag zijn wij volstrekt anders. Het vergaat ons op die manier, omhoog en omlaag. Dat is de betekenis van "iedere mens is een leugenaar": elke mens is onstabiel in de weg van God.)

Wederom, door Zijn uiterste nederigheid en het vreeswekkende lijden van Zijn dood aan het Kruis, heeft de Heer Jezus ook de mens gerechtvaardigd. Hij betoonde zulk een volmaakte gehoorzaamheid aan de wil van Zijn hemelse Vader, en zulk een zondeloze wijze van leven in deze wereld, dat God in de Persoon van Jezus elke mens aanvaardt die volgt in Diens voetsporen, in navolging van Diens voorbeeld. Door onder ons te zijn als Degene "die dient"[34] onder-richtte de Heer zelfs de hemelse machten in een meer volmaakte en wonderbaarlijke liefde, en zo bevestigde Hij hen in het nederige

---

[30] Cf. Joh.13:1.
[31] Joh.3:16.
[32] Rom.8:32.
[33] Cf. LXX Ps.115:2 (116:11) & Lied van de Drie Jongelingen (begin 7e Ode).
[34] Lk.22:27.

werk van hun dienst voor het heil van de mens. (Dat is waarom de heilige Paulus zegt, dat de Kerk – dat wil zeggen, Christus – zelfs de hemelse machten onderrichtte door Zijn Vleeswording, Zijn zelfontlediging en Zijn Opstanding.[35]

Wij staan versteld bij het horen van de woorden van Jezus' Verbond in de nacht van het Laatste Avondmaal, en Zijn gebed in de hof van Gethsémane voor het behoud van de gehele wereld; bij het zien van Zijn opgang tot Golgotha met diezelfde inhoud in Zijn hart, en Zijn nederdaling in het graf waardoor Hij geheel nietig werd, een volstrekte 'nul', zodat er aan Hem "geen vorm noch schoonheid" was, zoals de Profeet zegt;[36] maar Hij was door de mensen veracht en verworpen,[37] in de aarde verborgen als "een worm en geen mens"[38] – en aldoor droeg Hij dezelfde inhoud in zijn hart, en aldus trekt Hij alle mensen tot Zich. Het intellect van elke bewuste gelovige raakt als krijgsgevangen door de aanblik van de zachtmoedige en nederige Jezus, Die in de menselijke gedaante van een dienstknecht, als een "onberispelijk en smetteloos Lam",[39] "ter slachting" wordt geleid,[40] zonder de boze te weerstaan;[41] maar Die "voor ons tot een vloek wordt"[42] en de dood op Zich te neemt die het geslacht der mensen verwond had. (Vader Sophrony hield veel van deze teksten en hij haalde ze vaak aan, zeggende dat wij in deze levenswijze en deze houding worden onderricht vanaf het allereerste begin van de Liturgie, wanneer wij het Lam uitnemen en daarbij de woorden van de Profeet reciteren.[43] Reeds hier zien wij de geest van de Liturgie.)

Het licht van de nederige liefde van Christus toont duidelijk de vreeswekkende ontaarding, die in ons heeft plaatsgevonden, van de oorspronkelijke idee van de Formeerder voor de mens. Dit verwekt

---

[35] Cf. Ef.3:10.
[36] Jes.53:2 (LXX).
[37] Cf. Jes.53:3.
[38] LXX Ps.21:7 (22:6/7).
[39] 1Petr.1:19
[40] Cf. Jes.53:7.
[41] Cf. Mt.5:39.
[42] Gal.3:13.
[43] Jes.53:7-8, aangehaald in de Proskomidie, die de aanhef is van de Goddelijke Liturgie. Daarbij worden de gaven van brood en wijn toebereid in de vorm waarin zij later naar het altaar worden gebracht. *Noot vert.*

in het hart van elke uitverkorene een ongewoon vurige warmte van liefde en dankbaarheid, zodat ook hijzelf aan God, zijn Weldoener, alle dankzegging wil opdragen, alle deugd, alle lof en heerlijkheid. Het verwekt een bekering uit dankbaarheid, die veel inspirerender is (dan de bekering uit berouw), veel krachtiger en zonder einde – de bekering uit dankbaarheid is immer nieuw, altijd weer.

Wanneer hij Christus' onbeschrijfelijke nederigheid ziet, en niet in staat blijkt zichzelf tot het einde toe te vernederen – om te vergelden wat hij zijn Verlosser verschuldigd is, en heel zijn wezen te geven aan Diens liefde – dan geraakt hij tot volkomen verbrokenheid door een paradoxale verandering van het hart, die gaandeweg verandert in een afkeer van zijn eigen nutteloosheid. (Daarom is het grootste gebod van het Nieuwe Testament niet om God lief te hebben met geheel ons hart,[44] of onze naaste lief te hebben als onszelf,[45] maar om altijd dit bewustzijn te bezitten van onze eigen nutteloosheid. Het is hierom dat de Heer zegt, dat wanneer wij al de geboden hebben vervuld, wij tot onszelf moeten zeggen dat wij nutteloze dienstknechten zijn, en enkel datgene gedaan hebben wat wij schuldig waren te doen.[46] Het grootste gebod van het Nieuwe Testament is dus, niet te vergeten dat wij voor Gods aanschijn nutteloos zijn. Maar deze gewaarwording komt voort uit de dankbaarheid, en uiteraard uit liefde voor God.) Net als de goede rover verlangt zulk een mens alle rechtvaardigheid toe te schrijven aan de Gekruisigde God, en de rechtvaardige smaad te aanvaarden voor zijn eigen zonden. Zoals Daniël wordt hij op profetische wijze geïnspireerd om de rechtvaardigheid te verkondigen van de algoede God, en de schaamte te verdragen van zijn persoonlijke zonden: "Aan U, o Heer, zij alle rechtvaardigheid, en aan ons de schaamte des aangezichts",[47] zegt de profeet Daniël.

Door deze begeestering en een sterk gevoel van zelfhaat begint een waarachtige bekering uit liefde en dankbaarheid voor het grote Heil van Jezus – een bekering die op deze aarde geen einde heeft. Uiteraard is deze bekering onbeschrijfelijk, geïnspireerd als zij is door

---

[44] Mt.22:37; Mk.12:30; Lk.10:27 – zie Dt.6:5.
[45] Mt.19:19; 22:39; Mk.12:31; Lk.10:27 – zie Lev.19:18.
[46] Cf. Lk.17:10.
[47] Cf. Dan.9:7.

een liefde tot aan zelfhaat toe. Hierdoor wordt de mens bevrijd van alle banden en gehechtheden aan de aarde, om te worden opgeheven tot de hoogte van de twee grote en heilige geboden. Aldus verenigd met Christus, de Nieuwe Adam, ontvangt hij Diens goddelijke staat en de uitbreiding van Diens liefde, zodat hij in zijn gebed heel de schepping omvat en deze in zijn voorbeden opdraagt aan God. Zijn bekering wordt een adamitische weeklacht[48] en een kreet van heel de aarde tot God.[49] Daarom schreef oudvader Sophrony met eerbiedige schroom over deze waarlijk grote wetenschap van de Geest, en hij vatte dit samen in enkele woorden – vreeswekkende woorden: *"Haat uzelf uit liefde voor God, en gij zult al wat bestaat omvatten door deze liefde".*[50]

Juist zulke liefde tot aan zelfhaat toe ontspringt aan de top van de omgekeerde piramide, aan de Gekruisigde Christus, en dit is de waarachtige inhoud van de menselijke hypostase, die gestaag opgaat tot de volmaaktheid van haar de gelijkenis aan de Heer Jezus, de Aanvoerder en Voleinder van haar geloof.[51] (Vader Sophrony stelt vier dingen aangaande de persoon: Dat God een Persoon is, zoals geopenbaard in de Persoon van Zijn eniggeboren Zoon. Ook de mens is een persoon, omdat hij geschapen is naar het beeld van Christus. De inhoud van de Goddelijke Persoon, van de Goddelijke Hypostase, is de liefde tot het einde. En de inhoud van de menselijke hypostase, wanneer deze tot vervulling komt, is de liefde voor God tot aan zelfhaat toe. Dit zijn de vier kernpunten van zijn theorie over de persoon.)

De weg van de Zaligsprekingen

De tocht van de Heer Jezus tot in de diepten van de piramide van de wereld was vrijwillig en zondeloos. Deze werd ondernomen in gehoorzaamheid aan het vóóreeuwig Raadsbesluit van God voor van het heil der mensen. Al de leerlingen van Christus, die verlangen met Hem te worden verenigd – diegenen "die geleid worden door de Heilige Geest", zegt oudvader Sophrony – "houden nimmer op

---

[48] Zie "Saint Silouan", deel II, hfst.18.
[49] Cf. Rom.8:22.
[50] "We Shall See Him", GK p.329, EN p.199.
[51] Cf. Hebr.12:2.

zichzelf te berispen als God onwaardig".[52] (Dat is het grootste gebod.) Zij volgen de weg en het voorbeeld van Christus, en streven er zoveel mogelijk naar nog dieper "omlaag" te gaan, om een nog radicaler reiniging te verwerven van de gevolgen van de hoogmoed, een nog vollediger genezing en een nog volmaakter intrede in het eeuwig Koninkrijk "waar de onbeschrijfelijke luister samengaat met de onzegbare nederigheid en de onuitsprekelijke schoonheid".[53] De zelfbeschuldiging en zelfberisping zijn kenmerkend voor de bekering van diegenen die met de nederige erkentenis van hun hart de verzoening zoeken met de levende God. Wanneer zij hun zondigheid en onrechtvaardigheid belijden voor het aanschijn des Heren, dan bevestigen zij een universele waarheid: dat allen gezondigd hebben en tekortschieten in de heerlijkheid Gods.[54] Deze belijdenis maakt hen waarachtig, en zo trekken zij de Geest der waarheid aan, Die hen reinigt van elke zonde en van alle onrechtvaardigheid.[55] De Oudvader vergelijkt deze tocht naar omlaag met een boom die naarmate hij hoger wil opgaan, des te dieper met zijn wortels in de aarde dringt. Hoe groter de erkenning van onze nietigheid en onze zwakheid, zowel als onze zelfverloochening in de nederwaartse tocht naar de plaats waar Christus is – het Hoofd van de omgekeerde piramide – hoe dieper en steviger het fundament zal zijn van de tempel Gods die binnenin ons wordt opgebouwd, en hoe volmaakter de inwoning zal zijn van Christus in ons hart, en de afdruk daarin van Zijn hemels beeld. Hoe meer wij aanvaarden dat wij arm en zondig zijn, des te nederiger zullen wij afhangen van Gods genade, en vertrouwen op Zijn kracht – en dat is het enige wat ons heil op betrouwbare wijze garandeert.

Daarom: *"Zalig de armen van geest, want hunner is het Koninkrijk der hemelen".*[56] Deze staat van armoede van geest is zeer rijk. De Zaligsprekingen van de Heer zijn als een ladder die van de aarde tot de hemel leidt, en de eerste fundamentele trede van deze ladder is de geestelijke armoede. Het is daarom, dat wanneer wij bidden, wij voortdurend proberen te bidden in bevestiging van de

---

[52] "On Prayer", GK p.195, EN p.174.
[53] Ibid., GK p.34, EN p.24-25.
[54] Cf. Rom.3:23.
[55] 1Joh.1:8-9
[56] Mt.5:3.

eerste zaligspreking, dat wij arm zijn, en wij erkennen dat wij zonder Hem niets kunnen doen.[57] (Dat is de eerste stap.)

In zijn tocht omlaag omwille van ons herstel en onze genezing van de grote wond van de Val, was de Heer vaak bedroefd over de hardheid van het hart der mensen. Daarnaast, op andere momenten, weeklaagde Hij over Jeruzalem, dat niet slechts de profeten dood-sloeg maar aanstonds zelfs God zou doodslaan.[58] In Gethsémane werd Zijn ziel "geheel bedroefd, ten dode toe",[59] en zijn zweet was als bloeddruppels.[60] In de dagen van Zijn leven op aarde offerde Hij aan God gebeden en smeekbeden "met sterk schreeuwen en onder tranen", zoals geschreven staat in de Brief aan de Hebreeën.[61] Hij onderging pijn en lijden en stierf een verachtelijke dood, in Zijn dienstwerk voor het heil der wereld – "want door één Offerande heeft Hij voor altijd hen volmaakt, die geheiligd worden".[62] Zoals de profeet Jesaja voor-zag, werd Hij één en al smart, één en al wonde voor onze zonden, opdat wij "door Zijn striemen" zouden worden genezen.[63] Hij werd verlaten aan het Kruis, opdat het onderpand van Zijn aanwezigheid tot ons moge komen.[64] Tenslotte werd Hij overgeleverd tot de dood, zodat de gave van Zijn onvernietigbaar leven in ons overvloedig zou mogen zijn, ons tot erfdeel. En voorzeker, al dit ongelofelijk en vreeswekkend lijden was alleen, omdat God de wereld zozeer heeft liefgehad.[65]

Wanneer de nederige liefde van Christus heerst in het hart van haar dienaar, dan verlicht zij het intellect met een tweevoudige visie. Enerzijds schouwt de mens de grenzeloze en levenschenkende liefde van Christus, die wil dat allen worden behouden, zelfs Zijn vijanden. Anderzijds ziet hij, dat het verderf en de nutteloosheid in hemzelf hem innerlijk ondoordringbaar maken voor de volheid van de hernieuwende energie van de goddelijke liefde. Doch hij heeft daar in voldoende mate deel aan om een duidelijk besef te

---

[57] Cf. Joh.15:5.
[58] Cf. Mt.23:27; Lk.13:34.
[59] Mt.26:38; Mk.14:34.
[60] Lk.22:44.
[61] Hebr.5:7.
[62] Hebr.12:2.
[63] Jes.53:5.
[64] Cf. Mt.27:46; Mk.15:34.
[65] Cf. Joh.3:16.

hebben van zijn zondigheid en zijn onrechtvaardigheid. Dan, zoals oudvader Sophrony belijdt, wordt hij beheerst door één denkbeeld: "Indien God zó is, als de gekruisigde Christus Hem heeft geopenbaard, dan zijn wij allen – en alleen wijzelf – verantwoordelijk voor al het kwaad waar de geschiedenis van de mensheid van vervuld is".[66] Dit denkbeeld verwekt in de ziel rouwmoedigheid en verschrikking vanwege haar gescheiden zijn van God. Zij wil om geen enkele reden beroofd worden van Zijn algoede Geest, en is bereid om een diepe bekering te ondernemen om met Hem te worden verzoend. De actieve zelfhaat vanwege de eigen onwaardigheid en ondankbaarheid verwekt rouwmoedigheid en het wenen in berouwvolle bekering, wat de edelste uitdrukking is van zijn gewonde en tekort schietende liefde tot God.[67] Door de tranen der bekering wordt de ziel van de gelovige gaandeweg genezen van de pest der zonde, zodat hij zelfs nog gevoeliger wordt voor de werking van de genade. Wanneer de gelovige weent voor Gods aanschijn, dan heeft hij slechts één denkbeeld in zijn hart, waarin heel zijn wezen geconcentreerd is. Deze gedachte is door God geschonken, hetzij via de Heilige Schrift, hetzij door het onderricht van onze vaders of via de eredienst van de Kerk, of zelfs rechtstreeks door Gods Heilige Geest. Boven alle andere vrijwillige ascetische daden, is het dit wenen in berouwvolle bekering dat de ziel van de mens verenigt en geneest, en de onvergankelijke troost van de Trooster aantrekt, zodat de mens – gesterkt door de genade – in Gods aanwezigheid kan staan. Daarom, *"Zalig zijt gij die nu weent"*,[68] en *"Zalig de treurenden, want zij zullen worden vertroost"*.[69] (Dit is de tweede trede van de opgang tot God.)

De zachtmoedige en nederige houding van de Heer Jezus gedurende die vreeswekkende dagen van Zijn vrijwillige nederdaling, verwekt verbazing en verwondering. (In het bijzonder in de laatste dagen van Zijn laatste tocht naar Jeruzalem: Iedereen die in aanraking kwam met de Heer werd getransformeerd. Overspeligen werden heilige vrouwen, en zelfs gelijk aan de apostelen; tollenaars werden vier-

---

[66] "On Prayer", GK p.53, EN p.36.
[67] Kort gezegd: De tranen zijn de edelste uitdrukking van onze liefde voor God.
[68] Lk.6:21.
[69] Mt.5:4.

voudig uitgebreid; enzovoort... zelfs de centurion. Natuurlijk zijn er diegenen die door Zijn liefde getransformeerd worden, en diegenen die daardoor verhard worden – zoals, wanneer de zon schijnt en de aarde verwarmt: het leem wordt harder, maar de was zachter, zodat ge er iets op kunt afdrukken. Zo is het ook met de hitte van de Heilige Geest. Het hart van degenen die welgezind zijn om Hem te ontvangen, wordt verzacht, en God kan daarin Zijn beeld afdrukken; terwijl anderen nog meer verhard worden. Maar tijdens Zijn laatste tocht naar Jeruzalem had dit vuur van Zijn goddelijke liefde een nog sterker effect op Zijn omgeving. Dat is waarom Hij, toen hij door Samaria trok op die laatste tocht, voortging als een bliksemstraal. Hij had zijn gelaat strak gericht op Jeruzalem,[70] op Golgotha, en Hij wilde links noch rechts kijken. Hij ging er recht op af, en Zijn leerlingen volgden in verbazing, en in vrees en verschrikking.[71])

Reeds eeuwen daarvóór werd Jesaja's profetische geest hierdoor gegrepen, en hij beschreef dit met deze woorden, waarmee wij de Liturgie beginnen: "Als een schaap werd Hij ter slachting geleid, en als een lam dat stom is voor zijn scheerders, zo doet Hij Zijn mond niet open; in Zijn nederigheid werd Zijn oordeel weggenomen; wie zal Zijn geslacht verhalen?" (dat wil zeggen, Zijn afkomst van Boven, uit de beginloze Vader, en Zijn afkomst van beneden uit de heilige Maagd, en meer in het bijzonder uit de Heilige Geest) "...want Zijn leven werd van de aarde weggerukt".[72] Gedurende heel deze tocht bleef de Heer zachtmoedig en in vrede. Zachtmoedig, omdat Hij de Vader – Zijn beginloze Vader – kende op een volmaakte en unieke wijze: "Niemand kent... de Vader dan de Zoon, en diegene aan wie de Zoon Hem wil openbaren".[73] Dat Hij de Vader kende, deed Hem zachtmoedig en ongeschokt blijven toen zij Hem inhaalden als de Messias; en Hij bleef in vrede tegenover de dreiging van de dood, want – zoals Hijzelf zeide tot Pilatus: "Gij zoudt geen enkel gezag hebben tegen Mij, als dit u niet van boven gegeven was" door Mijn Vader; want "Wij zijn één".[74]

---

[70] Cf. Lk.9:51.
[71] Cf. Mk.10:32.
[72] Jes.53:7-8 (LXX).
[73] Mt.11:27.
[74] Cf. Joh.10:11; Joh.10:30.

Op dezelfde wijze ontvangen ook degenen die zich in een staat van bekering bevinden en omlaag gaan – door de erkenning van hun geestelijke armoede en door de treurnis over hun nutteloosheid – de vertroosting van de Geest, de Trooster. Zij worden genezen, zij worden zachtmoedig gelijk de Heer – altijd in vrede en onbewogen door beledigingen of lofprijzing. (De heilige Johannes van de Ladder geeft als definitie van zachtmoedigheid, die staat waarin een mens beledigingen en lofprijzing op dezelfde wijze ontvangt.[75]) De genade die hun hart vervult, begenadigt hen met de kostbare kennis van God, wat voortdurend de "goddelijke wasdom"[76] in hen vermeerdert, totdat hun hart viervoudig wordt uitgebreid om zowel de hemel als de aarde te omvatten. En daarmee wordt uiteraard de derde Zaligspreking vervuld: *"Zalig de zachtmoedigen, want zij zullen de aarde beërven".*[77]

Gedurende heel Zijn tocht werd de Heer gedreven door een van God bezielde ijver voor het werk van het heil der wereld. Dit beschouwde Hij dit als Zijn "spijze" bij uitstek, en dit was de wil van de Vader, Die Hem gezonden had.[78] (Dat is wat Hij zeide met betrekking tot de Samaritaanse vrouw.) Hij aanvaardde zijn dood als een Doop[79] "voor het leven van de wereld",[80] en Hij werd gedrongen "totdat het volbracht [zou zijn]".[81] Tenslotte werd Hij "verteerd" door de ijver voor het huis van Zijn Vader.[82] Want wijzelf zijn de tempel van God – en opdat wij mogen worden opgebouwd tot een woonplaats voor Hem, nodigt Hij ook ons uit een vergelijkbare ijver te hebben voor de gave van Zijn Geest, zeggende: "Indien iemand dorst heeft, hij kome tot Mij en drinke. Die in Mij gelooft, zoals de Schrift zegt, uit zijn binnenste zullen stromen van levend water vloeien".[83] Wanneer de nederige liefde van Christus heerst in het hart van de mens, dan wordt de staat die gecreëerd werd door de Val omgekeerd,

---

[75] Cf. "The Ladder", step 8:3, p.81.
[76] Kol.2:19.
[77] Mt.5:5.
[78] Cf. Joh.4:34.
[79] Cf. Mt.20:22; Mk.10:38.
[80] Joh.6:51.
[81] Lk.12:50.
[82] Cf. Joh.2:17.
[83] Joh.7:37-38.

en dan dorst hij naar de levende God tot aan de zelfhaat toe. Een dergelijke zelfhaat inspireert tot een volledige bekering, die de gelovige in algemene zin deelgenoot maakt aan al de deugden. Zijn hart wordt bevrijd van alle banden van ongerechtigheid, zodat het "door het geloof"[84] wordt opgebouwd tot een woonplaats voor Christus. Tegelijkertijd bezit hij eenzelfde ijver voor de opbouw van de tempel Gods in zijn broeder, voor wie Christus gestorven is,[85] en hij streeft ernaar nimmer aanstoot te geven aan diens geweten. Met andere woorden, zijn ijver vervult de twee grote geboden der liefde, en hij heeft deel aan de goddelijke Zaligspreking: *"Zalig die hongeren en dorsten naar de rechtvaardigheid, want zij zullen worden verzadigd".*[86]

Heel de verschijning van Christus op aarde was waarlijk Gods "grote barmhartigheid" jegens de mens. Hij kwam in de wereld om de mens te herstellen in de heerlijkheid van de Vader; om hem te verrijken met al Zijn eigen, onbedorven goederen; om hem de onvergelijkelijke eer te schenken van de aanname tot zoon. "Al het Mijne is het uwe", zegt de Heer.[87] Maar dit zegt Hij tot de zoon die protesteert tegen het goddelijk medelijden! Hij geeft alles "om niet", en daarom is Hij bedroefd en zegt: "Barmhartigheid wil Ik, en geen offerande; want Ik ben niet gekomen om rechtvaardigen te roepen, maar zondaars – tot bekering".[88] (Wat betekent dat? Dat Hij simpelweg Zijn barmhartigheid over ons wil uitstorten, en Zijn Geest is bedroefd wanneer wij niet de zelfkennis hebben dat wij zonder Hem niets kunnen doen.[89])

"Barmhartigheid wil Ik, en geen offerande..." In het vuur van zijn bekering wordt de leerling van Christus, die in gemeenschap komt met het Hoofd van de omgekeerde piramide, gereinigd van alle vuiligheid naar vlees en geest,[90] en hij wordt deelgenoot aan de gesteldheid van Christus. Hij verwerft dezelfde "ingewanden van mededogen" als Christus.[91] Ook hij verlangt dat alle mensen

---

[84] Ef.3:17.
[85] Rom.14:15; 1Kor.8:11.
[86] Mt.5:6.
[87] Cf. Lk.15:31.
[88] Mt.9:13.
[89] Cf. Joh.15:5.
[90] Cf. 2Kor.7:1.
[91] Cf. Kol.3:12. Deze ongewone uitdrukking wordt in het Nederlands zelden zo

zouden worden behouden, en God zien "zoals Hij is".[92] Ieder mens is zijn broeder, en wordt zijn eigen leven, en hij bidt voor allen als voor zichzelf. Dan wordt hij waarlijk barmhartig, en hij bezit een broederlijke liefde jegens allen – en de Zaligspreking van de Heer wordt tot een lofprijzing van zijn goede hart: *"Zalig de barmhartigen, want hunner zal barmhartigheid geschieden"*.[93]

Christus bracht heel zijn leven op aarde door "zonder zonde",[94] "noch werd [enig] bedrog gevonden in Zijn mond"[95] tijdens zijn omgang met de mensen in de wereld. Hij was vrij van de vrees voor de dood, die alle aardgeborenen tot dienstknechten van de zonde maakt – zoals Hij vrijuit zegt: "Ik heb de macht [Mijn leven] af te leggen, en Ik heb de macht het weer op te nemen".[96] Als de "Aanvoerder des levens"[97] en het "Licht der wereld"[98] maakte Hij Zijn leerlingen, die ogen hadden om Hem te zien,[99] waarlijk zalig – en dat boven alle verwachting: "Zalig zijn uw ogen, omdat zij zien; en uw oren, omdat zij horen. Want, amen, Ik zeg tot u, dat vele profeten en rechtvaardigen hebben verlangd te zien hetgeen gij ziet, en zij hebben het niet gezien; en te horen hetgeen gij hoort, en zij hebben het niet gehoord".[100] Wanneer de gelovige op wettige wijze strijdt op de nederige weg naar omlaag, en de zondeloze, schuldeloze en onberispelijke Christus nadert, dan wordt hij gereinigd van de hovaardigheid en de hoogmoed der wereld, die de ziel bezoedelen en geenszins

---

vertaald. Doch in Bijbelse context hebben de 'ingewanden' een specifieke betekenis als de zetel van het medelijden. Het Griekse woord voor 'medelijden' staat hier rechtstreeks mee in verband, en het bijbehorende werkwoord zou vertaald kunnen worden als 'met medelijden vervuld zijn'. In de hier gebruikte uitdrukking – 'ingewanden van mededogen' – wordt dit 'vervuld zijn van medelijden' bovendien verbonden met het 'mededogen', een begrip dat vooral een rol speelt in de context van het gericht en m.b.t. vijanden of zondaars. Deze dubbele uitdrukking staat dus in uiterste tegenstelling tot de meedogenloze houding van de gevallen mens. *Noot vert.*

[92] Cf. 1Joh.3:2.
[93] Mt.5:7.
[94] Hebr.4:15.
[95] Cf. 1Petr.2:22.
[96] Cf. Joh.10:18.
[97] Hand.3:15.
[98] Joh.8:12; 9:15.
[99] Cf. Dt.29:4; Ezech.12:2.
[100] Mt.13:16-17.

welkom zijn in het Koninkrijk der liefde. Hij ontvangt genade, en met een voortdurend groeiende hoop "reinigt hij zichzelf, zoals ook [Christus] rein is".[101] Naarmate de genade zich in hem vermeerdert, wordt hij hartstochtloos en overstijgt hij de vrees voor de dood. Hij bidt op reine wijze, terwijl de volheid van zijn innerlijke staat eenvoud schenkt aan de ogen van zijn ziel, zodat zij opzien en de verheerlijkte gedaante aanschouwen van de God Die hij kent en liefheeft. In het licht van het Aangezicht van Jezus heeft hij de controle over elke wenk van het intellect en elke beweging van het hart. Dan stijgt hij op tot de hoogte van de meest veeleisende Zaligspreking van de Heer: *"Zalig de reinen van hart, want zij zullen God zien".*[102]

Onderaan de omgekeerde piramide bevindt Zich de lijdende Christus, Die Zijn handen uitstrekte op het Kruis om alle vijandschap, scheiding en verdeeldheid op Zich te nemen, en om hen die verre zijn en hen die nabij zijn in Zichzelf te verenigen, in één nieuwe mens, en zo vrede te stichten.[103] Als de Vorst des vredes[104] heeft Christus allen verzoend met de hemelse Vader.

Zoals de reinheid van hart de gelovige ogen schenkt om de heerlijkheid Gods te zien, evenzo bewerkt de vrede van de ziel zijn heiliging, hetgeen wordt tot een geestelijk gezichtsvermogen om het licht van Zijn Aangezicht te aanschouwen: "Jaagt de vrede na met allen, en de heiliging, zonder welke geen mens de Heer zal zien".[105] Door het verwerven van de vrede en het licht van Christus in zijn hart, overstijgt de leerling elke innerlijke verdeeldheid en elk conflict in zichzelf, die hij geërfd had van de Val. Dan ontvangt hij de macht van de "aanname" uit den hoge, en wordt tegelijkertijd tot vredestichter en tot dienaar van de goddelijke uitwisseling: Hij bewerkt vreedzame relaties tussen God en de mensen, en als medewerker van God in het werk voor het heil van de gehele wereld, wordt hij geëerd door deze Zaligspreking des Heren: *"Zalig de vredestichters, want zij zullen kinderen Gods worden genoemd".*[106]

---

[101] 1Joh.3:3.
[102] Mt.5:8.
[103] Cf. Ef.2:14-17
[104] Jes.9:6.
[105] Hebr.12:14.
[106] Mt.5:9.

De nederige tocht van de Heer Jezus naar omlaag was de open-baring van Zijn liefde tot het einde. Zijn kenotisch Offer was de beslissende strijd waarin Hij Zich mat met de Duivel, aan wiens gezag Hij een einde maakte – en Hij overwon de dood, de straf voor de zonde van de eerstgeschapenen. De Eniggeboren Zoon, de gelijke van de Vader in Zijn natuur en Zijn heerlijkheid, werd arm omwille van ons, door de zwakke en broze menselijke natuur aan te nemen. Hij werd geboren uit de Heilige Geest en de Maagd Maria – met andere woorden, vrij van de noodzaak te sterven, omdat Zijn geboorte niet voorafgegaan werd door de zonde. Als volmaakte mens kon Hij echter vrijwillig de dood ondergaan omwille van ons en in onze plaats. Doch zulk een dood was onrechtvaardig, en daarom kon deze Hem niet vasthouden in het graf – noch liet God toe dat Zijn Heilige het verderf zou zien,[107] maar Hij heeft Hem opgewekt op de derde dag. Zijn onrechtvaardige dood werd het oordeel, de veroordeling en de vernietiging van onze dood, die rechtvaardig is vanwege de zonde die daaraan voaf ging. Heel de verschijning van God-de-Heiland in het vlees is één groot en onvatbaar Kruis, waaraan de Heer der heerlijkheid genageld werd overeenkomstig het vóóreeuwig goddelijk Raadsbesluit en omwille van ons heil. Hij kwam in de wereld met heel het verlangen van Zijn ziel om de Naam en het Woord van Zijn Vader te openbaren. Hij verdroeg verzoekingen en verachting omwille van ons, om ons Zijn weg te leren. Hij eerde ons als Zijn gelijken, en maakte een evenredig verbond met ons, en Hij bezegelde dit met Zijn eigen bloed. In Gethsémane bad Hij met bovennatuurlijke zielsangst en met bloedig zweet, om Zijn Vaders wens te vervullen voor het heil van de gehele wereld. Na al het vreselijke lijden dat Hij had verduurd, verhief Hij Zijn lichaam aan het Kruis. Hij stierf en deed Zijn ziel afdalen tot in de Hel – en op de derde dag stond Hij op, om ons het erfdeel te schenken van Zijn verbond en Zijn leven. Op vergelijkbare wijze zal de volgeling van het Kruis, in zijn nederige strijd om zijn hernieuwing en zijn heil, eveneens de tocht naar omlaag ondernemen, en pijn en lijden verduren om zijn trouw en zijn dankbaarheid te tonen jegens God, de Weldoener. Zoals

---

[107] Cf. LXX Ps.15(16):10; Hand.2:27; 13:35.

geschreven staat: "Door vele verdrukkingen moeten wij binnen-komen in het Koninkrijk Gods".[108]

Soms, door de Voorzienigheid, wanneer de gelovige de door God bezielde ijver bezit, en God – in Zijn goedheid en wijsheid – Zijn dienaar wil eren, staat Hij toe dat de mens grote verzoekingen over-komen, zodat ook deze oog in oog komt te staan met de dood – niet om te worden vernietigd, maar opdat hij deelgenoot moge worden aan Christus' overwinning op de "wereldheerser van deze eeuw", en in de hemel "een betere en eeuwigdurende bezitting" moge hebben.[109] Al het lijden omwille van Christus heeft "roem" en ontvangt een onvergelijkelijke vergelding, wanneer de mens dit verdraagt zonder te zondigen – door "onrechtvaardig te lijden" en "omwille van het geweten voor God", dat wil zeggen, omwille van het gebod van Zijn nederige liefde.[110] De tocht naar omlaag is dus niet alleen een volhardend leerlingschap van het Kruis, maar ook een onbeschrijfe-lijke vreugde en een voorsmaak van de Opstanding. De leerling van het Kruis wordt ook tot leerling van de zaligheid van Zijn enige en eeuwige Leermeester, de Almachtige Jezus. Aldus is de volgende Zaligspreking op hem van toepassing: *"Zalig die vervolgd worden omwille van de rechtvaardigheid, want hunner is het Koninkrijk der hemelen. Zalig zijt gij, wanneer zij u smaden en vervolgen, en lasterlijk allerlei kwaad tegen u spreken omwille van Mij. Verheugt u en jubelt, want uw loon is groot in de hemelen".*[111]

Al hetgeen hier gezegd is, was een armzalig poging te laten zien dat dit de waarachtige overwinning is in het leven van de Christen: de onwrikbare voorwaarde in praktijk te brengen, die Jezus – de Aanvoerder van ons geloof – herhaaldelijk stelde: "Al wie zichzelf verheft, zal worden vernederd; en wie zichzelf vernedert zal worden verheven".[112] Als een mens de nederige nederdaling van de Heer volgt, die Gods weg geschetst heeft, dan gaat hij op naar de plaats waar de Heer verheven werd: "Waar Ik ben," zeide de Heer, "aldaar zal ook Mijn dienaar zijn".[113]

---

[108] Cf. Hand.14:22.
[109] Cf. Ef.6:12; Hebr.10:34.
[110] Cf. 1Petr.2:19-20.
[111] Mt.5:10-12.
[112] Lk.14:11; zie ook Lk.18:14.
[113] Joh.12:26.

De paradox van de omgekeerde piramide toont dat de weg naar omlaag leidt tot een eeuwigdurende overwinning, en de grootheid openbaart van de geest en de zede waarin deze overwinning vervat ligt. De eerste stap in de wetenschap van deze weg is om de voorkeur te geven aan de ander boven onszelf, en het einde wordt volmaakt beschreven in het woord van de heilige Silouan, die boven alle genadegaven van de Heilige Geest verlangde naar de onbeschrijfelijke nederigheid van Christus, en naar het gebed voor allen als voor zichzelf[114] – want aldus wordt de "nieuwe schepping" geopenbaard, die door Christus op aarde werd ingewijd door middel van Zijn Kruis en Opstanding. Doch in deze wereld is Christus "lijdende", zachtmoedig en nederig, en in deze tegenwoordige wereld komt Zijn Koninkrijk "zonder uiterlijke waarneming".[115] Daarom zouden wij "onze zinnen geoefend" moeten hebben[116] om de tekenen te kunnen bespeuren van Zijn mystieke aanwezigheid. De wetten van de weg des Heren zijn de Zaligsprekingen van Christus. Hij leert ons Zijn waarheid van A tot Z, van "alfa" tot "omega", van het begin tot het einde.[117] De eerste stevige stap is de erkenning van onze nietigheid en nutteloosheid. De weg vervolgt met onze inwijding in Zijn mysteriën door de berouwvolle bekering, de tranen, geestelijke genezing en reinheid van hart, en hij reikt tot de onbetwijfelde volmaaktheid van het lijden en de dood van Christus, die eerst Zijn eigen leven geofferd heeft voor het heil der wereld.

De Zaligsprekingen vormen de wonderbare ladder tot de volmaaktheid, die God de zonen der mensen aanbiedt. De basis daarvan is de nederigheid van de armoede, en de voleinding is de kroon van het martelaarschap, als een uitdrukking van de liefde die sterker is dan de dood. Aldus wordt de gelovige binnengeleid in de levende Aanwezigheid van de Heer – en wanneer hij daaruit te voorschijn komt, dan draagt hij een woord van leven voor zijn broeders, en getuigt hij van de waarheid dat Christus de Heiland is van alle

---

[114] "Saint Silouan, GK p.444, EN p.350, NL p.372.
[115] Cf. Lk.17:20.
[116] Cf. Hebr.5:14.
[117] Cf. Openb.1:8,11; 21:6; 22:13.

mensen, en in de wereld gekomen is om zondaars te behouden, van wie ik de eerste ben.[118] Vergeef mij.

Vragen & Antwoorden

Vraag 1: U hebt gisteravond en vandaag gesproken over het begrip van de heilige zelfhaat. Bestaat er ook zoiets als onheilige zelfhaat? En dan verder nog, hoe zit dat met heilige zelfliefde en onheilige eigenliefde? Kunt u daarover uitweiden?

Antwoord: Ja. Weet u, alles wat van God komt gaat vergezeld van Zijn wonderbaarlijke charismatische aanwezigheid. Wanneer wij een heilige zelfhaat bezitten, dan kunnen wij niet ophouden met bidden en wenen voor Gods aanschijn. En die zelfhaat is hernieuwend; het is geen ziekelijk iets. Zelfhaat die niet heilig is – onheilig, zoals u zei – is niet hetzelfde. Dat doet de mens verdorren; dat vernietigt de mens. Dat komt voort uit eigenliefde en hoogmoed, en inspireert niet tot gebed, het inspireert niet tot nederigheid, en het inspireert niet tot berouwvolle bekering; het inspireert niet tot liefde voor de ander – terwijl de heilige zelfhaat altijd vergezeld gaat van dit verlangen: alle plaats te geven aan de ander. En de eerste 'Ander' is Christus, maar daarnaast ook onze medemensen in Christus. Vergeef mij.

Vraag 2: En wat aangaande de zelfvergetelheid in het geestelijk leven? Alle aandacht is gericht op de ander

Vader Zacharias: U bedoelt de moedeloosheid? Of nee, de zelfvergetelheid, waarin men zichzelf vergeet?

Vragensteller: Ja, dat laatste.

Antwoord: Wel, als dit omwille van God is, dan staat dit in hetzelfde perspectief als de gezindheid die wij zouden moeten bezitten: "Laat deze gezindheid in u zijn, die ook is in Christus Jezus", zegt de heilige Paulus.[119] En vlak daarvoor legt hij dat uit, zeggende, dat wij allen een wedstrijd zouden moeten houden, wie de ander het meest zal eren.[120] Dat wil zeggen, onszelf te vergeten en de eerste plaats te geven aan de ander. Als wij waarlijk "uit

---

[118] 1 Tim.1:10,15.
[119] Fil.2:5.
[120] Fil.2:3-4.

Geest geboren zijn",[121] dan zouden wij in ons leven een wedstrijd moeten aangaan, wie de ander de meeste eer zal geven. Dat is de gezindheid van Jezus Christus, die de heilige Paulus wil dat zijn leerlingen zouden bezitten – die een weerspiegeling is van de weg van Christus, zoals de Apostel deze beschrijft: Christus, Die Zichzelf vernederde en het Kruis aanvaardde, en gehoorzaam werd tot aan de dood van het Kruis toe.[122] Dus de gezonde zelfvergetelheid staat in dit perspectief: Deze wedstrijd te voeren van de wedergeboren Christenen. "Hieraan zullen zij weten dat gij Mijn leerlingen zijt", zegt de Heer[123] – namelijk, als wij liefde en nederigheid bezitten. Want Hijzelf, Christus, is de enige Leermeester, en Zijn enige leerschool is een school van nederigheid en liefde. En wij zouden altijd deze wedstrijd moeten voeren, om onszelf te bewijzen in die geest.

Vraag 3: Ik vroeg me af, toen u iets noemde over Christus' verlatenheid aan het Kruis, maar daar niet verder over uitweidde. Ik denk dat u zoiets zei als, dat Hij daar aan het Kruis verlaten werd, of misschien, dat Hij Zichzelf verliet. Ik weet het niet precies, maar ik zou graag willen dat u daar meer over zou zeggen.

Antwoord: Het hangt ervan af hoe wij de vraag stellen. Als we zeggen: "Wie stierf aan het Kruis?" dan gaat het over God Die stierf aan het Kruis, omdat wij spreken over de persoon, en de persoon was goddelijk – Hij was de goddelijke 'Logos'. Als wij de vraag stellen: "Wat stierf aan het Kruis?" dan betreft dat uiteraard niet het Wezen van God – niet de goddelijke Natuur, maar de menselijke natuur. Dus: "Wie werd er aan het Kruis verlaten?" De mens Jezus, de mens Christus. En natuurlijk zouden wij dan ook kunnen zeggen, dat Hij Zichzelf verliet; of dat God Zijn Zoon verliet. Er is een beroemde uitspraak in de heilige Philaret van Moskou, die zegt dat de Vader de kruisigende liefde was, de Zoon de gekruisigde liefde, en de Heilige Geest de overwinnende liefde aan het Kruis. Weet u, de Heer kwam om heel onze tragedie op Zich te nemen en heel onze zwakheid. En daar wij verlaten waren wegens onze zonde,

---

[121] Cf. Joh.3:5-8.
[122] Cf. Fil.2:8.
[123] Cf. Joh.13:35.

moest Hij Zichzelf verlaten in onze plaats – maar op een rechtvaardige en zondeloze wijze, op een heilige manier. Hij verliet Zichzelf aan het Kruis vanwege Zijn oneindige liefde voor Gods wil, Die
wilde dat Hij dit zou doen omwille van het heil der mensen, en vanwege Zijn oneindige liefde voor de mens. Dus door Zijn verlatenheid,
Zijn vrijwillige en heilige godverlatenheid aan het Kruis, genas Hij
onze verlatenheid die gekomen was als straf voor onze zonde.

Vraag 4: U hebt min of meer de Zaligsprekingen voor ons
uiteengezet als de inhoud van de Persoon van Christus, en als de
potentiële inhoud van onze persoon naarmate wij meer op Christus
gaan lijken. En daar hebben wij dan de echte, authentieke aard van
het persoon-zijn als wij de gelijkenis met Christus nastreven. In
onze cultuur, in het bijzonder onder onze jonge mensen, bestaat
een zeer sterk verlangen naar authenticiteit in het leven; en hoewel
zij dit niet uitdrukken in dezelfde theologische termen als wij,
denk ik dat dit is waar zij naar zoeken. Heeft oudvader Sophrony
ooit gesproken over "ontmoetingsplaatsen met de geest van de
Kerk" op dit punt?
Vader Zacharias: Wat bedoelt u met "ontmoetingsplaatsen
van ..."?
Vragensteller: Een ontmoeting tussen de geest van de Kerk en
de wereld waarin wij leven, de wijze waarop wij de inhoud van de
persoon verstaan en het zoeken van de wereld naar authentiek
'persoonschap' – waarbij wij naar de wereld kunnen kijken, naar
hun zoeken, naar de vragen die zij stellen, naar de dingen waar zij
naar streven, en wij kunnen zeggen: "Dit is door God gezegend,
als iets dat kan worden geheiligd" – ik vermoed, in hun worsteling
om echte personen te worden, in onze worsteling om echte
personen te worden. Begrijpt u wat ik bedoel?
Vader Zacharias: Ik vat de vraag nog niet.
Vragensteller: Heeft vader Sophrony ooit gesproken over dingen
die wij kunnen zien in de wereld om ons heen, die wij zouden
kunnen 'dopen', zogezegd, om hen te helpen zien hoe dit – de
Zaligsprekingen – de weg is om werkelijk de inhoud van hun
eigen persoon te verwerven.
Antwoord: Ja. Welnu, de weg is altijd om het woord van de
Heer te aanvaarden. Wij moeten hen tonen, wij moeten hen vertellen

dat hun waarachtige succes, hun waarachtig heil gevonden wordt wanneer zij het woord des Heren bewaren. En als zij het woord des Heren bewaren, dan zal Hij in hen getuigen van kracht en leven, van genade. En die genade zal getuigen van de waarheid.

Terwijl wij in deze wereld zijn, zijn wij geen waarachtige personen. Wij dienen waarachtige personen te *worden*. Wij dragen, om zo te zeggen, de potentie om personen te kunnen worden, maar wij zijn nog geen personen. Wij zijn geschapen naar Gods beeld, maar wij zijn nog niet in Zijn gelijkenis. Wij zijn in de gelijkenis wanneer de genade ons uitbreidt, en wij door Gods genade hemel en aarde kunnen omvatten, en heel de schepping in voorbede tot God brengen. Dit is de verwerkelijking van het persoon-zijn, zoals wij dit zien in de heiligen: hun voorbede voor de gehele wereld. Maar er zijn vele andere wegen die daartoe leiden. Bijvoorbeeld, wanneer wij ons niet alleen bekeren om onszelf, maar wanneer wij in bekering leven vanwege de ellendige staat waarin de gehele wereld zich bevindt, zoals de drie jongelingen in de vuuroven van Babylon. Zij bekeerden zich niet voor zichzelf, maar zij bekeerden zich en veroordeelden zichzelf tot dat vuur van de vuuroven, omdat zij zichzelf identificeerden met hun volk, dat afvallig was geworden van de God van hun vaderen. Dus er zijn vele wegen om tot persoon-zijn te komen. Het reine gebed, de bekering – wanneer onze bekering een schreeuw wordt, niet alleen voor onszelf, maar voor de gehele aarde, voor de gehele wereld: Wanneer wij, door Gods genade, onszelf hebben genezen van de wond der zonde, dan worden wij ons het heil van de gehele wereld indachtig, en dan bidden wij voor de gehele wereld. Maar de weg tot de verwerkelijking van het persoon-zijn is in wezen de bekering in zijn veelvoudige vormen, omdat de bekering onze natuur geneest en verenigt – in het bijzonder door de tranen der bekering. En tenzij wij genezen en één geworden zijn, kunnen wij de twee grote geboden niet op Godwaardige wijze vervullen. Anders gezegd, hoe kunnen wij God liefhebben met geheel ons hart en geheel ons intellect, als wij nog steeds verdeeld zijn? – ons intellect heeft één gedachte, ons hart heeft een andere gewaarwording, onze zintuigen verlangen iets anders, en wij zijn verdeeld. Maar wanneer wij genezen worden door de tranen der bekering, dan zijn wij in staat de twee grote geboden te vervullen; en wanneer wij deze tot enige wet maken van ons bestaan, dan beginnen wij te handelen en te reageren zoals Christus; wij beginnen dezelfde gezindheid te hebben als Christus, en dan zijn wij waarachtige hypostasen. Ik bedoel, voor de Bisschop is de wijze om zijn hypostatische principe te verwerkelijken, dat hij in zijn gebed al zijn priesters draagt – dan is hij gezegend, dan bevindt hij zich op de weg van het waarachtige hypostatische leven, de realisatie van de waarachtige hypostase. Maar dat betekent niet, dat gij daarvan uitgesloten zijt. Daarbij zijn de eenheid en het hypostatische beginsel een kwestie van het diepe hart. Wanneer wij in ons diepe hart al onze medemensen dragen, en de gehele Kerk, en zelfs de gehele wereld, dan bevinden wij ons op de weg van de vervulling en de verwerkelijking van ons hypostatische beginsel. Vader Sophrony dacht bijvoorbeeld altijd aan het monnikschap als een oefening om het waarachtige Christelijke persoonschap te bereiken. Als elke monnik – niet alleen de hegoumen, omdat hij de eerste is en verantwoordelijk voor het leven van het klooster, maar elk van de leden van de gemeenschap – in zijn hart alle andere ledematen draagt, en hen aan God opdraagt, elke keer wanneer hij voor Gods aanschijn staat, zonder dat daar iemand aan ontbreekt, dan is dat een goede oefening die de zegen van God ontvangt. En de dag zal komen, zegt vader Sophrony, dat het hart van de monnik zal worden uitgebreid om niet alleen zijn broederschap te omvatten, maar de gehele wereld, en hij de gehele wereld zal opdragen aan God.

Wij hadden een eenvoudige monnik in ons klooster die, naar ik meen, slechts enkele jaren naar de lagere school was geweest. Ik vertel u dit, omdat sommige mensen zeggen: "Ah, vader Sophrony is filosofisch". Het is helemaal niet filosofisch, het is heel praktisch. En het bewijs daarvan is dat deze monnik – die slechts enkele jaren leefde terwijl vader Sophrony met ons was, maar die als leek vader Sophrony had gekend, en als leek naar het klooster kwam – dat hij de theologie van de oudvader leefde zonder diens boeken gelezen te hebben. Op een dag vond ik hem in de hof van het klooster, snikkend en wenend. (Ik denk dat ik u dit reeds eerder heb verteld, maar het geeft niet als ik het nu herhaal – het is nu zelfs nog minder riskant, want hij is bij de Heer, en hij zal het niet horen en hoogmoedig worden.) Op een dag vond ik hem vóór de Old Rectory, snikkend en wenend, en ik zeide tot hem: "Wat is er aan de hand, vader?" Hij kon niet spreken. Ik was bevreesd, dat hij misschien ergens in gestruikeld was, dat hij één of andere zonde had begaan. Ik zeide tot hem: "Laten wij naar de kapel gaan". Ik nam hem mee naar de kapel, en hij kon niet spreken, hij snikte maar door. Ik liet hem tot rust komen, en toen sprak hij tot mij en hij zeide tot mij: "Ik kijk in mijn hart, en één van de broeders is afwezig, en ik kan het niet verdragen." Wat hij bedoelde was, dat zijn hart koud geworden was jegens één van de broeders, en hij voelde dat zijn gehele wezen daardoor verminkt was. Hij had een juist begrip van de theologie van vader Sophrony over het persoon-zijn. Vergeef mij, vader.

Vraag 5: De twee anderen aan het kruis. Misschien kunt u iets zeggen over hen? De ene die zei: "Gedenk mijner, o Heer", en hem Heer noemde, en de ander die dit niet deed – de twee rovers. Kunt u enig commentaar geven op hun ervaring?

Antwoord: Ja. Dit is zeer belangrijk, want de heilige Johannes Chrysostomos zegt dat onze grootste leermeester de goede rover is aan het kruis. Niet omdat hij zeide: "Heer, gedenk mijner in Uw Koninkrijk",[124] maar omdat hij éérst omlaag ging en zeide: "Wij hebben dingen gedaan die deze veroordeling waardig zijn".[125] Dat wil zeggen, eerst vernederde hij zichzelf, eerst ging hij omlaag, en toen vond hij genade en geloof om op te gaan en te zeggen: "Heer, gedenk mijner in Uw Koninkrijk". Hij leerde eerst zichzelf te beschuldigen, de schuld op zichzelf te nemen, en daarmee ging hij door het oordeel. "Als wij onszelf oordelen", zegt de heilige Paulus, "dan zouden wij niet geoordeeld worden".[126] "God oordeelt niet tweemaal", zoals vader Sophrony placht te zeggen. En de rover die aan het kruis hing, toen zijn leven hing boven de afgrond van de hel – op dat moment, in die pijn, vond hij de kracht zichzelf te beschuldigen, de schuld op zichzelf te nemen. Wat zijn woorden betreft: Wanneer iemand boven de afgrond der hel hangt, spreekt hij geen lichtzinnige woorden. Hij zeide: "Gedenk mijner, o Heer", maar heel zijn wezen lag in die woorden, omdat hij eerst door het oordeel ging; hij oordeelde zichzelf de hel waardig die onder zijn voeten was, en daarom was dit zo krachtig. Over de ander hoeven

---

[124] Cf. Lk.23:42.
[125] Cf. Lk.23:41.
[126] 1Kor.11:31.

wij natuurlijk niet eens te spreken; die ander begreep er helemaal niets van. Hij bleef in zijn hardheid en zijn vijandschap jegens God; hij gaf God de schuld, hij bespotte God, en uiteraard stierf hij in zijn zonden. Dat is waarom het zo'n groot iets is, in staat te zijn schande te verdragen, en onszelf beneden allen te stellen. Dat is een grote deugd, die de rover aan het kruis ons heeft geleerd.

En zo gij wilt, wanneer gij alle gebeden van de Kerk leest: die bestaan uit twee gedeelten: Het eerste is een belijdenis van onze ellendige staat, wat de waarheid is – en wij worden waarachtig in het belijden van onze ellende, en zo ontvangen wij de genade van de Geest der waarheid om onze verzoeken voor God te brengen. Deze geest is vooral zichtbaar in de gebeden van de Dienst ter voorbereiding op de Heilige Communie. Daarbij is de helft van het gebed een omlaag gaan, en dan komt de 'maar' – de 'maar' van het geloof – en dan bieden wij God onze smeekbeden aan voor datgene wat wij zouden willen. Maar eerst zeggen wij: "O Heer, hoewel ik de hemel en de aarde en heel dit tijdelijke leven onwaardig ben, doordat ik gezondigd heb tegen de hemel en de aarde..." enzovoort – waarbij wij onszelf beschuldigen en veroordelen. En dan volgt: "Maar ik wanhoop niet aan mijn heil, omdat Gij lankmoedig en barmhartig zijt",[127] en wij bieden onze smeekbeden aan. Tenzij wij eerst die beweging omlaag maken, en het pad des Heren aftekenen, kunnen wij de tweede beweging van het pad des Heren niet volgen. Hij is Degene Die als eerste omlaag ging, tot "de nederste delen der aarde", en toen omhoog steeg en "de krijgsgevangenschap gevangen heeft genomen", zoals de heilige Paulus zegt.[128] Dus hierin is de rover waarlijk een groot leermeester – naar het inzicht van de heilige Johannes Chrysostomos.

Vraag 6: In verband met wat u zojuist gezegd hebt over de zelfveroordeling, wat wij zien in de gebeden van de Kerk: Sommige mensen vervallen enkel in wanhoop door dergelijke gebeden, door zichzelf te veroordelen. Hoe kunnen wij zulke mensen opheffen? Hoe kunnen wij hen helpen? Hoe zouden zij moeten bidden?

---

[127] Cf. het eerste gebed van de heilige Basilius de Grote.
[128] Cf. Ef.4:8-10.

Antwoord: Wij moeten hen vertellen dat het belangrijk is om dat te doen in vertrouwen. Wij zijn het niet die iets bewerken. Het heil is niet onze prestatie, niet onze bekwaamheid. Het heil is Gods geschenk, en wij dienen Hem te naderen met nederigheid en geloof – met geloof en nederigheid, dat maakt alle verschil. Wij moeten geloof hebben in Hem Die de goddelozen "om niet" rechtvaardigt,[129] in Hem Die ons alle dingen geschonken heeft. Als wij wanhopen, dan is dat een teken van dit éne: dat er hoogmoed in ons schuilt. Vergeef mij, ik weet niet hoe dit te zeggen... Feitelijk, wanneer wij wanhopen, dan kan die wanhoop – als wij geloof hebben – een enorme hulp zijn, een enorme bron van energie om ons te helpen de sprong te maken van dit natuurlijke koninkrijk van het dagelijks leven, tot het bovennatuurlijke Koninkrijk des hemels. Een voorbeeld en een voorafschaduwing daarvan vinden wij in de persoon van de profetes Hanna, die naar de Tempel kwam en daar haar hart uitstortte voor het aanschijn des Heren, en de smeekbede van haar hart ontving – de profeet Samuël.[130]

---

[129] Rom.3:24.
[130] 1Sam.1:9-11.

3

De liefde voor de vijanden

Met uw zegen zal ik voortgaan met mijn uiteenzetting van een 'huiselijke theologie'. Ik weet niet anders, ik probeer slechts te herhalen wat mijn vaderen hebben gezegd.

Het thema van vandaag is de liefde voor de vijanden. Het is zelfs moeilijk onze medebroeders lief te hebben en daarvoor hebben wij veel nederigheid nodig. Om onze vijanden lief te hebben – om 'de vijand' lief te hebben – vraagt zulk een nederigheid dat dit de "oude mens" en zijn geest geheel verslaat.

Wanneer wij refereren aan het onderricht van de heilige Silouan, dan moeten wij deze fundamentele en buitengewone gebeurtenis in zijn leven in gedachten houden: zijn schouwen van de levende Christus, wat plaatsvond enkele maanden na zijn intrede in het klooster.[1] Op dat ogenblik van het schouwen werd de gesteldheid van de Heer Zelf op hem overgedragen. En hij zegt herhaaldelijk: "Door de Heilige Geest" leerde hij de volmaaktheid kennen van het leven in Christus.[2] Het luisterrijke goddelijk Licht verlichtte hem. Hij werd waarlijk wedergeboren en zijn geest werd tot 'krijgs-gevangene' van het schouwen van de Godheid. Zijn ziel versmolt van de zoetheid van de goddelijke genade, en zijn hart werd uit-gebreid en omvatte de "gehele Adam", en diens heil werd Silouans smeekbede tot aan het eind van zijn leven. Op dat moment ervoer hij ook de volledige vergeving van zijn zonden, de onbeschrijfelijke nederigheid van Christus, en de enorme goedheid van Diens Geest Die voor allen het heil verlangt, en zelfs medelijden heeft met Zijn vijanden. De Heilige Geest getuigde van de goddelijkheid van Chris-tus, en leerde Silouan Zijn mysteriën. De volheid van de goddelijke liefde die hij gewaar werd in zijn ziel en in zijn lichaam – in zulk een mate, dat hij had willen lijden voor Christus – plaatsten als het ware een 'transformator' in hem. Dit maakte het mogelijk dat elke

---

[1] "Saint Silouan", GK p.31, 569-570, EN p.26, 457-459, NL p.36, 482-483.
[2] Of "In de Heilige Geest..."; zie o.a. "Saint Silouan", GK p.316, 350, 570, 621, EN p.240, 270, 459, 503, NL p. 260-261, 292, 483, 525.

menselijke gedachte en daad van hemzelf kon worden geïnspireerd en getransformeerd tot een kracht die leidde tot heiliging en tot eenheid met Christus. Het was precies op dat ogenblik, dat de Heilige Geest hem tevens inwijdde in de wetenschap van de liefde voor de vijanden, en in het gebed voor hen – wat niets anders is dan de navolging van Christus, en de volledige gelijkheid aan Hem. Na dit schouwen, waarin hij werd weggevoerd tot in de hemel, bestond het concept 'vijanden' niet meer in zijn geest,[3] maar onder grote tranen verlangde hij het heil van alle mensen. De liefde van God in het hart van Gods dienstknecht wordt getransformeerd tot liefde voor de medemens. De volmaaktheid van de liefde voor de naaste is de liefde voor de vijanden, die wordt uitgedrukt in het gebed voor de vijanden. De eerste die een voorbeeld gaf van dergelijk gebed was de gekruisigde God, Die bad: "Vader, vergeef hen, want zij weten niet wat zij doen".[4] En de eerste die Hem volmaakt navolgde was Zijn leerling, de eerste martelaar Stefanus, die eveneens God smeekte omwille van degenen die hem stenigden. Hij gaf zijn geest over terwijl hij zeide: "Heer, reken hun deze zonde niet toe".[5]

Vele religies onderrichten aangaande de liefde voor de naaste, maar alleen Christus heeft dit als gebod gegeven, want Hij alleen heeft zulk een liefde, en alleen Hij heeft deze liefde getoond door de dwaasheid van Zijn Kruis. Heel de goddelijke heilseconomie in Christus, omwille van de wereld, is in wezen de manifestatie van liefde jegens de vijanden van God, en Christus is de Weg van God. "Alzo heeft God – de Vader – de wereld liefgehad",[6] zegt de leerling der liefde, "dat Hij Zijn Zoon niet heeft gespaard, maar Hem voor ons allen heeft overgeleverd [aan de dood]", zoals een andere leerling van diezelfde liefde daaraan toevoegt.[7] En hij legt uit dat deze "allen" de goddelozen zijn, en de vijanden van God.[8] Hij specificeert verder, dat de overvloedige liefde van God juist hierin bestaat, "Dat, terwijl wij nog zondaars waren, Christus voor ons gestorven is".[9] Wensend

---

[3] Ibid., GK p.154-155, 449, EN p.115, 354 NL p.127-128, 376.
[4] Lk.23:34.
[5] Hand.7:60.
[6] Joh.3:16.
[7] Cf. Rom.8:32.
[8] Rom.5:10.
[9] Rom.5:8.

de gelovigen te bevestigen in hun hoop op de God der liefde, vervolgt hij: "Want indien wij, toen wij vijanden waren, met God verzoend zijn door de dood van Zijn Zoon, hoeveel te meer zullen wij, verzoend zijnde, worden behouden in Zijn leven".[10] En deze goddelijke liefde "is uitgestort in onze harten door de Heilige Geest, Die ons gegeven is".[11] Om te besluiten zouden wij kunnen zeggen, dat de liefde voor de vijanden, de liefde is van de vóóreeuwige God en Vader, Die geopenbaard werd in de heilseconomie van de Eniggeboren Zoon, en die door de Heilige Geest wordt voortgezet in de harten der heiligen tot aan het einde der wereld.

Christus' Nieuwe Testament, met de paradoxale nieuwigheid van het onderricht daarvan, bestaat nu juist in dit soort liefde. Een liefde, niet voor vrienden of rechtvaardigen, maar voor de goddelozen en voor vijanden. Onze Heer Jezus Christus in Zijn herziening van de oude Wet en door Zijn goddelijk gezag opent nieuwe dimensies van de geboden, en zegt: "Gij hebt gehoord [in de Wet] dat er gezegd is, Gij zult uw naaste liefhebben, en uw vijand zult gij haten. Maar Ik zeg tot u, Hebt uw vijanden lief, zegent hen die u vervloeken, doet goed aan hen die u haten, en bidt voor hen die u krenken, en die u vervolgen".[12] En voortgaande op deze verklaring, die Hij vervolgens bezegelde met Zijn eigen bloed, heeft de Heer geen enkel ander verlangen en geen enkel ander doel, dan aan de mensen de volmaaktheid over te dragen van Zijn hemelse Vader: "Weest dan gijlieden volmaakt, evenals uw Vader Die in de hemelen is, volmaakt is".[13]

De Heer, door ons Zijn geboden te geven, nodigt ons uit Hem te volgen op Zijn weg. Maar Hijzelf is de Weg – en wanneer wij onszelf plaatsen op de weg van Zijn geboden, dan bezoekt Hij ons, Hij wordt onze Metgezel en Hij draagt Zijn genade op ons over. Door Zijn Messiaans gezag om te openen – zoals er gezegd is: "Die opent, en niemand zal sluiten"[14] – opent Hij het hart van de mens, en neemt daar woning, en Hij inspireert hem met dezelfde

---

[10] Rom.5:10.
[11] Rom.5:5.
[12] Mt.5:43-44.
[13] Mt.5:48.
[14] Openb.3:7, zie ook Jes.22:22.

gedachten en dezelfde liefde voor de mens die Hijzelf bezit. Dan, in het hart, bestaan de liefde voor God en de liefde voor de mens naast elkaar in volmaakte harmonie. Maar hier wordt ook de tragedie van de wereld geopenbaard. Zoals de heilige Silouan bevestigt, is het de liefde voor de vijanden die het bewijs vormt van de authenticiteit van onze liefde voor God en voor onze medemens. Om dit te bewijzen, verwijst de heilige Silouan naar de geschiedenis in het Evangelie over Christus' laatste reis langs Samaria.[15] De Samaritanen hadden Christus niet ontvangen, en de leerlingen wilden vuur van de hemel doen komen om hen te vernietigen. Maar de Heer verbood hen dit, zeggende: "Gijlieden weet niet van welke geest gij zijt. Want de Zoon des mensen is niet gekomen om het leven van de zielen der mensen te verwoesten, maar om hen te behouden".[16] En ook wij, zegt de heilige Silouan, dienen deze éne gedachte te hebben, "dat allen mogen worden behouden".[17] De heilige Silouan beschouwde het als de grootste verworvenheid van de menselijke geest te verblijven in de nederigheid en de liefde voor de vijanden, zoals hemzelf geleerd was toen hij Christus schouwde. In niet één van de voorafgaande Vaders van de Kerk vinden wij zulk een overvloedig en verheven onderricht over de Christelijke liefde voor de vijanden, met zulk een diepte van ervaring en zulk een unieke nadruk, als in de geschriften van de heilige Silouan – waar deze liefde beschreven wordt als het criterium van de waarheid en het teken van de aanwezigheid van de Heilige Geest.[18]

De gelovige die begint de wereld te verloochenen en alles te haten wat zijn hart krijgsgevangen neemt, bereikt de wondere staat van het verlangen te sterven voor Christus, en voor vrienden en vijanden. Tijdens het gebed verenigt de mens zich met God en met heel de mensheid, in de diepten van zijn hart. Het is de Heilige Geest Die deze band bewerkt, door de liefde van Christus. In zulk een alomvattend gebed blijft geen mens hem vreemd, maar – zoals Christus geboden heeft – zijn alle mensen besloten in zijn liefde. De

---

[15] "Saint Silouan", GK p.299-300, 477, EN p.226, 378-379, NL p.245, 399.
[16] Lk.9:55-56.
[17] "Saint Silouan", GK p.300, 477, EN p.226, 379, NL p.245, 399.
[18] Zie ibid., deel I: GK p.304-307, EN p.230-233, NL p.249-251; deel II, zie o.a.: GK p.469-470, 475, EN 372, 376-377, NL p.393, 397-398.

gehele mensheid wordt tot inhoud van zijn gebed. Dit is waarom de heilige Silouan ons verzekert, dat waar geen liefde bestaat voor vijanden en voor zondaars, de Geest des Heren afwezig is en God nog niet gekend wordt op een wijze die Hem waardig is. En omgekeerd, waar de Heilige Geest is, daar is nederige liefde voor de vijanden, en gebed voor de gehele wereld.[19] (Wij refereren hierbij voortdurend aan de geschriften van de heiligen.[20])

Volgens de heilige Johannes de Evangelist heeft de Heer bepaald, "dat wie God liefheeft, ook zijn broeder zou liefhebben".[21] Deze twee grote geboden zijn onderling verbonden, en de vervulling van het ene verifieert ook de vervulling van het andere. Wanneer de geest van de mens in het gebed geheel verenigd is met de Geest des Heren, dan wordt de wereld volkomen vergeten, zoals de heilige Silouan zegt.[22] Terwijl hij met God communiceert denkt de mens aan vriend noch vijand. De gewaarwording van God neemt hem volledig in beslag. Maar als na zijn terugkeer tot het gewone dagelijkse bewustzijn en zijn gewone omgeving, de liefde voor de vijanden – en derhalve, de liefde voor de gehele schepping – niet in hem is, dan betekent dit dat de vervoering in God die zojuist heeft plaatsgevonden niet echt was, en geen waarachtige gemeenschap was met God. Want als de mens waarlijk de schouwende eenheid met God had bereikt, dan zou hij door de gave van die genade heel de schepping hebben moeten omvatten, en het heil verlangen voor allen, zelfs voor zijn vijanden. Door de levende aanraking met Gods Geest wordt de mens geschonken deelgenoot te worden aan de goddelijke staat van 'zijn', en hij wordt Christus-gelijkend. Aan de andere kant, als de volmaakte liefde voor de vijanden hem ontbreekt, dan bewijst hij dat zijn wezen nog onvolledig is, en dat zijn schouwen onecht was en voorkwam uit een geest van illusie.[23] Daarom is de afwezig-

---

[19] Zie o.a. "Saint Silouan", GK p.344, 346, 356-357, 445-446, EN p.265, 267, 275-276, 351-352, NL p.285, 286-287, 297-298, 373-374.

[20] In de geschriften van de heilige Silouan komen de hier aangehaalde gedachten veelvuldig terug; afgezien van letterlijke citaten vermelden de noten daarom vaak slechts één of enkele van de meest expliciete teksten. *Noot ed.*

[21] 1Joh.4:21.

[22] "Saint Silouan", GK p.480, 609 (zie ook p.421), EN p.381, 492 (331), NL p.401, 514, (351).

[23] Cf. ibid., GK p.153-156, EN p.114-117, NL p.127-129.

heid van de liefde voor de vijanden, en zelfs een negatieve houding jegens hen, een getuigenis van het feit dat de mensen tekort schieten in de kennis van de waarachtige God der liefde,[24] Die heel de schepping omvat, en dat zij onwetend zijn aangaande de weg van God die geopenbaard wordt door Zijn geboden. De liefde voor de vijanden is dus de garantie van de waarachtige gemeenschap met God, en het gebed voor hen wordt het criterium voor de aanwezigheid van de Heilige Geest, Die Zelf tot dit gebed inspireert. Dit is precies waarom de heilige Silouan zegt: De Heer is "uiterst nederig en zachtmoedig", en Hij "heeft Zijn schepsel lief". Waar de Geest des Heren is, daar is nederige liefde voor de vijanden en gebed voor de gehele wereld. En als gij deze liefde niet bezit, vraag dan, en de Heer die gezegd heeft: "Vraagt, en het zal u gegeven worden, Hij zal het u geven.[25]

De liefde voor de vijanden is een bovennatuurlijke genadegave, en het gebed voor hen is onbereikbaar zonder de hulp en de medewerking van de goddelijke genade. Zelfs onder de gelovigen zijn er zeer weinigen die dit in hun leven bereiken. Het is een verheven en charismatische deugd. Het besef van de ontoereikendheid van onze natuurlijke vermogens voor een dergelijk gebed zou ons ertoe moeten brengen Gods hulp te zoeken. Met deze moeilijkheid in gedachten introduceert de heilige Silouan nog een andere grote geestelijke deugd, en stelt hij de nederigheid voor. Deze uitmuntende nederigheid was hem geopenbaard op het ogenblik van zijn schouwen van de levende Christus, en later werd hem geleerd hoe hij deze kon bereiken, toen hij in zijn ziel de Heer hoorde, Die hem gebood: "Houd uw geest in de hel, en wanhoop niet".[26] Deze twee opperste geboden gaan hand in hand. "God", zoals de Schrift zegt, "weerstaat de hoogmoedigen, doch de nederigen geeft Hij genade".[27] De heilige Silouan combineert deze twee deugden, en schrijft dat al wat de mens nodig heeft – wil hij de eeuwige zaligheid genieten in Gods paradijs – de nederigheid is, en de liefde van Christus die met

---

[24] Cf. Rom.3:23.
[25] Cf. "Saint Silouan", GK p.350, 445, 468-469, 533, 550, EN p.270, 351, 371, 425-426, 440, NL p.292, 373-374, 392-393, 449-450, 463 – Mt.7:7; Lk.11:9.
[26] "Saint Silouan", GK p.51, 572, EN p.42, 460, NL p.53, 484-485.
[27] Jak.4:6.

alle mensen medelijden heeft. En wie zijn vijanden niet liefheeft, is geen drager van Gods genade, die het zaad is van het paradijs in de mens.[28] Om deze reden raadt hij de berouwvolle bekering aan en de smeekbede tot God, opdat Deze ons het gebed voor de vijanden moge leren door Zijn Heilige Geest,[29] want alleen Hij bezit deze opperste deugd, en Hij alleen heeft deze aan de wereld geopenbaard. Terugkerend tot ditzelfde onderwerp bevestigt de heilige Silouan, dat er in de wereld niets verheveners bestaat dan dat een mens zou leven in nederigheid en liefde. Alleen dan is hij in staat de hoogmoed en de heerszucht te overwinnen, hartstochten die vreemd zijn aan de vrede en de liefde. Hij zegt: "Als de mensen de onbeschrijfelijke vrede kennen die de Christus-gelijke nederigheid schenkt aan de ziel, dan zou heel de wereld deze wetenschap willen leren."[30] De liefde en het gebed voor de vijanden verdrijft de hoogmoed en maakt de mens naar de gelijkenis van de nederige God der liefde – naar de gelijkenis van onze Heer Jezus Christus. Om de genade van de liefde voor de vijanden te verwerven, wat de hoogste graad is van de liefde voor onze naasten, moet men voortdurend de Heer smeken om deze gave, en met ijver vermijden anderen te bekritiseren of onvriendelijk te zijn jegens wie dan ook.[31] Dan zal de Heilige Geest in de ziel woning nemen, en de mens een voorsmaak schenken van het Koninkrijk der hemelen.

Het gebed voor de vijanden is een genadegave van Boven, die de gelovige Christus-gelijkend maakt. De heilige Silouan noemt het voorbeeld van de heilige Païsius de Grote, die met volharding bad voor zijn leerling die Christus verloochend had en zich van Hem had afgekeerd.[32] Maar de heilige Silouan benadrukt ook de menselijke factor, dat wil zeggen, de noodzaak dat de mens door geestelijke arbeid bijdraagt aan het verwerven van deze goddelijke genadegave.[33] Men moet zichzelf vol ijver tot het uiterste vernederen, in voortdurende bekering leven, en verblijven in de overtuiging dat

[28] Cf. "Saint Silouan", GK p.356-357, EN p.275-276, NL p.297-298.
[29] Cf. ibid., GK p.445, 533, EN p.351-352, 426, NL p.373-374, 449-450.
[30] Cf. ibid., GK p.396-397, EN p.310, NL p.330-331.
[31] Cf. ibid., GK p.377-378, 419, 518-519, 581, EN p.293, 329, 414, 468, NL p.314-315, 349-350, 434-435, 492.
[32] Ibid., GK p.474, EN p.376, NL p.397.
[33] Cf. ibid., GK p.63, EN p.281, NL p.303.

men zelf de ergste is van allen.[34] (Het is zelfs moeilijk onze mede-broeders lief te hebben, zoals wij eerder hebben gezegd. Stel u voor, welk een nederigheid vereist is om onze vijanden lief te hebben. Zulk een nederigheid, die de oude mens en zijn harts-tochten volstrekt vernietigt.) Dan zal de genade van de Heilige Geest overvloedig met de mens zijn, en hij zal vervuld zijn van medelijden voor al Gods schepselen, en hij zal verlangen naar en bidden voor het heil van diegenen die God weerstaan, opdat ook zij hetzelfde deel zouden mogen ontvangen als aan hemzelf gegeven is.[35]

Elders zegt de Heilige, verwijzend naar het voorbeeld van Chris-tus aan het Kruis en naar de eerste martelaar Stefanus toen deze gestenigd werd, dat het gebed voor onze vijanden Gods genade bewaart in de ziel. Terwijl als men daarentegen meedogenloos is jegens hen, dit openbaart dat de Heilige Geest afwezig is, en dat de ziel bezeten is door een boze geest.[36] Voortgaand in ditzelfde perspectief van Christus' nederige liefde die medelijden heeft met allen, zegt de heilige Silouan dat de grootste genadegave die hij zou willen bezitten – zelfs nog groter dan de gave der genezing en andere dergelijke wonderbaarlijke gaven – het verwerven van de nederigheid is en de liefde van Christus, opdat hij geen mens zou schaden, maar voor allen zou mogen bidden als voor zichzelf.[37] De heilige Silouan had zulk een groot vertrouwen in de gaven van liefde en van gebed voor de vijanden, dat hij ons nederig smeekt om dit voor onszelf te beproeven, om de kracht te kennen en de waarachtige genade die een dergelijke liefde en gebed vergezelt, en die in de ziel getuigt van haar heil. Hij schrijft: "Ik smeek u, beproeft het: Wanneer iemand u grieft of oneer over u brengt, of iets wegneemt van uw bezit, of zelfs de Kerk vervolgt, bidt dan tot de Heer, zeggende: 'O Heer, wij zijn allen Uw schepselen, wees meedogend jegens uw dwalende dienstknechten en roep hen tot bekering', en dan zult gij op waarneembare wijze de genade in uw ziel dragen. Dwing om te beginnen uw hart om uw vijanden lief te

---

[34] Cf. ibid., GK p.445, 556-557, EN p.351, 446, NL p.373-374, 469.
[35] Cf. ibid., GK p.404-405, 475-477, EN p.317, 376-379, NL p.337-338, 397-400.
[36] Cf. ibid., GK p.446, EN p.352, NL p.374,
[37] Cf. ibid., GK p.444, EN p.350, NL p.372.

hebben, en de Heer Die uw goede intentie ziet zal u in alles helpen, en door deze ervaring zult gij in alles verzekerd worden. Doch als iemand op kwaadaardige wijze denkt over zijn vijanden, dan betekent dit dat hij de liefde Gods niet bezit, en dat hij Hem nog niet kent... Als gij bidt voor uw vijanden, dan zal er vrede in u komen. Doch wanneer gij uw vijanden liefhebt, weet dan dat de genade die in u leeft groot is – hoewel ik niet zeg dat deze volmaakt is, maar toereikend voor het heil".[38]

Om het anders uit te drukken, zoals ook de heilige Silouan elders stelt: De afwezigheid van deze genadegave in de mens betekent dat zijn heil nog steeds onzeker is – als wij onze vijanden niet liefhebben, dan zij wij niet zeker van ons heil. En hij stelt voor dat wij een experiment uitvoeren. Ik had een professor in de theologie, die volhield dat de theologie een experimentele wetenschap is, een positieve wetenschap en geen theoretische wetenschap, zoals normaal gesproken wordt aangenomen. En dit is inderdaad het geval: God biedt Zijn geboden aan als een hypothese, zoals al de wetenschappelijke theorieën in eerste instantie hypothesen zijn. En er is een experiment voor nodig om de waarachtigheid van een dergelijke hypothese te bevestigen. En dan worden zij aangenomen als wetten die de relaties bepalen van de natuurverschijnselen. Ditzelfde geldt voor het woord van de Heer, voor Zijn openbaring. Omdat Hij zo welwillend is en Zich niet aan ons opdringt, biedt Hij Zijn woord aan als een hypothese, en Hij laat ons de mogelijkheid vrijelijk ons experiment uit te voeren – en dan te ontdekken dat het waar is, en dit tot wet te maken voor ons leven. Ik weet niet, of ik dit duidelijk heb gemaakt. Ergens zegt de heilige Silouan: "Probeer één dag te leven met broederlijke liefde, en één dag zonder, en gij zult het verschil zien".[39] En ik herinner me een moniale, die deze regels van de heilige Silouan las, en zeide: "Ik zal een experiment nemen". En zij streefde er die gehele dag naar, wanneer iemand haar vroeg iets te doen of ergens mee te helpen, haar eigen werk te laten liggen en de andere zusters te helpen. En God liet toe dat zij die hele dag niet aan haar eigen werk toekwam, tot de avond toe. En toen moest zij nog tot twee uur 's morgens opblijven om haar eigen gehoorzaam-

---

[38] Ibid., GK p.475, EN p.377, NL p.398.
[39] Cf. ibid., GK p.534, EN p.426-427, NL p.450.

heid te vervullen, haar eigen werk. Maar zij vertelde mij, dat toen zij naar haar kamer ging en haar gebedsregel begon, het plafond werd opgelicht. Voor de eerste maal ervoer zij het geestelijk gebed. God laat niet met Zich spotten. Bij al wat wij doen in Zijn naam, wordt Hij onze Beloner. Dus zij deed het experiment: nu kent zij de waarheid, en het is aan haar om voort te gaan en ditzelfde te blijven doen.[40]

Zoals wij gezien hebben uit het gedeelte dat wij eerder citeerden, behoren diegenen die de Kerk vervolgen tot de categorie van de vijanden. Het feit dat geen van de grote Vaders van de Kerk ooit eerder zulk een verheven en alomvattende theologie heeft ontwikkeld aangaande het thema van de liefde en het gebed voor de vijanden, zoals de heilige Silouan, heeft mogelijk pastorale redenen. De meest brandende kwestie ten tijde van de grote Oecumenische Concilies was het bewaren van de "regel van het geloof" dat "eens en voorgoed aan de heiligen was overgeleverd".[41] De liefde voor de vijanden bewaart de genade. De heilige Silouan zegt: "[Als wij] de genade willen bewaren, dan moeten wij bidden voor onze vijanden. Als gij geen medelijden hebt met de zondaar, die gepijnigd zal worden in het vuur, dan betekent dit dat de genade van de Heilige Geest niet in u leeft, maar een boze geest. Streef daarom, zolang gij nog leeft, door de berouwvolle bekering uzelf van deze geest te bevrijden".[42] Zoals wij reeds hebben opgemerkt, zijn de liefde en het gebed voor de vijanden de weg die Christus ons heeft geopenbaard. Derhalve zal degene die ernaar streeft te verblijven op deze weg des Heren, ook op natuurlijke wijze verenigd blijven met Hem. Het onafgebroken gebed des harten getuigt hiervan. De Heilige zegt: "Om het noëtische gebed[43] vast te houden, moet gij diegenen

---

[40] In St. Tikhon's haalde vader Zacharias deze zelfde geschiedenis aan in antwoord op een vraag naar de gebedsregel. Voor nadere details, zie hfst.8, vraag 5, p.165.
[41] Cf. Jud.1:3.
[42] "Saint Silouan", GK p.446, EN p.352, NL p.374.
[43] Het woord 'noëtisch' (ook wel vertaald als 'geestelijk' of 'onstoffelijk') houdt verband met het bijzondere vermogen van het menselijk intellect (Grieks: *nous*) om God te schouwen, en alles wat behoort tot het supra-kosmische 'gebied' van Gods Geest. In het zgn. 'noëtische gebed' is de aandacht van het intellect geheel geconcentreerd op de gedachtenis aan God. Als zodanig wordt deze term vaak gebruikt in direct verband met de beoefening van het Jezusgebed. Het eigenlijke

liefhebben die u grieven, en voor hen bidden, totdat uw ziel vrede met hen heeft, en dan zal de Heer in u het onophoudelijke gebed geven, want de genade van het gebed wordt geschonken aan degene die bidt voor zijn vijanden. In het gebed is de Heer Zelf onze Leermeester, maar wij moeten onze ziel vernederen. Wie op de juiste wijze bidt heeft de vrede Gods in zijn ziel. De biddende dient een hart te hebben dat heel de schepping liefheeft. De biddende heeft allen lief en hij heeft met allen medelijden, want de genade van de Heilige Geest leert hem deze liefde".[44] Wij weten van de heilige Paulus, dat "niemand kan zeggen: Jezus is Heer, dan in de Heilige Geest".[45] Als de liefde en het gebed voor zijn vijanden de gelovige beloont met de genadegave van het onafgebroken gebed des harten, dan getuigt dit zonder twijfel van de levende aanwezigheid van de Heilige Geest, door Wie het gebed des harten wordt bewerkt.

Samengevat: het gebed voor de vijanden en de liefde voor de vijanden is een teken van de aanwezigheid van de Heilige Geest en een criterium voor de waarheid. (Oudvader Sophrony zegt boven-dien, in zijn uitweiding over dit onderwerp in het eerste deel van zijn boek over de heilige Silouan, dat de liefde in het gebed een criterium is van de waarachtige Kerk: De waarachtige Kerk is die Kerk in wier boezem mensen zijn met deze genadegave van gebed en liefde voor de vijanden.[46] En wij weten dat dit niet alleen de heilige Silouan betreft; daar was bv. ook de heilige Dionysius die bad voor de moordenaar van zijn broeder. Er zijn dus voortdurend mensen met deze genadegave, die aantonen dat deze Kerk die in haar boezem dergelijke dragers van deze genadegave bezit, de waarachtige Kerk is.) En in degene die volgt op deze weg des Heren, van de liefde voor de vijanden, zal spoedig beloond worden met de kennis van de Heer in de Heilige Geest.

---

noëtische gebed begint wanneer het intellect zich verenigt met het hart, en het gebed niet meer beoefend wordt vanuit het denken van het verstand (Grieks: '*diánoia*') maar vanuit het Godschouwende intellect en de innerlijke gewaar-wording van Gods genade. *Noot vert.*

[44] Ibid., GK p.614, EN p.497, NL p.519.

[45] 1Kor.12:3.

[46] Cf. "Saint Silouan", GK p.304-307, EN p.230-232, NL p.249-251.

De deugd van de liefde voor de vijanden helpt de ziel tevens in het beoefenen van de noëtische waakzaamheid. Het is hierdoor dat de gelovige verenigd wordt met de Heer, en derhalve bezit de ziel in zichzelf Hem Die groter is dan degene "die in de wereld is".[47] Maar de volmaakte noëtische waakzaamheid wordt bereikt, wanneer de mens zichzelf de hel waardig acht: "Houd uw geest in de hel, en wanhoop niet".[48] Want dan is hij volkomen vrij van eigenliefde en kan hij alle plaats in zijn ziel geven aan het liefhebben van Christus. (Dit is wat wij eerder gezegd hebben: de liefde voor de vijanden verslaat de oude mens volledig.)

De vrucht van de volmaakte liefde voor Christus en voor de gehele schepping is de charismatische nederigheid, die op haar beurt leidt tot een volmaakte zelfontlediging en, vervolgens, tot de volheid van de Christelijke volmaaktheid. In het bezit van deze nederigheid verlangt de mens zichzelf te verkleinen tot in de hel, opdat de Heer moge worden grootgemaakt tot boven de hemelen. Maar, meer dan al het andere, wordt de echtheid van de liefde van de mens voor Christus aangetoond door zijn liefde en gebed voor zijn vijanden. (De Heer zeide, dat de grootste van hen die uit vrouwen geboren zijn de heilige Johannes de Doper was.[49] Hij was de grootste, omdat hij zichzelf vrijwillig tot de kleinste maakte. Hoewel hij zulk een reputatie genoot in Israël dat sommigen hem zelfs voor de Messias aanzagen,[50] zeide hij dat hij niet waardig was zelfs maar de schoenriem van de Heer te ontbinden.[51] Dat wil zeggen, hoewel hij de grootste was maakte hij zichzelf vrijwillig kleiner dan allen, omwille van de waarachtige Messias, en dat is waarom de Heer getuigde van zijn grootheid.)

Dit perspectief is door en door Evangelisch. De Heer vat zijn eeuwig Evangelie samen in de tien Zaligsprekingen, waarin hij een ladder toont van geestelijke opgang tot de hemel. Hij zegent de geestelijke armoede als een fundamentele deugd – dat is, wanneer de mens zijn eigen armoede beseft, en verzaakt aan alle toewijding

---

[47] Cf. 1Joh.4:4.
[48] Cf. "Saint Silouan", GK p.383-384, EN p.298, NL p.319.
[49] Mt.11:11; Lk.7:28.
[50] Cf. Luk.3:15.
[51] Mk.1:7; Lk.3:16; Joh.1:27.

aan zichzelf en aan alle vertrouwen op zichzelf, en leeft in nederige afhankelijkheid van God, Die hem geschapen heeft en Die hem uiteindelijk heeft vrijgekocht door Zijn kostbaar bloed.[52] Als de hoogste graad van deugd prijst de Heer de vrijwillige aanvaarding van vervolgingen, beledigingen, en zelfs van de dood omwille van Hem en het Evangelie.[53]

De Vaders van de Kerk gebruiken dezelfde criteria. Wij vinden bijvoorbeeld bij de heilige Johannes van de Ladder een vergelijkbare schaal, die op onfeilbare wijze de geestelijke vooruitgang vaststelt van de monnik, afhankelijk van zijn reactie op beledigingen. De eerste graad van opgang voor de monnik, zegt hij, is de beledigingen te aanvaarden met bitterheid en verdriet in de ziel, doch het stilzwijgen te bewaren. De middelste graad van volmaaktheid is wanneer men de vijandigheden verduurt zonder daardoor ontzet te raken – dat is, wanneer de mens zich verheugt dat hijzelf waardig geacht is schande te verdragen omwille van Christus,[54] terwijl hij tegelijkertijd bedroefd is omwille van degene die hem beledigd heeft. De laatste graad van volmaaktheid in de deugd, prijzenswaardig en gelijk aan de maat van de goddelijke liefde, is wanneer de monnik niet alleen zijn eigen innerlijke vrede bewaart, maar ook de schade voelt die de persoon lijdt die hem beledigd heeft, en vurig en onder tranen voor hem bidt.[55] Hier worden drie afzonderlijke gesteldheden onderscheiden – van een lijfeigene, een huurling en een zoon van God – die overeenkomen met de mate van genade die in de mens woont. Wij vinden een vergelijkbare korte schaal van geestelijke vooruitgang in de geschriften van de heilige Silouan. Deze vooruitgang blijkt uit de reacties van de mens op zijn vijanden, en komt overeen met drie gradaties van welbehaaglijk zijn aan de Heer. Hier zijn de tekenen: "Als gij met ijver strijdt tegen de zonde, dan heeft de Heer u lief. Als gij uw vijanden liefhebt, dan zijt gij nog meer geliefd door God. En als gij het leven van uw ziel overlevert voor de mensen, dan zijt gij zeer geliefd door de Heer, Die Zelf voor ons het leven

---

[52] Cf. 1Petr.1:18-19.
[53] Cf. Mk.8:35.
[54] Cf. Hand.5:41.
[55] Cf. "The Ladder", step 8:27, p.85

Zijner ziel gegeven heeft".[56] Sprekend uit ervaring, stelt de heilige
Silouan met zekerheid, dat wil ons gebed voor onze vijanden
succesvol zijn en vrucht dragen, het direct na de belediging moet
worden opgedragen.[57] Het moet een automatische reactie van de
ziel zijn, en daardoor zal de innerlijke vrede van de ziel bewaard
blijven. Hij zegt: Om vrede in de ziel te bezitten, moeten wij
onszelf erin trainen de mens lief te hebben die ons gegriefd heeft,
en terstond voor hem bidden.[58] Wanneer het tot een tweede natuur
wordt voor de mens om te reageren in de geest van de liefde tot het
einde, en van liefde voor de vijanden, zoals Christus geboden heeft,[59]
dan betekent dit dat hij de geboden des Heren tot enige wet heeft
gemaakt van zijn bestaan. Dit is de staat van de 'theosis', de
vergoddelijking. Het is waardig in dit verband te verwijzen naar het
verhaal van de monnik in Alexandrië, beschreven in de levens van
de Woestijnvaders, die toen hij op de wang geslagen werd door een
bezeten vrouw, onmiddellijk de andere wang toekeerde. En enkel
door deze handeling, zelfs nog voordat hij zijn toevlucht nam tot
het gebed, dreef hij de demon uit haar, omdat hij op volmaakte wijze
in zichzelf de wet der liefde droeg, zoals geschreven staat in de
geboden.[60]

De liefde voor de vijanden vormt het ultieme criterium voor de
waarheid. De heilige Silouan zegt, dat zelfs gelovigen daardoor met
vreze bevangen zijn. Want dit criterium legt de meest innerlijke
gedachten van het hart open. Iedere geveinsdheid, iedere dubbelheid,
iedere uiterlijke facade of masker, zelfs wanneer deze schijnbaar
heilig en profetisch zijn, worden blootgelegd in het zicht van het
gebod tot liefde voor de vijanden. Wie zijn vijanden niet liefheeft
ontbreekt het aan de genade, en kent God niet zoals Hij gekend zou
moeten zijn. Zo kostbaar zijn deze liefde en dit gebed voor de
vijanden. De heilige Silouan zegt, dat het hierom was dat de Heilige
Geest in de wereld is gekomen, om ons te leiden tot de volheid van
deze waarheid. Zulk gebed is een wetenschap die uitsluitend onder-

---

[56] "Saint Silouan", GK p.617, EN p.500, NL p.522.
[57] Cf. ibid., GK p.405, EN p.317, NL p.338.
[58] Cf. ibid., GK p.475-476, EN p.376-377, NL p.397-398.
[59] Cf. ibid., GK p.479, EN p.380, NL p.401.
[60] "The Sayings of the Desert Fathers", Abba Daniël, §3.

richt wordt door de Heilige Geest. De Heilige zegt: "De Heer is liefde, en Hij heeft op aarde de Heilige Geest gegeven Die de ziel leert haar vijanden lief te hebben en voor hen te bidden, opdat ook zij het heil mogen vinden".[61] Bovendien is deze liefde zo kostbaar, dat hij ons verzekert dat deze in waarde gelijk is aan de gehele wereld, en dat zolang zulk een liefde en gebed in de wereld voortbestaan, al is het maar in enkele mensen, de wereld bewaard zal blijven.[62] Dit is begrijpelijk, aangezien de wereld enkel geschapen werd om deelgenoot te zijn aan de heerlijkheid Gods. Doch, zoals blijkt uit het voorbeeld van de Heer Jezus, men kan alleen binnengaan in deze heerlijkheid via de weg des Heren, door het vele leed dat de mens berokkend wordt door zijn "grotere liefde" voor zijn vijanden. De Heilige raadt deze liefde voor de vijanden ten sterkste aan als het middel voor een spoedige geestelijke vooruitgang. Hij zegt: "Wie zijn vijanden liefheeft zal spoedig de Heer leren kennen door de Heilige Geest. Doch wie hen niet liefheeft, over hem wil ik niet eens schrijven. Maar ik ben bedroefd over hem, want hij is een marteling voor zichzelf en voor anderen, en de Heer zal hij niet kennen".[63]

De Heilige Geest is in de wereld gekomen om ons te leren vurig te verlangen naar het heil van onze vijanden, en daarvoor te bidden. In het begin is deze handeling herkenbaar in het gevoel van verdriet over hen, omdat zij verloren gaan. Tenslotte, in zijn volheid, heeft deze medelijdende liefde zelfs medelijden met de demonen, omdat zij zijn weggevallen van het goede.[64] Deze goddelijke deugd van de liefde voor de vijanden is de Heer zo welgevallig, dat Hij dit tot een essentiële voorwaarde maakt voor het eeuwige verblijf bij Hem. Diegenen die ernaar streven met Hem te zijn voor alle eeuwigheid, dienen deze deugd te bezitten. De Heilige zegt: "De ziel die de Heilige Geest niet heeft leren kennen begrijpt niet hoe het mogelijk is de vijanden lief te hebben, en aanvaardt dit niet. Doch de Heer heeft medelijden met allen, en wie met de Heer wil zijn, dient zijn

---

[61] "Saint Silouan", GK p.476-477, EN p.378, NL p.399.
[62] Ibid., GK p.295-299, EN p.223-226, NL p.242-244.
[63] Ibid., GK p.378, EN p.294, NL p.315.
[64] Cf. ibid., GK p.475, EN p.377, NL p.398.

vijanden lief te hebben".[65] Omwille van deze liefde vergeeft de Heer al onze zonden, want Hij weet dat niemand zonder deze liefde en zonder de nederigheid die haar karakteriseert ooit vrede zal vinden, "zelfs niet wanneer men hem in het paradijs zou zetten."[66] Wij zien dus, dat wie de liefde voor zijn vijanden niet heeft bereikt, nog niet zijn volledig hypostatisch potentieel heeft verwerkelijkt, en nog niet de gehele schepping in zijn liefde kan omvatten. Om deze reden is hij nog steeds ongeschikt om te wonen in het paradijs. Want in het paradijs zijn mensen nodig wier harten alle mensen kunnen omvatten.[67] Maar waar boosaardige gedachten en stijfkoppigheid nog de overhand hebben in de mens, daar zullen de boze geesten overheersen, en heel zijn natuur zal worden aangetast door de boze en hij zal niet tot een goed einde komen.[68] De heilige Silouan zegt, dat de overvloedige genade van de Heilige Geest daar gevonden wordt, waar de gedachte overheerst dat de Heer Zijn schepsel liefheeft – Zijn vijanden liefheeft – terwijl men tegelijkertijd zichzelf beschouwt als de afschuwelijkste van allen.[69] Dit herinnert aan het onderricht van de Heer Die ons vermaant, zeggende: "Wanneer gij gedaan zoudt hebben, al hetgeen u is opgedragen, zegt dan, Wij zijn onnutte dienstknechten, wij hebben gedaan wat wij schuldig waren te doen".[70] (Het grootste gebod van het Nieuwe Testament.)

Christus is in deze wereld gekomen en heeft Zichzelf over-geleverd aan Zijn vijanden als een lam voor de slachtbank,[71] en door Zijn onbeschrijfelijke nederigheid heeft Hij een supra-kosmische overwinning behaald. Evenzo zal elke persoon die Christus' voor-beeld volgt en vurige beproevingen verduurt van zijn vijanden, bemerken dat de Geest der heerlijkheid, de Geest Gods op hem rust. Nogmaals, het is niet de lichamelijke kracht, maar de liefde voor zijn broeder en de vrijwillige onderwerping aan hem, die een

---

[65] Ibid., GK p.451, EN p.356, NL p.378.
[66] Ibid., GK p.529, zie ook 404-405, 445, 531, EN p.422, zie ook 317, 350, 424, NL p.445, zie ook 337-338, 372, 448.
[67] Cf. ibid., GK p.357, EN p.275, NL p.298.
[68] Cf. ibid., GK p.476, EN p.377-378, NL p.398.
[69] Cf. ibid., GK p.445, EN 351-352, NL p.373-374.
[70] Lk.17:10.
[71] Cf. Jes.53:7.

mens deelgenoot maken aan de supra-kosmische overwinning van Christus, een overwinning die blijft voor alle eeuwigheid. Wanneer vader Sophrony spreekt over het gebod van de Heer onze vijanden lief te hebben, dan wordt zijn woord tot een hymne. Hij zegt: "Dit gebod van Christus ['Hebt uw vijanden lief'] is in wezen de weerspiegeling in de wereld van de albarmhartige liefde van de Drieëne God; het is hoeksteen van heel het onderricht van de Kerk, de ultieme synthese van heel de theologie, de 'kracht uit den hoge'[72] en het "overvloedige" leven waarmee Christus ons begenadigd heeft.[73] Het is die 'doop in de Heilige Geest', waar de heilige Johannes de Doper over spreekt.[74] Dit woord – 'hebt uw vijanden lief' – is dat vuur, dat de Heer op aarde heeft neergebracht door Zijn komst.[75] Het is dat ongeschapen goddelijk licht, dat neerstraalde op de apostelen op de Berg Thabor". Hij vervolgt: "[Dit zijn] de vurige tongen, waarin de Heilige Geest neerdaalde op de apostelen in de opperzaal te Sion;[76] dit is het Koninkrijk Gods in ons, 'gekomen in kracht',[77] het is de vervulling van het mens-zijn en de volmaaktheid van de gelijkenis aan God".[78] En hij gaat voort: "Hoe wijs, geleerd of edel de mens ook moge zijn, als hij zijn vijanden niet liefheeft, dat is, al zijn medemensen, dan heeft hij de volmaakte God niet bereikt. En daar tegenover, hoe eenvoudig, arm en ongeletterd iemand ook moge zijn, als hij deze liefde in zijn hart draagt, dan "verblijft hij in God, en God in hem".[79] Buiten de Ene waarachtige God is de Christus-gelijkende liefde voor de vijanden onmogelijk, bevestigt de Starets. De drager van deze liefde is deelgenoot aan het eeuwige leven, en in zijn hart bezit hij het onbetwijfelbare getuigenis daarvan. Hij is de woning van de Heilige Geest, en door de Heilige Geest kent hij de Vader en de Zoon, door de wezenlijke en levenschenkende kennis, en in de Heilige Geest wordt hij

---

[72] Lk.24:49.
[73] Joh.10:10.
[74] Mt.3:11.
[75] Lk.12:49.
[76] Hand.2:3.
[77] Mk.9:1.
[78] Cf. Mt.5:44-48.
[79] 1Joh.4:15.

tot broeder en vriend van Christus, tot zoon van God, en tot god door de genade."[80]

Tot besluit zou men de volgende vraag kunnen stellen: "Wat is het theologische fundament van dit goddelijk gebod? Waarin ligt de geestelijke grootheid van deze wetenschap, van deze deugd, omwille waarvan de Heilige Geest in de wereld gekomen is, en welke deugd Hij ons leert door Zijn genade?

God heeft de mens geschapen om onsterfelijk te zijn. Toen Hij hem in de tuin van Eden plaatste gaf Hij hem een gebod: "Van elke boom in de paradijstuin zult gij eten, doch van de boom der kennis van goed en kwaad, daarvan zult gij niet eten; doch ten dage als gij daarvan eet zult gij de dood sterven".[81] Zolang de mens dit gebod gehoorzaamde, verbleef hij in levende gemeenschap met God, Die de Bron was van zijn leven. Doch toen hij het gebod overtrad, kwam de dood in zijn leven. Aldus werd de dood doorgegeven aan heel de mensheid. Alle mensen leefden nu onder de heerschappij van de vrees voor de dood, zij werden zelf-zuchtig, het instinct tot zelfbehoud veranderde hen in minnaars van zichzelf, en zij begonnen allerlei zondige hartstochten uit te vinden, in een verlangen om hoe dan ook vast te houden aan het leven, zelfs hoewel hun geest dood was. Verstoken van de gemeen-schap met Gods goddelijke liefde, waren zij krijgsgevangenen van de dood, en bijgevolg, van een immer toenemende menigte aan zonden. Zo werden alle mensen in de geest tot vijanden van God. Maar God, vervuld van onzegbare liefde en goedheid, zond Zijn Zoon als verzoening voor onze zonden[82] – en niet alleen voor onze zonden, maar tevens voor de zonden van de gehele wereld.[83] Door Zijn onrechtvaardige doch vrijwillige en zondeloze dood veroor-deelde Christus onze dood, die rechtvaardig was vanwege onze zonden, en deed deze teniet. Hij bereikte dit door de grootste van alle liefdes, door Zijn Offer. Christus toonde dat de dood, door de gehoorzaamheid aan Gods gebod, nu de overwinning is op de zonde en de dood. Christus is verzegeld als de Weg van God, die ons wordt

---

[80] "Saint Silouan", GK p.307-308, EN p.232-233, NL p..250-251.
[81] Gen.2:16-17.
[82] 1Joh.4:10.
[83] 1Joh.2:2.

aangeboden in de vorm van het gebod onze vijanden lief te hebben. Ook wanneer de mens zich heroriënteert op deze weg van God, dan leidt dit tot de volheid des levens, tot overwinning op de dood. Bijgevolg, wanneer het leven van de mens bedreigd wordt en in gevaar is, door zijn vijanden of door vervolgingen, of door een dodelijke ziekte, en hij daarin standvastig blijft in deze liefde, en de voorkeur geeft aan Gods gebod, dan blijkt daaruit dat zijn geloof en zijn liefde voor God sterker zijn dan de dood, en dan is hij de opstanding ten eeuwigen leve waardig. (Kort gezegd: Wanneer ons leven bedreigd wordt door de dood, en wij standvastig blijven en Gods gebod bewaren, dan betekent dit dat onze trouw en onze liefde sterker zijn dan de dood die ons leven bedreigt.) Het is hierom dat onze houding jegens onze vijanden aangeeft hoeveel hoop wij hebben op de belofte der Opstanding. Vader Sophrony, die van dezelfde geest was als de heilige Silouan, citeert hem, zeggende dat wanneer wij geen liefde hebben voor de vijanden, wij nog in de omhelzing van de dood verkeren, en God niet hebben leren kennen "zoals Hij gekend zou moeten zijn".[84] Hieruit volgt, dat degene die deze liefde bezit, op Christus lijkt en zichzelf heeft bevrijd van de hel van de haat. Vanuit herderlijk oogpunt waardeerde vader Sophrony dit gebod tot liefde voor de vijanden als een middel dat gegeven was voor de genezing van het leven op deze aarde, en tot het heil voor alle eeuwigheid. Dit gebod draagt in zich de voorsmaak van de Opstanding. Derhalve, door dit gebod te bewaren, strijdt de gelovige voor de overwinning op onze gemeenschappelijke vijand, onze sterfelijkheid, waarbij hij uitziet naar zijn eigen persoonlijke opstanding, maar ook naar die van de gehele mensheid. Degene die deze liefde in zichzelf bezit, verblijft in God en God in hem.[85] Maar zonder de waarachtige God is het onmogelijk om zulk een liefde te bereiken. De Heilige Geest getuigt in het hart van de aanwezigheid van de Drieëne God in haar, en van de kennis van deze zelfde God. Dan wordt de mens tot broeder en vriend van Christus. Het is hierom, dat de heilige Silouan

---

[84] Cf. "Saint Silouan", GK p.346, EN p.267, NL p.287.
[85] Cf. 1Joh.2:27-28; 3:24.

zich op slechts één ding concentreerde: de nederigheid en de liefde voor de vijanden. "Daarin is alles", zegt hij.[86] Vergeef mij.

Vragen & Antwoorden

Vraag: Vader Zacharias, er zijn Orthodoxe landen in de wereld. Zij hebben militaire strijdkrachten. Het is duidelijk dat deze geacht worden de natie te verdedigen. En dat is zeer Orthodox – wij hebben patriarchen, bisschoppen en priesters gezien die betrokken waren bij militaire dienst, of die militair personeel zegenden en dergelijke. En onder ons zijn verschillende aalmoezeniers. Dus door hun aanwezigheid verdedigen zij die zelfverdediging [*Vader Zacharias*: Ja.] In het licht daarvan, kijk naar het Midden Oosten. Waarom beschouwen wij niet...

Antwoord: Wel, ik zal daar iets over zeggen. Ik kom uit een plaats die niet minder tragisch is dan waar u vandaan komt.[87] En onze geschiedenis is zeer tragisch, in al die landen, in en aan de oostkant van de Middellandse zee. Ooit was ik in Cyprus en het gebeurde dat ik in mijn voordracht kort iets zei over de liefde voor de vijanden, en ik veroorzaakte een verschrikkelijke reactie. Eén persoon stond op en hij zei tot mij: "Bedoelt u werkelijk dat ik de Turken moet liefhebben?" En ik werd bijna aangevallen. Maar ik denk dat wij er niet aan kunnen ontsnappen, en dat is misschien waarom deze theologie aangaande de liefde voor de vijanden niet eerder werd ontwikkeld – om pastorale redenen, zoals ik gezegd heb. Want de geschiedenis was tragisch en de mensen moesten overleven. Zelfs wanneer de gehele natie bedreigd wordt, of wanneer wij revoluties beleven, zoals ongelukkigerwijs de Griekse revolutie, dan is het alleen door een zeer, zeer grote 'economia' dat het is toegestaan onze natie te verdedigen – wanneer het de gehele natie betreft. Maar dat is niet het ideaal. Het ideaal van het Christelijk leven is als een lam ter slachting te worden geleid,[88] zoals de Heer deed. En dat is krachtiger dan elke andere

---

[86] "Saint Silouan', GK p.302, EN p.228, NL p.247.
[87] Archimandriet Zacharias is afkomstig van Cyprus. De vragensteller had persoonlijke banden met het Midden Oosten.
[88] Jes.53:7.

verdediging. Hoe heeft het Christendom gezegevierd? Het zegevierde door het bloed der martelaren.

... Ik weet het, vader, laat mij dit enkel zeggen. Het Christendom zegevierde door het bloed der martelaren. En, zoals wij gezegd hebben, het bloed van Abel schreeuwt nog altijd voor Gods aanschijn om vergelding van deze misdaad. Ik denk, zoals in de periode van het communisme: Zij kunnen voortgaan met doden, doden, maar er komt een punt waarop zij dit niet meer kunnen. En de vijand wordt verslagen door het offer van de Christenen, door het offer van de martelaren. Het ideaal is niet bevreesd te zijn voor hen die het lichaam doden, maar die niets kunnen doen tegen de ziel,[89] en ons vertrouwen te stellen op Hem Die gezegd heeft, dat zelfs de haren op ons hoofd geteld zijn,[90] en dat geen mus ter aarde valt buiten Zijn wil.[91] Dit is de volmaaktheid van de waarheid. Wanneer er oorlogen zijn ter verdediging, of revoluties van hele natiën – wanneer het de gehele natie betreft – dan misschien, in een uiterste, uiterste 'economia' kan dit worden toegestaan, maar zelfs dan zeg ik, dat wanneer wij dit doen wij veel verliezen. In Cyprus hebben wij bijna de Geest verloren toen wij revolutie voerden tegen de Engelsen. Het was een rechtvaardige revolutie, wij wilden ook vrij zijn. Niettemin hebben wij bijna de geest van het Christendom gedood op dat kleine eiland. God zij dank, begint het nu te herstellen en te herleven, de geest van het Christendom. Wij kunnen niet in de ene hand het Kruis houden, en een wapen in de andere hand. Wij moeten weten wie wij toebehoren. Zelfs de apostelen wisten in het begin niet welke geest zij toebehoorden,[92] zoals wij in de voordracht hoorden, hoewel zij van God de gave hadden ontvangen om te genezen, om wonderen te doen – ondanks dat werd deze gave omgevormd in toorn tot vergelding, en zij zeiden: "Wij zullen vuur omlaag doen komen om de Samaritanen te verteren", en de Heer zeide: "Gij weet niet welke geest gij toebehoort, van wiens geest gij zijt".[93] Dit is wat iemand

---

[89] Cf. Mt.10:28.
[90] Cf. Mt.10:30; Lk.12:7.
[91] Cf. Mt.10:29.
[92] Lk.9:55.
[93] Cf. Lk.9:54-55.

tot Christen maakt: te weten wiens Geest hij toebehoort. Vergeef mij, ik kom uit een plaats die niet minder tragisch is dan de uwe.

Vragensteller: "Zoals rook verdwijnt, laat hen verdwijnen voor Zijn aanschijn..."[94]

Antwoord: Wel, het laatste woord is aan de Heer. Als wij rechtvaardig genoeg zijn om Zijn verdediging te verwerven. Want wij moeten te allen tijde voorzichtig zijn – ook wanneer wij onrecht lijden, kunnen wij zelfs Gods gunst verliezen. Het hangt ervan af hoe wij reageren.

Vragensteller: De liefde is positief, maar de liefde is ook tegen negatieve dingen. Wanneer iemand probeert een ander te vermoorden, dan is het meest liefdevolle die persoon te stoppen, nietwaar?

Antwoord: Nee. Niet bevreesd te zijn om dan te sterven.

Vragensteller: Te sterven voor iemand anders is hen te stoppen.

Antwoord: Luister. De grootste gave is de dood. De grootste gave die God ons gegeven heeft, is de dood. En die gave kan niemand van ons afnemen, vooropgesteld dat wij leren hoe te sterven. Als wij sterven voor Zijn Naam, en in overeenstemming met Zijn gebod, dan is de dood de grootste gave die ons geschonken is, en niemand kan dit van ons afnemen. Dus waarom zouden wij bevreesd zijn? Mag ik één voorbeeld geven van de reactie van de gezonde Kerk van God in deze kwestie. In Nicomedië waren 20.000 martelaren op weg naar de slachtbank, in één keer. En terwijl zij voortliepen op weg naar hun martelaarschap verscheurde één van deze 20.000 mensen, die werkelijk stierven omwille van hun geloof, het portret van de Keizer. En vanwege dit gebaar telde de Kerk hem niet in haar lijst van heiligen, van martelaren, omdat hij een daad beging die gestraft kon worden door de civiele autoriteiten, door de wet van de staat: hij had het portret van de Keizer verscheurd. En hoewel hij zijn leven gaf, en het martelaarschap droeg omwille van Christus, rekende de Kerk hem niet tot de lijst van martelaren uit haar Lichaam. Dus soms verwarren wij menselijke reacties met reacties naar de Geest, maar de Kerk – in haar geduld en wijsheid en liefde – onderscheidt altijd wat juist is. En het is een schande dat wij geestelijke leiders hebben, bisschoppen en aartsbisschoppen, die betrokken zijn bij nationale strijd, zelfs wanneer dit onontbeerlijk is, zoals toen in

---

[94] Cf. LXX Ps.67:3 (68:2/3).

Cyprus ten tijde van de revolutie. Er bestaat geen liefde, geen enkele aardse liefde, hoe wettig en hoe correct deze ook moge zijn, die gesteld kan worden boven de liefde van God. Als een mens zijn eigen land meer liefheeft – in mijn geval, toen de Turken binnenvielen – als ik mijn eigen land stel boven de liefde voor God, en mij daarover zorgen maakte, dan zou mijn gesteldheid zeer ziekelijk worden. Hoewel de liefde voor ons eigen land wettig en eerbaar is in alle opzichten, toch moet deze worden verloochend wanneer dit een obstakel wordt voor de liefde tot God. "Wie moeder of vader, of broeder of zuster, zoon of dochter, zijn eigen land, of wat dan ook meer liefheeft dan Mij, die is Mij niet waardig", zegt de Heer.[95] Dit is het hart van de zaak.

Ooit ging de heilige Philaret van Moskou naar zijn geboortestreek, naar zijn vaderstad waar hij geboren was, om daar de Liturgie te vieren. En dus kwamen er veel mensen naar de Liturgie, zo'n 60.000 mensen. Er was geen kerkgebouw dat hen kon bergen, en derhalve hielden zij de Liturgie in de openlucht. En hij komt naar buiten, uiterst geïnspireerd voor de preek, en hij begint, zeggende: "Ik zou vandaag een lied willen zingen voor deze plaats, waar ik voor het eerst het licht van de dag aanschouwde, en ik zou deze plaats willen zegenen, en hen die haar zegenen". En zo ging hij voort in lyrische, poëtische taal. En plotseling zegt hij: "Maar ik hoor een strengere stem in mij, zeggende: "Wie moeder of vader, of zijn eigen land meer liefheeft dan Mij, die is Mij niet waardig". En mijn lied breekt af. Maar dan herinner ik mij, dat mijn liefde voor deze plaats het huis Gods betreft in deze plaats, en omwille van het huis Gods in deze plaats is het mij toegestaan mijn lied voort te zetten, en Gods zegen te vragen over deze plaats, en over allen die het zegenen".[96]

Dat wil zeggen, onze eerste identiteit is ledematen te zijn van het Lichaam van Christus, boven alles; en alle andere identiteiten – Engels, Amerikaans, Grieks, Russisch – zijn veel lager dan dat, en zij ontlenen slechts enig belang of enige waarde aan het feit dat in die plaatsen het huis Gods bestaat. Dus onze identiteit is boven alles dat wij ledematen zijn van het Lichaam van Christus – geen Joden,

---

[95] Cf. Mt.10:37.
[96] Vrij geciteerd naar een homilie op het Feest van Alle Heiligen. Zie "Select Sermons", XVII, "The Love of God and Christ the chief duty of a Christian".

geen Grieken, geen barbaren,[97] maar ledematen van het éne Lichaam van Christus. En natuurlijk hebben wij elk land lief, waar het huis van onze God bestaat. Het is verkeerd te zeggen: Grieks-Orthodoxe Kerk, Russisch-Orthodoxe Kerk... ér is maar één Kerk, de Kerk van God, die zich bevindt in Rusland, in Griekenland, in Korinthe, in Efeze, enzovoort... Wij moeten dit besef cultiveren van de mensen in de Kerk, dat hun identiteit is ledematen te zijn van het Lichaam van Christus, en alle andere identiteiten zijn secundair. Dan zouden wij niet zoveel jurisdicties en verdeeld-heden hebben, en dat zelfs in onze Kerk. Als wij dat bewustzijn hebben, dan zullen wij voorzeker eenheid hebben, en één sterk Lichaam om te getuigen van de waarheid die God ons heeft geopenbaard.

---

[97] Cf. Kol.3:11.

4

Het profetische leven en authenticiteit in de Kerk

e gave der profetie in het leven van de Kerk is een min of meer constante staat in de gelovige, die de eeuwige waarheid bevestigt van Christus' woorden. (Dit thema is misschien bijzonder belangwekkend voor de priesters). In het Nieuwe Testament is een profeet niet zozeer iemand die toekomstige gebeurtenissen voorzegt, maar veeleer degene die het mysterie kent van de weg des heils voor elke ziel. Zijn woorden betreffen de werkelijkheid van de eeuwige waarheden. De profetische houding schrijft alle rechtvaardigheid toe aan God-de-Heiland, en erkent de schande van de Val van de mens en diens ondankbaarheid. De profeet van het Nieuwe Testament uit zijn woorden door de Geest van de eeuwige en onveranderlijke waarheid, die geopenbaard werd door Christus, Die gekomen is en Die zal wederkomen.

De apostel Paulus verkondigt dat al de genadegaven van de Heilige Geest ontspringen aan Christus' nederdaling "tot de nederste delen der aarde" en Zijn opgang tot boven de hemelen.[1] Daarbij legt hij bijzondere nadruk op de *nederdaling* van de Heer der heerlijkheid, en terecht verwondert hij zich daarover. Dit is bij uitstek de weg van Christus, die leidt tot de waarheid en tot leven in overvloed.[2] Op zegevierende en poëtische wijze roept hij uit: "[Toen Christus is] opgestegen tot in den hoge, heeft Hij de krijgsgevangenschap gevangen genomen, en aan de mensen gaven gegeven. Dit nu: Hij is opgestegen – wat is het, dan dat Hij eerst is nedergedaald, zelfs tot de nederste delen der aarde. Die is nedergedaald, Hij is het ook, Die is opgestegen, ver boven al de hemelen, opdat Hij alle dingen zou vervullen" met de genade van

---

Het gelijknamige hoofdstuk III.2 in «ΤΟ ΧΑΡΑΓΜΑ ΤΟΥ ΧΡΙΣΤΟΥ...» (NL: "Het zegelbeeld van Christus...") betreft een iets uitgebreidere uitwerking van dit thema.
[1] Zie Ef.4:4-14.
[2] Cf. Joh.10:10; 14:6.

het heil.[3] Zijn nederdaling ter helle en Zijn opgang tot in de hemel is de basis voor elke geestelijke genadegave, inclusief de gave der profetie, waarover wij vandaag willen spreken.

"God weerstaat de hoogmoedigen, doch de nederigen geeft Hij genade".[4] Naar het inzicht van Petrus, de eersttronende der apostelen, is de genade van de Heilige Geest "menigvuldig". Deze wordt overgedragen in de rijke "weidegronden der genadegaven" waar elk lid van het Lichaam van Christus deel aan heeft. Een van de voornaamste genadegaven van de Heilige Geest is de geest der profetie. Daarbij weten wij van Paulus, de andere eersttronende apostel, dat het voornaamste kenmerk van de profetische geest de nederigheid is. Dit is wat Gods genade tot hem aantrekt, en hem in staat stelt de twee grote geboden te vervullen van de liefde tot God en tot de naaste. De Apostel bevestigt dit, wanneer hij zegt: "De geesten der profeten zijn aan de profeten onderworpen".[5] De waarachtige profeet weet in alle nederigheid zijn geest te temmen, zodat hij niet de geestelijke plaats inneemt van anderen, inclusief die van de voornaamste, goddelijke 'Ander', de Heer, en van elk van zijn broeders. De profeet plaatst zichzelf op de nederige weg des Heren, de weg van de nederdaling, de enige waarachtige en verlossende weg. Christus Zelf heeft gezegd: "Ik ben de Weg, en de Waarheid, en het Leven".[6] En dus, wanneer de profeet plaatst op de weg des Heren, vindt hij de Heer als metgezel, net zoals Lukas en Kleopas op de weg naar Emmaüs.[7] Hij hecht zich aan de Heer, en Deze maakt hem deelgenoot aan Zijn eigen innerlijke staat en Zijn genadegaven. De opgestane Heer, Die de "sleutel van David" heeft,[8] ontsluit met Zijn messiaanse kracht het hart van de profeet, om de kennis te bevatten van het "grote mysterie der vroomheid".[9] Hij begenadigt hem met de nederige geest van Zijn weg. Dan begeestert de Heer hem met liefde voor Zijn Wederkomst, en deze goddelijke en profetische inspiratie vervult zijn leven.

---

[3] Ef.4:8-10.
[4] 1Petr.5:5; zie ook Jak.4:6; cf. Spr.3:34 (LXX).
[5] 1Kor.4:32.
[6] Joh.14:6.
[7] Cf. Lk.24:13-35.
[8] Cf. Openb.3:7.
[9] 1Tim.3:16.

Wij zullen nu de voornaamste kenmerken beschouwen van deze profetische staat.

Wanneer de zoetgeurende sporen van God-het-Woord, die zich in zijn hart opeenhopen, een zekere maat bereiken, dan gaat het hart wijd open en dan komt de Heilige der Heiligen om er Zijn woning te maken. Dan vindt het grootste wonder plaats dat de geschapen wereld maar kent: het hart van de mens wordt verenigd met de Geest van de eeuwige God. De mens wordt volkomen wedergeboren door het onvergankelijk zaad van het Woord van God.[10] Hij wordt tot een tempel, niet gemaakt met de handen der mensen, maar door de Heilige Geest, de Trooster – en dan is hij in staat niet alleen in zichzelf het goddelijk woord van God te ontvangen, maar dit ook op authentieke wijze aan anderen mee te delen, zodat het de harten van degenen die hem horen vervult van de verzekering van de goddelijke genade. Hij ontvangt de genadegave der profetie en wordt een "dienaar van het Woord" (met een hoofdletter)[11]. De profeet steunt niet op zichzelf, maar op God, Die zelfs de doden opwekt.[12] Hij is zich ten diepste bewust dat het heil niet zijn eigen verworvenheid is, maar puur een geschenk van God. Hij berispt zichzelf over alles en aldus onderneemt hij de weg van het vrijwillige lijden van de Heer, met als houvast de belofte van het leven – nu, en in de toekomende wereld. Hij houdt in gedachten het woord van de Heer: "Wanneer gij alles gedaan zult hebben wat u is opgedragen, zegt dan: Wij zijn onnutte dienstknechten, wij hebben gedaan hetgeen wij schuldig waren te doen"[13] Dit leidt hem tot een nederigheid waarin hij zichzelf als niets beschouwt – en dat is passend materiaal voor zijn herschepping; immers, het is de God der Christenen eigen om te scheppen uit het 'niet-zijn'. Wanneer wij onszelf berispen over de ellende van onze val, en de nederwaartse tocht ondernemen, dan kan de hoogmoedige geest van de vijand ons niet volgen. (Hij is niet in staat omlaag te gaan.) En zo worden wij bevrijd van zijn heerschappij. Door zelfberisping en de tocht naar omlaag belijden wij de universele waarheid, dat allen gezondigd hebben en tekortschieten in de

---

[10] 1Petr.1:23.
[11] Cf. Lk.1:2.
[12] Cf. 2Kor.1:9.
[13] Lk.17:10.

heerlijkheid Gods.[14] Dan zijn wij waarachtig en trekken wij de Geest der waarheid aan. Het beoefenen van de zelfberisping leidt ertoe dat wij een immer toenemend aantal nederige gedachten ontdekken, en het effect daarvan is, dat zij in ons de genadegave der bekering doen opvlammen, en aldus onze inspiratie voor het heil vermeerderen. De profeet die vervuld is van de genade stelt zichzelf beneden allen, zodat hij – al is het maar aan enkele zielen – iets zou mogen overdragen van de diepe kennis van het Mysterie van God, die hijzelf ontvangen heeft. Zijn kennis is bovennatuurlijk, terwijl zijn nederigheid zijn toehoorders brengt tot een zeker eergevoel (*philótimo*/ φιλότιμο) en zij aanvaarden het getuigenis van zijn ervaring.

De nederige profeet plaatst in zichzelf een 'transformator' van goddelijke liefde, die elke soort energie die hij in zijn leven tegenkomt – of deze nu positief is of negatief – omvormt tot een energie van gebed en gesprek met God. (Zoals de heilige Paulus zegt in de Brief aan de Korinthiërs: Of wij nu in het lichaam zijn, of dat wij het lichaam verlaten, wij stellen ons tot doel God welgevallig te zijn.[15] Dit is de *'philótimo'*, dat wil zeggen, het eergevoel en de dankbaarheid jegens God.) Door deze omvorming verduurt hij de "vuurgloed der verzoekingen" die hem beproeft,[16] en draagt hij de schande omwille van de Naam van Christus, en dit maakt dat de Geest Gods rust vindt in het hart van de strijdende gelovige. Het is waarlijk gezegend om onterecht te lijden, daar dit door God wordt aanvaard; en de gelovige verheugt zich met een onuitsprekelijke vreugde die vervuld is van heerlijkheid,[17] wanneer hij de heilbrengende hoop smaakt van het toekomende heil. Wie een vrijwillige dood smaakt omwille van het gebod des Heren, maakt een begin met het overwinnen en vernietigen van de onvrijwillige dood, waar de sterfelijke mens aan onderworpen is vanwege de zonde. Het verlangen van de profeet God welgevallig te zijn door zelfverloochening en onderwerping aan de goddelijke wil, veroorzaakt bovendien een warme vurigheid in zijn geest, die hem begeestert met liefde en

---

[14] Rom.3:23.
[15] Cf. 2Kor.5:9: "Daarom stellen wij er onze eer in, om hetzij inwonend, hetzij uitwonend, Hem welgevallig te zijn."
[16] Cf. 1Petr.4:12.
[17] Cf. 1Petr.1:8.

dankbaarheid jegens Zijn Heer en Weldoener. Hoe meer zijn dankbaarheid en dankzegging aan God toenemen, des te meer begenadigt God in Zijn goedertierenheid de mens met nog grotere gaven. Dan draagt deze een nog vuriger dankzegging op voor de genadegaven van al de heiligen, en in het bijzonder voor de "grote dingen" die de Almachtige heeft gedaan voor Zijn alheilige Moeder[18] omwille van het heil der wereld. Hij bereikt het punt dat hij dankbaar is voor elke ademtocht die de Schepper schenkt aan elk levend wezen. Terwijl hij de Heer, zijn Weldoener, steeds overvloediger zijn dank betuigt, beseft de mens dat "God groter [is] dan ons hart".[19] Dit nu vernedert en vermorzelt hem, en in zijn verdrukking begint hij een leven van bekering, want hij is tot een nieuw bewustzijn gekomen hoezeer hij tekortschiet in de dankzegging die hij aan God verschuldigd is. En zoals onze Vaders zeggen, er is geen eind aan de bekering die geboren wordt uit de dankbaarheid.

Doch ook het verduren van berispingen, beledigingen en provocaties, onrecht en bespotting, verachting en onrecht te lijden, dit alles helpt mee om de profetische gave te verwerven van de bovennatuurlijke en onbeschrijfelijke nederigheid van Christus. Deze dingen leggen de verborgen hartstochten bloot en tonen het "afschuwelijk gelaat" van ons hart. Het geduld in het lijden van oneer geneest de wonden van de ziel en weerspiegelt haar vooruitgang. Reeds eerder hebben wij het woord aangehaald van de heilige Johannes van de Ladder: "Ooit zal ik drie monniken die terzelfder tijd op gelijke wijze geraakt werden: Eén van hen voelde de steek en was ontsteld, maar hij zweeg. De tweede verheugde zich over zijn verwonding, vanwege het loon dat dit hem zou brengen, maar het speet hem voor de boosdoener. En de derde, denkend aan de schade die zijn dwalende naaste hierdoor leed, vergoot hete tranen. En hierin zag men vreze, loon en liefde aan het werk."[20]

Uit wat hierboven gezegd is, wordt duidelijk waarom de Vaders gewoon waren te zeggen dat wij boven alles de nederigheid nodig hebben, want hierin ligt de edele aard van de leerling van Christus. (Bij abba Dorotheüs van Gaza vinden we een hoofdstuk waarin hij

---

[18] Cf. Lk.1:49.
[19] 1 Joh.3:20.
[20] "The Ladder", step 8:72, p.85.

spreekt over de nederigheid, en zegt dat wij dit boven alles nodig hebben, want de nederigheid vernietigt al de listen van de boze.[21] En reeds de grote Vaders uit de vierde eeuw klaagden, dat de monniken hun adel verloren hadden waarin zij bij elke zin die zij uitspraken zeiden: "Sorry, vergeef mij".[22] Om vergeving vragen en "sorry" te zeggen, vormen de zieleadel van de monnik.) Uiteraard bestaat er de ascetische nederigheid, die de vrucht is van het wettige streven en de inspanning van de geestelijke atleet. Maar daarnaast bestaat ook nog de onbeschrijfelijke genadegave van de nederigheid, die in de ziel wordt opgewekt door het schouwen van het Aangezicht van Christus. (Deze geestelijke, charismatische en onbeschrijfelijke nederigheid kan eenvoudig worden omschreven op deze wijze: Dat wij onszelf gaan beschouwen als onwaardig zulk een God te hebben als de onze.)

Eén van de voornaamste wegen waardoor degenen die de monastieke weg volgen de profetische genadegave verwerven, is te leven met één enkele gedachte: Dat Christus de Heer moge worden grootgemaakt in hun geest, ziel en lichaam, en in heel hun leven. Zij zullen zichzelf beschouwen als onwaardige dienstknechten, maar heel hun leven zal eraan gewijd zijn volledig verzoend te worden met Christus, zodat niets hen van Hem kan scheiden.[23] Deze leefwijze met één enkele gedachte, wordt gerealiseerd wanneer de gelovigen bidden met het éénwoordelijk gebed van de Naam van Jezus; en wanneer zij biechten en converseren, en bovenal in bekering voor God staan met één gedachte.[24] Niemand kan wenen vanuit zijn hart

---

[21] Dit hoofdstuk is o.a. te vinden in "Practical Teaching on the Spiritual Life" (Griekse tekst: PG88).

[22] "The Sayings of the Desert Fathers", Abba Theodore of Perme §6.

[23] Cf. Rom.8:35.

[24] Er bestaat een grote cultuur in het monnikschap van dit leven met één enkele gedachte. Te leren bidden met één gedachte, en heel zijn wezen te concentreren in deze ene gedachte die wij hebben wanneer wij onszelf voor Gods aanschijn stellen. Te leren een gesprek te voeren met één gedachte, zelfs met één zin; niet met vele woorden. Te leren biechten met één gedachte. Want dan bewaren wij de eenheid van onze geest, en dit brengt genezing. En wanneer wij leren te leven met één gedachte, dan zullen wij ook in bekering leven, en leren om te wenen en te treuren – want niemand kan wenen voor Gods aanschijn als hij twee gedachten heeft. Dat kunnen wij alleen wanneer wij één gedachte hebben en heel ons wezen geconcentreerd is in die gedachte.

in zijn zoeken naar het Aangezicht des Heren als hij in zijn intellect nog steeds een dienstknecht is van twee of meer gedachten. Doch door te wenen met één gedachte vindt de Christen de weg der tranen. Dit geneest en verenigt heel zijn natuur, zodat hij deze volledig kan richten op God. Eerst moeten het intellect en het hart in de mens verenigd worden, en wanneer deze eenheid bewerkt is dan dient hij zich volledig op God te richten. Dan kunnen de gelovigen bestendig verblijven in Zijn heilige aanwezigheid en hun volkomen heiliging volbrengen. Om deze reden hebben de monniken in hun ontmoeting met heilige oudvaders maar één verzoek: "Vader, geef mij een woord". Naar dit woord richten zij hun gehele leven voor Gods aanschijn, zowel als in deze wereld.

Doch meer dan al het andere draagt de gehoorzaamheid bij aan het profetisch karakter van de monastieke weg. De monnik ontvangt met geloof het eerste woord van zijn oudvader als de wil van God. Hij werpt zijn aards oordeel en zijn eigenwil terzijde. En zo wordt hij – zonder ergens door te worden afgeleid en zonder te redeneren – deelgenoot aan het voorrecht op te stijgen tot het niveau van de éne wil van God, en aldus verwerft hij de integriteit en de reinheid van het intellect. Dit bereidt hem voor op het reine gebed, waarin – overeenkomstig de ervaring van de heilige Silouan en oudvader Sophrony – een goddelijke staat op hem wordt overgedragen. Dan is hij zich in zijn gebed niet meer bewust of hij nu in het lichaam is of buiten het lichaam.[25] Dan is de mens volkomen ondergedompeld in de Geest Gods, Die hem beweegt en hem leidt. (Ooit, toen vader Sophrony nog een jonge monnik was, vroeg de heilige Silouan hem: "Hoe is het gebed? Hoe vergaat het u met het gebed? En vader Sophrony zei tot hem: "Best. Soms heb ik het gevoel dat ik volkomen ben afgescheiden van de wereld, maar ik voel nog wel dat ik een lichaam heb." En de heilige Silouan zegt tot hem: "En is het lichaam dan niet de wereld?" En vader Sophrony stond versteld van het begrip van de Oudvader, en de maatstaf die hij stelde voor het reine gebed.)

Naast de weg van de zelfberisping, die gebaseerd is op het mysterie van Christus' nederdaling "tot de nederste delen der aarde",

---

[25] Cf. 2Kor.12:2-4. Dit is de definitie van het reine gebed: Degene die het reine gebed bezit, is zich niet bewust of hij nu in het lichaam is, of buiten het lichaam.

en de weg van het monnikschap, die tot doel heeft het voorbeeld na te volgen van de zelfontlediging van Hem, Die niet had "waar Hij Zijn hoofd zou neerleggen",[26] bestaat ook nog de geestelijke plaats van de Goddelijke Liturgie waarin de gave der profetie wordt gecultiveerd en bewaard voor alle gelovigen. De Liturgie is een profetische vergadering. Ten tijde van de apostelen bezat elk lid van deze vergadering zijn eigen profetische gave, en dat was zijn bijdrage aan de gemeenschap van Gods genade, die de diepgaande aard is van de Kerk – de Kerk is een gemeenschap van genade. Gedurende ongeveer de eerste drie eeuwen van het Christendom werd de Kerk steeds weer vervolgd, en bezat daarom niet de vrijheid en de mogelijkheid zich in uiterlijke zin te organiseren in relatie tot de wereld. Om deze reden waren de profetische gave op zich samen met de genade van het martelaarschap, absoluut wezenlijke elementen voor het leven van de Kerk en voor haar opbouw. Uit het getuigenis van schrijvers van de tweede eeuw leren wij, dat de Heilige Eucharistie zeer eenvoudig gevierd werd, en in overeenstemming met de profetische weg. De heilige Justinus, filosoof en martelaar, geeft ons het volgende patroon: De Christenen kwamen op Zondagavond bijeen. Eerst waren er lezingen uit het Nieuwe en Oude Testament. Dan werd er een homilie gegeven door de voorzittende Dienaar. En daarna stonden de gelovigen in gemeenschappelijk gebed, terwijl de offeranden van brood, wijn en water werden opgedragen. Dan offerde de voorzittende Dienaar gebeden van dankzegging (let op de volgende zinsnede:) *"naar de mate van zijn kracht"*, en daarop gaven de mensen hun 'Amen', en de Dienst eindigde met de gemeenschap aan de geheiligde Gaven.[27]

Van bijzonder belang voor ons is hier de zinsnede "naar de mate van zijn kracht", met andere woorden, afhankelijk van de kracht en de inspiratie van de profetische gave van de voorzittende Dienaar. Met het verstrijken van de tijd ontstonden er hele 'families' van Liturgieën. Tenslotte, met deze vroegere Eucharistische gebeden in gedachten, componeerden de grote heiligen en oecumenische leraren van het Christendom – de heilige Basilius de Grote en de

---

[26] Cf. Mt.8:20; Lk.9:58.
[27] Een Engelse vertaling van deze tekst is te vinden in de serie "Ante-Nicene Fathers", vol.I, "The First Apology of Justin", LXVI – "Of the Eucharist".

heilige Johannes Chrysostomos – de twee uitnemende Liturgieën, die sindsdien in onze Kerk zonder onderbreking gevierd zijn. Doch het volmaakte werk van deze twee liturgische vormen deed het profetische karakter van de Eucharistische vergadering niet teniet. Integendeel. De theologische volmaaktheid en inspiratie van dit werk, door de leidende geesten van deze heiligen, bevrijdt de celebrant van de angst voor zijn menselijke onvolmaaktheid en van de noodzaak zijn eigen gebed te improviseren. Hij kan zich volledig erop concentreren te celebreren met alle aandacht die dit waardig is, om de gebeden evenzeer de zijne te maken als zij dit waren voor degenen die deze aan ons hebben overgedragen. (Dat wil zeggen, wanneer wij de Liturgie vieren van de heilige Johannes Chrysostomos, dan is het niet minder onze eigen Liturgie, dan het dit was voor Johannes Chrysostomos zelf. Het hangt slechts af van onze concentratie, van de mate waarin wij ons op deze celebratie voorbereiden.) Aldus bestaat er geen noodzaak meer voor de spectaculaire manifestatie van de verschillende genadegaven der gelovigen, zoals in de vroege dagen van de apostolische bijeenkomsten. Maar dit alles leidt ons ertoe te vragen, hoe de gemeenschap der genade – die de gelovigen hernieuwt en verrijkt met het leven in overvloed – nu in onze tijd wordt uitgedrukt in de Liturgie; waarin is deze gemeenschap der genade bewaard gebleven?

Allereerst zal de Goddelijke Liturgie op zich altijd een profetische gebeurtenis blijven, om vele redenen. Bovenal is het de vervulling van het gebod van de Heer: "Neemt, eet, dit is Mijn lichaam";[28] "Drinkt allen hieruit, dit is Mijn bloed";[29] "Doet dit tot Mijn gedachtenis".[30] Net zoals de Heer aan het begin van de schepping slechts éénmaal sprak, en Zijn woord voor immer van kracht blijft, zo stelt het vervullen van Zijn woord ook nu het mysterie tegenwoordig van Zijn Kruis en Opstanding. (Bij de schepping sprak de Heer éénmaal: "Weest vruchtbaar en vermeerdert... en vervult de aarde",[31] en dit woord is nog steeds werkzaam; het blijft voor altijd. Evenzo sprak de Heer de woorden van de Liturgie, en wij herhalen

---

[28] Mt.26:26; Mk.14:22; 1Kor.11:24.
[29] Cf. Mt.26:27-28.
[30] Lk.22:19; 1Kor.11:24.
[31] Gen.1:22,28.

deze en verrichten smeekbeden,[32] en dan worden zij een realiteit – zij worden werkzaam in het heden.) Onze liturgische gedachtenis is dus niet slechts een psychologische herinnering, maar een genade-volle inwijding in Zijn Geest – want het wordt gedaan in de Geest en in gebed: het wordt bewerkt doordat wij mensen het woord van de Heer uitspreken, en Zijn Naam aanroepen. Door dit Eucharis-tische gebed wordt alles geheiligd, volgens het eeuwige principe dat de grote Paulus formuleerde, en dat de basis is voor elke liturgische handeling: "Want het wordt geheiligd door het woord Gods en door de bede".[33] In de Goddelijke Liturgie wordt de Wederkomst van de Heer in gedachtenis gebracht als een gebeurtenis die reeds heeft plaatsgevonden en nu is, want Hij Die gekomen is en Die zal weder-komen – Christus Zelf – is bij ons tegenwoordig als Degene Die offert en Die geofferd wordt,[34] en Die aan de gelovigen gegeven wordt tot spijs en drank,[35] terwijl de Heilige Geest de Eucharistische vergadering overschaduwt en de heilige Gaven omvormt.

Hoe nemen wij op de rechte wijze, op waardige wijze, deel aan de genade van deze profetische gebeurtenis? Zoals wij gezegd hebben, is het fundamentele kenmerk van de profetische geest de nederigheid. Derhalve vraagt de deelname aan de Goddelijke Liturgie een vergelijkbare nederige gezindheid. Het opdragen van de gaven zou gedaan moeten worden met nederigheid. Wanneer wij het brood, de wijn en het water voorbereiden voor het Heilig Mysterie, dan leggen wij op verborgen wijze heel ons leven daarin, ons geloof, ons verborgen gebed van berouwvolle bekering. Wij leggen daarin onze dankzegging voor al wat God gedaan heeft voor ons en voor de gehele wereld; voor elke ademtocht die Hij ons schenkt, voor Zijn bescherming en instandhouding van heel de schepping, en boven alles voor het feit dat Hij is Wie Hij is – nie-mand is als Hij, de Enig-Algoede en de Barmhartige Minnaar der mensen. Tevens leggen wij daarin al onze nederigheid, en ons vertrouwen in Zijn macht en Zijn beloften – heel ons leven leggen

---

[32] Cf. 1Tim.4:5.
[33] 1Tim.4:4-5 – "Alle schepsel Gods is goed... als het ontvangen wordt met dankzegging, want het wordt geheiligd door het woord Gods en door de bede".
[34] Cf. Anaphora (Liturgie v/d heilige Johannes Chrysostomos).
[35] Cf. Cherubikon van de Grote en Heilige Zaterdag.

wij daarin. Deze kleine persoonlijke gaven, die wij bijeen garen wanneer wij ons voorbereiden op de Liturgie in het verborgene van ons rouwmoedig hart, zullen ons verbinden met de rest van het Lichaam van Christus, en ons verenigen met de gaven van al de andere ledematen, hetzij strijdend in dit leven, hetzij triomferend in het volgende, nadat zij vervolmaakt zijn geworden in het eeuwige leven. Deze kleine gaven die wij aanbieden als de vrucht van onze strijd, zal de sleutel zijn tot onze intrede in de gemeenschap van de rijkdom van de genadegaven van alle ledematen van het Lichaam. Deze gemeenschap der genade vormt het wezen van de Kerk. Daarin worden zelfs de armen rijk gemaakt en behouden door het leven dat ontspringt aan het Hoofd van dit Lichaam, en door de gebeden van diegenen die in Hem vervolmaakt zijn, de heiligen, die nederig blijven. De warmte en de vrede die wij verzamelen in het "binnenste vertrek" van ons hart zullen ons vergezellen wanneer wij bijeen-komen voor de Goddelijke Liturgie. Zij zullen een heilige en mystieke 'plaats' vrijmaken in ons, waarin onze geest in staat is zich voor Gods aanschijn te stellen. Deze staat maakt het ons mogelijk voor het aanschijn des Heren te komen in alle nederig-heid, zonder enige noodzaak van uiterlijke demonstraties van vroomheid, en derhalve zonder dat wij de geestelijke plaats innemen van onze medemensen – zoals het profeten betaamt: De geesten der profeten gehoorzamen aan de profeten.[36] Dan zal onze offerande God nog meer welgevallig zijn, wanneer wij de woorden uiten: "Het Uwe uit het Uwe bieden wij U aan, in alles en voor allen". En de Heer zal antwoorden door Zijn eigen leven in de Heilige Gaven te leggen, en de stem van Zijn goedheid zal zijn als de donder: "Het Heilige voor de heiligen".[37] Dan zal het grootste wonder plaatsvinden van deze hoogst ongelijke doch genadevolle uitwisseling – dat wil zeggen: de Schepper en Verlosser zal ons Zijn grenzeloze leven schenken in ruil voor ons kleine leven, dat wij in de gaven hadden gelegd. Dan zingen wij, het nieuwe Israël, een overwinningslied: "Wij hebben het waarachtige Licht gezien, wij hebben de Hemelse Geest ontvangen, het ware geloof ge-

---

[36] Cf. 1Kor.14:32.
[37] Zie de Anaphora van de Goddelijke Liturgie.

vonden...'[38] Wij wachten niet passief op de komst van de Heer Jezus, maar op profetische wijze snellen wij tot die heerlijke en wonderbare ontmoeting, en wij haasten ons naar de komst van de Dag van God.

Het doel van de genadegave van het profetische leven is om elk van ons in staat te stellen zijn of haar 'diepe hart' te ontdekken, de plaats van Gods Aanwezigheid in de mens. Het te voorschijn doen komen en levend maken van het diepe hart is het werk van de Heilige Geest, Die het berispt, reinigt en gevoelig maakt om het woord des levens te ontvangen, opdat het verlicht moge worden door de Heer Jezus, en opdat Diens gedaante daarin gegrift moge worden. Zo wordt de zonde van het ongeloof jegens Christus uitgewist; binnenin het hart worden de rechtvaardigheid en de tucht van het Kruis hernieuwd; en tenslotte wordt de vijand beschaamd en gestraft. De ontdekking van het hart en de verfijning daarvan door Gods genade hebben tot doel het toereikend te maken om Gods woord aan te grijpen, en met de energie daarvan te getuigen van Jezus, Die is opgestaan uit de doden. (Al wat wij doen, is ons hart te maken tot een 'radar', zoals vader Sophrony placht te zeggen, die het woord Gods kan opvangen, kan aangrijpen.)

Hoewel Gods woord naar zijn eigen aard onuitsprekelijk is, doet dit het hart niet verschrikken wanneer het daarin binnenkomt, maar vervult het veeleer met onvergankelijke vertroosting. Dan vindt een profetische gebeurtenis plaats: op nederige wijze geeft de ziel zich over aan dit bezoek, om het in zichzelf te ontvangen en te dragen. Dan wordt een persoonlijk verbond bezegeld tussen God en de mens, dat vergezeld gaat van onuitsprekelijke goddelijke vertroosting. De geest van de mens wordt wedergeboren, en deze wedergeboorte is de ontmoeting van de mens met de levende Eeuwigheid Die hem overschaduwt, en hem maakt "als degenen die dromen" – evenals de Psalm zegt over de Joden, elke keer nadat zij de Tempel van Salomo hadden bezocht.[39] Aldus, wanneer het woord Gods de mens overschaduwt en hem maakt als iemand die droomt, dan is hij als dronken van de vreugde des heils. Hij vloeit

---

[38] Zie het slot van de Liturgie.
[39] Ps.126:1 (naar het Hebreeuws, in LXX Ps.125:1 wordt meer letterlijk gesproken over degenen die 'vertroost'of 'getroost' zijn).

over van de energie van het onvergankelijke leven, en vanaf dat ogenblik wordt het woord Gods de goddelijke bron van zijn inspiratie.

In deze wereld blijft Christus lijden, en dit lijden vindt ook een
plaats in de harten van Zijn waarachtige leerlingen. Ook zij lijden,
zij worden gemarteld door het feit dat hun hart nog niet groot genoeg
is om het grote "goede deel" te dragen van de liefde des Heren, dat
Hij beloofde aan de zusters van Lazarus, en aan iedereen.[40] Doch
de leerling van deze Leermeester is er tot het einde toe van overtuigd dat God groter is dan ons hart,[41] en hij berispt zichzelf als
een nutteloze dienstknecht. De profetische inspiratie van zijn geest
laat hem geen rust, totdat zijn ijver het huis Gods heeft gereinigd
en dit een tempel wordt van de levende God. Zoals de Heer Zelf
toelicht: "Ik ben gekomen om vuur te werpen op de aarde; en wat
wil Ik, indien het reeds ontstoken is?"[42] Aan de ene kant ziet de
leerling het voorbeeld van Christus, als het "onberispelijk en
vlekkeloos Lam"[43] Dat opgaat tot Golgotha om te lijden en de
sterven voor de gehele Adam. En Christus' volmaakte Beeld wordt
afgedrukt in het hart. De erfenis van Zijn woorden – "Hebt
elkander lief, zoals Ik u heb liefgehad"[44] – wordt onophoudelijk
door de Geest bevestigd "met onuitsprekelijke verzuchtingen"[45]
zowel als door het liefhebbend hart dat binnenin ons uitroept:
"Abba, Vader".[46] Aan de andere kant ziet hij, diepgaander en
helderder dan ooit tevoren, de verschrikkelijke onechtheid en kleinheid, de ontrouw en de onstandvastigheid van zijn liefde. Hij is als
krijgsgevangen van de uiterste, onuitsprekelijke schoonheid van de
nederige liefde van de lankmoedige Heer, Die zelfs bidt voor Zijn
vijanden, en hij knielt voor Hem neer in heilige vreze en diepe
eerbied, en aanbidt de Heiland in dankbaarheid en liefde. Tegelijkertijd is hij zich steeds dieper en helderder bewust van zijn eigen
nietigheid. Hij krijgt een afschuw van zijn valse 'zelf' en met de
kracht van de zelfhaat keert hij zich tot de genadenrijke Heer. Hij

---

[40] Cf. Lk.10:42; Joh.11:25-26.
[41] 1Joh.3:20.
[42] Lk.12:49.
[43] 1Petr.1:19.
[44] Cf. Joh.13:34; 15:12.
[45] Rom.8:26.
[46] Gal.4:6.

scheidt zichzelf af van al wat geschapen is, zelfs van de gehechtheid aan dit aardse leven, en hij wordt één van geest met de Heer.
Dit tweevoudige bewustzijn en zijn nederwaartse aantrekking tot
Christus vermeerderen de inspiratie van de leerling. De dynamiek
van de zelfhaat brengt heel zijn leven over tot de plaats van de aanwezigheid van de Leermeester, Die dan Zijn eigen staat op hem over-
draagt. Hij verwaardigt hem de gedaante van Zijn Persoon te zien,
en Zijn onbeschrijfelijke stem te horen.[47] Wanneer hij terugkeert
uit de woonplaats van de goddelijke aanwezigheid, en een woord
uit tot zijn broeders, dan getuigt hij van het onvergankelijke leven
waaraan hij heeft deelgenomen, en zijn getuigenis zal zozeer vervuld zijn van de verzekering der genade, dat ook zij deelgenoten
zullen worden van de vreugde en de hoop op het komende heil.[48]
(Dat wil zeggen, wanneer een priester verwaardigd wordt binnen
te treden in de aanwezigheid van God, dan – wanneer hij uit deze
aanwezigheid naar buiten treedt – vindt hij in zijn hart de gerede
woorden van Gods Geest, waarvan hij de mensen die hem zijn
toevertrouwt deelgenoot maakt. Dit is zo belangrijk: De priester is
niet slechts een uitvoerder van sacramentele handelingen, maar hij
is degene die binnentreedt in Gods aanwezigheid en deelgenoot
wordt aan het woord van God, en wanneer hij uit deze aanwezigheid naar buiten komt, dan getuigt hij voor het volk Gods van de
waarheid van God.)

Het profetisch gezag van degenen die in de levende aanwezigheid des Heren zijn geweest, heeft niets van doen met werelds gezag.
Het is een geestelijke kracht van nederige dienst en liefde, die de
bolwerken van de hoogmoed omver haalt, die het zo moeilijk
maken om de twee grote geboden der liefde te vervullen. Waarlijk,
de waarachtige profeet heeft een waarachtige relatie met God en met
zijn broeders. Zijn houding tegenover God is vergelijkbaar met die
van de grote profeet Johannes de Doper, terwijl hij in zijn relatie met
anderen gekenmerkt wordt door een diepe nederigheid, zoals de
apostel Paulus, die zeide: "Christus Jezus [is] in de wereld gekomen
om zondaars te behouden, van wie ik de eerste ben."[49]

---

[47] Cf. Joh.5:37.
[48] Cf. 1Thess.2:19.
[49] 1Tim.1:15.

Een echte profeet, die een levende ontmoeting heeft gehad met de Heer Jezus en het licht van Diens Aangezicht heeft gezien, al is het slechts éénmaal, zal voor immer in verlangen streven naar de goddelijke maat die Christus heeft geopenbaard, en niet naar de sterfelijke maat van deze wereld. Om deze reden is zijn nederigheid onbeschrijfelijk en een geschenk van de genade. Het verhaal van zijn ontmoeting met de Heer der heerlijkheid[50] en de beschrijving van de staat waarin Deze hem heeft doen delen, vormt de genade-gave van de levende theologie, die de Éne God der liefde in drie Hypostasen (in drie Personen) op waardige wijze verheerlijkt. Heel het leven van zulk een mens ontvouwt zich als een krachtige bevestiging van het "getuigenis van Jezus Christus", Die is "opgewekt uit de doden".[51] Hij is overgegaan van de dood tot het eeuwige leven,[52] en hij sterft niet meer; de dood heeft geen macht meer over hem.[53] Het getuigenis van Jezus is de geest der profetie, zoals het Boek der Openbaring zegt.[54] Vergeef mij.

Vragen & Antwoorden

Vraag 1: Vader, u hebt het begrip 'philótimo' genoemd. Kunt u iets meer zeggen over wat dat is, en hoe wij dat verwerven?

Antwoord: 'Philótimo' betekent etymologisch 'vriendschap van eer'. Hoe zal ik het zeggen... Ik denk dat 'philótimo' een gevoel is van eer en dankbaarheid, dat mensen zou moeten kenmerken die de weldaad hebben genoten van Gods genade. 'Philótimo' jegens God is een diepe dankbaarheid in nederigheid en liefde. De heilige Paulus zegt in de Brief aan de Korinthiërs, dat of wij nu in het lichaam zijn of buiten het lichaam, wij er "onze eer in stellen" God welgevallig te zijn – "wij stellen ons tot doel" zegt vader John Florovsky, "God welgevallig te zijn". Dit is de 'philótimo'.[55] En ik kan geen betere

---

[50] 1Kor.2:8.
[51] Cf. Openb.1:2 & 2Tim.2:8.
[52] Cf. 1Joh.3:14.
[53] Rom.6:9.
[54] Openb.19:10.
[55] 2Kor.5:8-10. Archimandriet Zacharias merkt hierbij op, dat hij in geen enkele Engelse, Franse of Russische vertaling een juiste weergave heeft kunnen vinden

definitie daarvan vinden. 'Philótimo' is een eergevoel en een gevoel van dankbaarheid, dat zelfs de dood niet acht, als de mens maar welgevallig moge zijn aan God, zijn Weldoener en zijn Heiland.

Vraag 2: Zoëven zei u zoiets als, "De geest van de profeet gehoorzaamt aan de profeet". Kunt u dit iets meer uitwerken? Ik vat het nog niet.

Antwoord: Dat betekent dat de waarachtige profeet een nederige persoon is, die niet de ruimte van de ander inneemt. Als wij in de Dienst zijn, dan zouden wij moeten staan op een neutrale manier, en zodanig dat men ons gemakkelijk kan negeren of niet eens op zal merken. Zelfs wanneer hij vol is van de geest van het gebed, dan handelt en gedraagt hij zich op de gewone wijze, en niets wordt openbaar van die staat, om geen aandacht te trekken. Wij zouden niet het middelpunt van de aandacht moeten worden. De waarachtige profeet wordt niet het middelpunt van de aandacht. Het middelpunt van de aandacht blijft Christus. Dus de waarachtige profeet vertoont nimmer fantastische gebaren van vroomheid, dat wil zeggen, grote kruisen en storende buigingen in de Kerk en dergelijke. Als gij in de vorige eeuw naar de Heilige Berg (Athos) ging, dan zoudt gij priestermonniken hebben zien dienen in de Liturgie, en gij had kunnen denken dat zo'n monnik onverschillig was – hoewel hij vol was van de genade van God, en van de energie van de genade van het Mysterie; zij plachtten te leren hun staat niet te openbaren; een verborgen leven te leiden, opdat zij niet door de mensen gezien zouden worden, en dan hun loon of hun lofprijzing van de mensen zouden ontvangen – niet door de mensen gezien te worden, zoals de Heer zegt in het Evangelie, maar alles in het verborgene te doen: Bij onze aalmoes onze linkerhand niet te laten weten wat de rechter doet; ons gebed in het binnenste vertrek, alleen gezien door de Vader, "Die in het verborgene ziet" en openlijk vergeldt.[56] En in het algemeen, als regel te hebben in ons leven om alle dingen zo te doen, dat ze niet door de mensen gezien worden. Alles met nederigheid, om niet de plaats van de ander in te nemen.

---

van deze verzen; en verwijst hier naar een eigen weergave van vader John Florovsky: "Whether we are in the body, or we depart from the body, *we make it a purpose* (*philotimoumetha/* φιλοτιμούμεθα) to be pleasing to God".
[56] Cf. Mt.6:1-18.

Ik denk dat dit is wat het betekent: "De geesten der profeten gehoorzamen aan de profeten".

Ik zal u een verhaal vertellen – ik denk, dat ik dit ooit genoemd heb tijdens een vorig bezoek aan u. In Egypte, in de woestijn, kwam één van de grote oudvaders de kerk van de skête binnen, en denkend dat hij alleen was slaakte hij een diepe zucht, vanuit zijn hart. Wel, u moet weten dat het hart van dergelijke mensen voortdurend steunt met onuitsprekelijke verzuchtingen, van grote troost en vertroosting. Hij komt dus de kerk binnen en slaakt een diepe zucht. Hij dacht dat hij alleen was voor Gods aanschijn. Maar dan hoort hij een beweging, en hij keert zich om en ziet een novice zitten in een hoekje van de kerk. En hij ging naar hem toe en maakte voor deze novice een diepe buiging tot op de grond, en hij zeide tot hem: "Vergeef mij, vader, ik heb nog niet eens een begin gemaakt".[57] Hij was een profeet. Alles om niet door de mensen gezien te worden – en dat was ook de regel van de Moeder Gods. Dat is waarom de Allerhoogste zag "op de nederigheid van Zijn dienstmaagd".[58] Zelfs zijzelf zegt niet, dat God de heiligheid van Zijn dienstmaagd aanzag, maar dat Hij zag op haar nederigheid – dat wil zeggen, zij bood God het gevoel van haar nutteloosheid en haar kleinheid voor het aanschijn van de Almachtige Schepper. Dat zegt zij: God "heeft neergezien op de nederigheid van Zijn dienstmaagd", niet op haar andere deugden – hoewel zij het toppunt van alle deugden bezat.

---

[57] Cf. "The Sayings of the Desert Fathers", Abba John "the Dwarf" §23. Iets vergelijkbaars wordt verteld over Abba Tithoes §6.
[58] Lk.1:48.

5

De tempel Gods opbouwen in onszelf en in onze medemensen

Enkele jaren geleden kwam ik één van de broeders tegen op het pad, en ik zeide tot hem: "Let op, Vader, verslap niet!" Het kwam zomaar in mij op dit te zeggen, maar twee dagen later kwam hij naar mij toe en zeide: "Ja, Vader, u had gelijk, ik ben de laatste tijd verslapt." Wij moeten er dus op bedacht zijn, niet te verslappen, al bevinden wij ons misschien reeds jaren op de Weg. Onze Vaders waren gewoon te zeggen, dat wij elke dag een nieuw begin zouden moeten maken, en God zouden moeten vragen ons hierin te helpen. Deze houding en dit gebed om een nieuw begin te maken, betekent een begin te maken met ons heil. En als wij elke dag God vragen ons te helpen een nieuw begin te maken, en wij doen wat wij kunnen, dan betekent dit dat wij ons op de weg des Heils bevinden. Het is uiterst belangrijk onszelf te onderzoeken om te zien of wij verslapt zijn of nalatig zijn geworden. Het is niet genoeg om het kwade te vermijden; wij moeten ook het goede doen.[1] Het is niet genoeg als wij in psychologisch opzicht vrede hebben; wij zouden de geestelijke vrede moeten bezitten die voortkomt uit de overvloed van Gods vertroosting. Wij horen in de gelijkenis van de talenten[2] hoe de nalatige dienstknecht veroordeeld werd, niet omdat hij iets slechts had gedaan – hij had het talent dat zijn heer hem gegeven had zelfs bewaard – maar hij werd veroordeeld omdat hij het niet vermeerderd had, hij had er niets mee gedaan, hij toonde geen ijver. Het is dus van levensbelang om in ons leven de ijver te bezitten.

Wij zijn allemaal op weg, en wij moeten niet vergeten dat het Christendom "de Weg" wordt genoemd. Zo lezen wij dat de heilige Paulus naar Antiochië ging om al diegenen gevangen te nemen die "van de weg" van Jezus waren,[3] die de weg gingen van

---

[1] Cf. LXX Ps.33:15 (34:14/15); 36(37):27.
[2] Mt.25:14-30.
[3] Hand.9:2.

de nieuwe Profeet, die Zichzelf de Messias noemde, de Zoon van God. En ook de Heer Zelf heeft gezegd: "Ik ben de Weg";[4] en het is belangrijk Zijn weg te kennen. Wij weten dat het teken van Zijn weg de nederigheid is, want Hij is tot ons afgedaald, en zelfs nog verder omlaag, tot de nederste delen der aarde. Daarom worden wij Hem alleen gelijk wanneer wij onszelf vernederen, niet wanneer wij onszelf verheffen. Al de woorden die uitgaan uit Zijn mond zijn woorden van nederigheid, en elk woord dat wij van Hem ontvangen en toepassen in ons leven, bewerkt in ons de geest der nederigheid en bereidt ons hart toe om Zijn barmhartigheid te ontvangen. Zoals Hij zeide: "Barmhartigheid wil Ik, en geen offer",[5] dat is, "Ik wil geen uiterlijke religieuze daden van vroomheid; Ik wil dat uw hart zich kan openen om Mijn barmhartigheid te ontvangen". Hij kwam voor diegenen die zwak en ziek zijn, en niet voor diegenen die voldaan zijn en tevreden met zichzelf. Met andere woorden, om te wandelen op de weg des Heren dienen wij een geestelijke ijver te bezitten.

Deze geestelijke ijver is een vreemd verschijnsel, zoals al de werken van onze God. Zijn Evangelie is een vreemd Evangelie, in de zin dat het heel anders is dan al het menselijke; het is een andere wereld. De heilige Paulus zegt, dat het niet door de mens gegeven is, noch is het naar de maat van de mens; maar het is een openbaring die gekomen is door Jezus Christus.[6]

Al de woorden die wij van de Heer ontvangen hebben, plaatsen ons dus op Zijn weg. Het is belangrijk onszelf op deze weg te plaatsen, ongeacht hoe ver wij van Hem verwijderd zijn – want Hijzelf is de Weg; Hij zal onze metgezel worden. In de gelijkenis van de talenten zien wij, dat de dienstknecht die vijf talenten had gewonnen, er nog vijf bij kreeg; en hij die twee gewonnen had, ontving er nog twee bij. Zij beiden ontvingen dezelfde lofprijzing, hetzelfde loon. Want wat is belangrijk? Dat wij gevonden worden terwijl wij groeien op de weg, en aldus binnentreden in de eeuwige "wasdom" in God, waarover de heilige Paulus spreekt in de Brief aan de Kolossenzen: "Laat ons dan voortdurend opwassen met

---

[4] Joh.14:6.
[5] Mt.9:13; 12:7.
[6] Cf. Gal.1:11-12.

goddelijke wasdom....".[7] Eén van onze Vaders, de heilige Gregorius van de Sinaï, zegt zelfs, dat wij in de toekomende wereld nimmer zullen ophouden toe te nemen in genade, en dat in die wereld zelfs de engelen voortdurend een steeds grotere volheid van genade ontvangen.

Wij dienen onszelf te oefenen op deze weg, en de Heer Zelf is Degene Die voorop gaat, zeggende: "Komt tot Mij... en leert van Mij, want Ik ben zachtmoedig en nederig van hart; en gij zult rust vinden voor uw zielen".[8] Hij zei niet: "Komt tot Mij, want Ik ben sterk en machtig, en al-wijs", maar "want Ik ben nederig en zacht-moedig". Dit zijn de twee voorwaarden, dit is wat wij nodig hebben om deze weg te kunnen bewandelen, dit is wat wij van Hem moeten leren: nederig en zachtmoedig te zijn – om ons 'ego' te verslaan, ons oude 'zelf', dat vanaf het begin in opstand is tegen God. En de wetten die deze weg des Heren bepalen zijn de Zaligsprekingen (waarover wij reeds eerder hebben gesproken). Zij zijn een samenvat-ting van het hele Evangelie en de 'wetgeving' die de Weg regeert.

Zelfs wanneer wij de hogere wiskunde bestuderen, mogen wij de eenvoudige rekenkundige wet niet vergeten dat één plus één twee is. Op dezelfde wijze is de basis van de Evangelische wetgeving de geestelijke armoede: "Zalig de armen van geest, want hunner is het Koninkrijk [Gods]".[9] Boven alles zouden wij ons te allen tijde bewust moeten zijn van onze nietigheid, van onze armoede, van onze nutteloosheid, want dan zullen wij misschien ook gaan ver-langen deze te overwinnen. Deze eerste zaligspreking maakt, dat de nederigheid en de zelfverloochening tot fundament worden van ons leven – dat is, het erkennen van onze nietigheid, onze zondig-heid, onze nutteloosheid, die werkelijkheid zijn, en deze dan te overstijgen. Dit zijn de fundamenten van de tempel Gods in ons.

Wanneer wij zulke stevige fundamenten bezitten, dan beginnen wij daar uiteraard ook op te bouwen. En dan volgt de tweede zalig-spreking, de tweede wet van de weg tot God, die zegt: "Zalig de

---

[7] Cf. Kol.2:19. [Het oude woord 'wasdom' houdt verband met een werkwoord voor 'groeien' of 'vermeerderen', dat o.a. ook gebruikt wordt in Gen.1:28 – in vertalingen uit het Hebreeuws in dit vers meestal weergegeven als "weest vruchtbaar..." *Noot vert.*]

[8] Mt.11:28-29.

[9] Mt.5:3.

treurenden", of in een andere Evangelie "die wenen", "want zij zullen worden getroost".[10] Diegenen die de fundamenten hebben gelegd, en voor Gods aanschijn staan terwijl zij zichzelf veroordelen als onwaardig vanwege hun armzaligheid, zullen voorzeker tranen vergieten en de doodsheid bejammeren die zij in zich dragen – want wij dragen in onszelf een lijk, dat wil zeggen, een hart waarin de gewaarwording van God afwezig is. Tenzij ons hart tot leven wordt gewekt door de gewaarwording van God, denken wij weliswaar dat wij leven, maar wij hebben enkel een pomp in ons, die bloed pompt – ons hart is slechts levend, wanneer wij de vrede bezitten "die alle verstand te boven gaat",[11] zoals de heilige Paulus zegt, en de zoetheid van de goddelijke vertroosting.

Wij zijn begonnen te bouwen op dit pad: "Zalig de treurenden, want zij zullen worden getroost".[12] En tenzij wij in dit leven getroost worden, kunnen wij geen vooruitgang maken, kunnen wij niet voortsnellen op de weg van de geboden, want het is deze vertroosting die ons de kracht geeft voort te snellen: "Ik snelde voort op de weg van uw geboden, toen gij mijn hart had uitgebreid", zegt de Psalm.[13] En in een tekst uit de Brief aan de Korinthiërs zegt de heilige Paulus: "Gezegend zij God, de Vader van onze Heer Jezus Christus, de Vader van alle mededogen en de God van alle vertroosting; Die ons troost in al onze verdrukking, opdat wij hen kunnen troosten die in allerlei verdrukking zijn, door de troost waarmede wijzelf door God worden vertroost"[14] – en zo gaat de Apostel voort, en in enkele verzen gebruikt hij meer dan tienmaal de woorden 'troost' en 'vertroosting'.[15] En de vertroosting die wij ontvangen, zegt hij, komt overeen met de mate van ons leed.[16] Het is absoluut noodzakelijk dat wij deze vertroosting bezitten, willen wij staande blijven in het Christelijk leven onder de aanvallen van de vijand, en de inspiratie hebben om in vreugde voort te snellen op de weg. Er is geen vreugde, als wij niet vrijwillig en gelukkig kunnen

---

[10] Cf. Mt.5:4; Lk.6:21.
[11] Fil.4:7.
[12] Mt.5:4.
[13] LXX Ps.118(119):32.
[14] 2Kor.1:2-3
[15] Cf. 2Kor.1:2-7
[16] Cf. 2Kor.1:5

voortsnellen op de weg – en dan zullen wij ook anderen nimmer kunnen troosten.[17]

Uit wat wij gezegd hebben wordt duidelijk, dat wij door het bewaren van de Zaligsprekingen, deelgenoot worden aan de nederigheid die daarin vervat ligt. En het vervolg is: "Zalig de zachtmoedigen..."[18] Zachtmoedigheid, zoals vader Sophrony placht te zeggen, is wat de heilige Johannes van de Ladder als volgt uitdrukte: Onbeweeglijk of standvastig te blijven, wanneer wij beledigd worden zowel als wanneer wij geprezen worden.[19] (Ik herinner me een verhaal van de Woestijnvaders, toen iemand naar een heilige oudvader ging om monnik te worden. Die wilde hem niet aanvaarden, maar hij vroeg deze jongeman om naar de graven te gaan, en van de vroege morgen tot de avond de graven te stenigen en de doden daarin te beledigen – van de vroege morgen tot de avond. 's Avonds kwam hij terug, en de Oudvader vroeg hem: "Wat hebben zij tegen u gezegd?" "Ik kreeg geen antwoord, zij antwoordden niet". De volgende dag zei de Oudvader tegen hem: "Ga vandaag daarheen, en prijs de doden in de graven, van de vroege morgen tot de avond." Hij ging erheen en deed dat, van de vroege morgen tot de avond. Hij komt terug naar de Oudvader, en die vraagt hem: "Hebben zij u geantwoord?" Hij zeide: "Nee". "Zo wil ik dat gij zult zijn in uw gehoorzaamheid, als gij de monastieke weg wilt leren, en het Evangelie wilt verstaan", zeide de Oudvader tot de jongeman.[20])

---

[17] In dit verband richtte archimandriet Zacharias zich in het bijzonder tot de priesters, zeggende: "Vergeef mij, ik spreek hier tot mijn medebroeders, en gij hebt gelijke en zelfs grotere waardigheid dan ik; gij zijt mijn medepriesters. Maar wij moeten niet vergeten dat de Heer reeds in het Oude Testament zeide: "Gij priesters, troost mijn volk" (cf. Jes.40:1-2). En wij kunnen de mensen slechts troosten met de vertroosting die wijzelf van God hebben ontvangen (cf. 2Kor.1:4)". Bij aanvang van deze voordracht merkte vader Zacharias bovendien op, dat het "opbouwen" van de Tempel Gods – zoals in deze voordracht besproken wordt – bij uitstek behoort tot de taak van de priesters. [Voor hen is dit nl. ook onderdeel van hun concrete functie: in de preek/homilie, in de Biecht en het geestelijk vaderschap, bij de voorbereiding van de mensen op de Mysteriën van Doop, Huwelijk, etc. Terwijl dit voor de overige gelovigen in meer beperkte mate naar voren komt, in direct verband met hun eigen leven, binnen hun eigen gezin en in relatie tot hun naasten. *Noot vert.*]

[18] Mt.5:5.

[19] Zie "The Ladder", step 8:3, p.81.

[20] Cf. "The Sayings of the Desert Fathers", Abba Makarius, §23.

En diegenen die zachtmoedig zijn en altijd vrede bezitten, "zullen de aarde beërven"[21] – dat is, zij zullen hun hart in bezit hebben. (In zijn geschriften spreekt vader Sophrony vaak over het hart als de aarde. Bijvoorbeeld: "Uw wil geschiede, zoals in de hemel, alzo ook op de aarde",[22] dat is, moge Uw wil de overhand hebben in ons hart, zoals deze regeert in de hemel.) Dus wanneer wij zachtmoedig zijn, dan zijn wij in staat deze aarde te beërven. In de oude tijden was 'de aarde' het land Kanaän, Palestina, dat de Heer aan de Joden beloofd had in hun knechtschap – terwijl de aarde die de Heer ons nu belooft een "nieuwe aarde"is,[23] een nieuwe schepping; en deze nieuwe schepping wordt geopenbaard wanneer wij de Zaligsprekingen van de Heer volgen.

"Zalig die hongeren en dorsten naar de rechtvaardigheid, want zij zullen worden verzadigd".[24] Hier, in het midden van de Zaligsprekingen, wekt de Heer wederom onze ijver op, zeggende dat onze dorst en honger nimmer zouden mogen verminderen, anders zijn wij Hem niet waardig. Wij hebben de ijver nodig. De Heer heeft Zijn weg geopenbaard, en Hij heeft Zijn ijver geopenbaard, en Zijn ijver was om de Tempel Gods te reinigen .[25] Dat is, om reine harten op te bouwen, die de Heer kennen; harten die het niet nodig hebben dat iemand hen vertelt: "Ken de Heer!"[26] – want zij kennen Hem reeds. De weg des Heren is vervuld van Zijn ijver voor de tempel Gods, en Zijn ijver was zodanig dat Hij daardoor verteerd werd, en Hij beschouwde dit als een Doop – en zelfs als een heerlijkheid – die Hij omwille van ons onderging. Deze ijver van de Heer werd zelfs uiterlijk uitgedrukt toen Hij de Tempel (te Jeruzalem) reinigde, en daarmee de woede van Zijn vijanden opwekte – en al de boosaardigheid van de vijand kwam op Hem neer. De ijver van de Heer om Zijn tempel in ons op te bouwen, was zo groot, dat Hij hier tot het einde toe door verteerd werd. En ook wij moeten deze ijver hebben voor de tempel Gods in ons. Wij moeten deze tempel altijd bewaren. En de manier om dit te doen is

---

[21] Mt.5:5.
[22] Mt.6:10.
[23] 2Petr.3:13; Openb.21:1.
[24] Mt.5:6.
[25] Cf. Joh.2:14-17; zie LXX Ps.68:10 (69:9/10).
[26] Cf. Hebr.8:11, waar de apostel Paulus de profeet Jeremia aanhaalt (Jer.31:34).

door de waakzaamheid, zodat geen vreemde gedachten de overhand krijgen en ons hart krijgsgevangen maken. Niet alleen zouden wij geen slechte gedachten moeten hebben, maar wij zouden er van dag tot dag een beetje aan moeten werken om de gewaarwording van God in onszelf te verzamelen, Zijn onvergankelijke vertroosting, en om de tempel des Heren te reinigen, door "heiligheid [te] volbrengen in de vreze Gods".[27] Als wij deze ijver bezitten, dan blijven wij op het pad van de Heer.

Als wij de nederigheid bezitten, en de ijver die al de krachten van onze ziel op God richt, dan bouwen wij de tempel des Heren op binnenin onszelf. Maar zelfs dit is nog niet voldoende. Wij moeten ons ook bewust zijn van de tempel des Heren in onze medemensen, en alles doen om deze te beschermen, door onze broeder in niets te doen struikelen. De heilige Paulus zegt: "Als ik door vlees te eten, mijn broeder doe struikelen, dan zal ik in eeuwigheid geen vlees eten",[28] want hij kende deze ijver en hij behield een goed geweten jegens zijn medemensen. Hij zegt: "Waarom zou ik een obstakel zijn voor mijn broeder, voor wie de Heer gestorven is?"[29] "Waarom zou ik mijn broeder doen struikelen, en een hindernis voor hem zijn om zijn eigen tempel op te bouwen in zijn hart?" Elk van onze medemensen is Christus. Elk van onze medemensen is de tempel Gods, de woonplaats van Zijn Heilige Geest. Dit is de taak van ons leven, om deze tempel Gods op te bouwen in onszelf, en hem te bewaren in onze medemensen. Wij doen dit door onze vriendelijkheid, door ons gebed, door ons weldoen, door alles wat bijdraagt aan de opbouw van Gods tempel in onze broeders. En op vreemde wijze wordt al wat wij doen voor dit Godwelgevallige doel, in onszelf weerspiegeld. (U herinnert zich de gelijkenis van het Laatste Oordeel: al de goede werken die wij nu doen om mensen te helpen, zullen op die dag aan onze rechterhand staan om ons te rechtvaardigen.)

Hieruit volgt, dat het aanvaarden van een negatieve gedachte jegens één van onze broeders in feite een aanval is op de tempel Gods in hem; en wanneer wij wrok koesteren jegens onze medemens,

---

[27] Cf. 2Kor.7:1.
[28] Cf. 1Kor.8:13.
[29] Cf. 1Kor.8:11.

dan blijft de geest van het kwaad daardoor ook in ons, zowel als een weerstand tegen de opbouw van Gods tempel. Maar het is verschrikkelijk het woord van de Heer te horen, bij monde van de heilige Paulus: "Zo iemand de tempel Gods verderft, hem zal God verderven".[30] Dus terwijl wij samenwerken, zouden wij altijd voorzichtig moeten zijn met elkaar: om te doen wat wij kunnen voor de opbouw van de tempel Gods in onszelf, en om deze te bewaren en zelfs te bevorderen in onze broeders. Wanneer wij in iets beledigd zijn, dan doet het geen enkel goed om terug te slaan. Wanneer wij een kwaad woord horen over onszelf, dan is het dwaas om nog vijf kwade woorden terug te zeggen. En wanneer wij bekritiseerd worden is het werkelijk onwijs onszelf te rechtvaardigen, want op die manier bouwen wij niet aan de tempel Gods, noch in onszelf, noch in onze broeders. Maar als wij onszelf vernederen, om de tempel Gods te verdedigen wanneer wij beledigd worden, dan zullen wij voorzeker onze medemens tot eergevoel bewegen, zodat hij zichzelf zal vernederen en verzoening met God zal zoeken. Dit zal niet alleen zijn relatie met God en zijn medemensen herstellen, maar hij zal ook de kracht vinden om een begin te maken met de opbouw van de tempel Gods in zichzelf.

De Heer zegt in het Evangelie, dat wanneer wij naderen om onze gaven aan de Heer te offeren, en wij ons herinneren, niet dat wij iets tegen onze broeder hebben, maar dat iemand iets tegen ons heeft, dat wij dan onze gaven daar moeten achterlaten en onszelf met deze persoon verzoenen; en dan terugkomen om onze gaven te offeren.[31] Het is duidelijk, dat als wij iemand hebben beledigd, dat wij dan vergeving moeten vragen, en dit is niet gemakkelijk – maar het is zeer weldadig en absoluut noodzakelijk. Maar als iemand iets tegen óns heeft – en misschien zijn wij daar niet eens verantwoordelijk voor – dan zegt de Heer, dat wij zouden moeten proberen hem vrede te schenken en zijn vergeving vragen. Ik denk, dat dit is om hem te helpen tot een zeker eergevoel te komen, en een zekere nederigheid in zijn hart en wat ijver voor God, en om het werk te beginnen van zijn verzoening met God. Met andere woorden, als

---

[30] 1Kor.3:17.
[31] Cf. Mt.5:23-24.

wij dat doen dan worden wij medewerkers met God voor het heil van die persoon.

Er zijn vele manieren om dit te bereiken. Eén belangrijke manier is om voor elkaar te bidden. Wanneer wij ons voorbereiden op de Liturgie, dan komt elk van ons naar de Kerk in grote zielsnood om door de Heer te worden aanvaard, om te worden aanvaard in deze uitwisseling van levens die plaatsvindt in de Liturgie. Onze zielsangst is: "Zal de Heer mij aanvaarden, onwaardig als ik ben?" Waarom dan niet tevens onze medemensen te gedenken, die door deze zelfde zielsangst heengaan, en te zeggen: "Heer, zegen ook onze broeders in hun staan voor Uw Aangezicht, en vervul hun harten met de genadegaven van Uw Geest, en met de onvergankelijke troost van Uw genade". En gij zult zien dat, wanneer wij dergelijke intenties in ons hart hebben, het leven op wonderlijke wijze vermeerderd wordt – zo zullen wij de tempel Gods opbouwen; wij zullen het leven opbouwen, zoals vader Sophrony het zei. (Vader Sophrony stelde deze waarheid vaak in heel algemene zin: "Het leven opbouwen", en dan bedoelde hij het leven in God, waarmee hij doelde op de opbouw van de tempel Gods in ons en in onze medemensen.) En waarlijk, wanneer wij weten dat onze broeder de Liturgie viert, of nadert tot de Heilige Communie, dan is het zulk een wonderbaarlijke neiging van het hart om voor hem te bidden, dat hij op gezegende wijze voor God moge staan,[32] en door de Heer moge worden aanvaard. Wanneer wij deze zaligheid verlangen voor onze medemensen, dan zal voorzeker ook onze eigen Communie anders zijn. Probeer het, en gij zult zien, het zal zijn alsof gij voor de eerste maal de Communie ontvangt. Soms kunnen wij niet aanwezig zijn in de Liturgie, en wij zijn in onze kamer vanwege een of andere ziekte, of vanwege een dringende werkzaamheid, maar zelfs dan, wanneer wij bidden voor onze medemensen die in de kerk zijn, en voor de priester die celebreert, dan verzeker ik u, dat gij dezelfde vertroosting zult ontvangen en dezelfde genade die uw broeders hebben ontvangen tijdens de Liturgie – want wij vormen één Lichaam. Wij moeten dus alles doen wat wij

---

[32] Archimandriet Zacharias: Het Griekse woord is hier 'parástasis' (παράστασις), dat ik (in het Engels) altijd vertaal met 'presentation' – het betekent "het staan voor God".

kunnen om de tempel Gods in stand te houden, en de gemeenschap
der genade te bewaren, die de ware aard is van de Kerk.

Van dag tot dag zouden wij een nieuw begin moeten maken.
Onze Vaders verzekeren ons, dat als wij besluiten een nieuw begin
te maken, wij op de weg des heils staan. Wij kunnen elke dag
opnieuw beginnen om de tempel Gods in onszelf op te bouwen, en
de opbouw daarvan te bevorderen in onze broeders. Door dit te
doen vervullen wij de twee grote geboden, waar alles vanaf hangt:
God lief te hebben, en Hem alle plaats te geven in onszelf, en onze
broeders lief te hebben, door Zijn woning in hen te steunen. Toen ik
een jongetje was, hoorde ik een oude dame in ons dorp tot haar zoon
zeggen: "Doe dat niet, niet omdat het immoreel of slecht is, maar
omdat gij daarmee de tempel Gods verwoest." Aldus vermaande
deze eenvoudige vrouw haar zoon om geen zonden van het vlees
te begaan: Opdat hij de tempel Gods niet zou verwoesten. Zij was
ongeletterd, maar hiermee drukte zij werkelijk een theologische en
evangelische gedachte uit – zij wilde de zonde niet, omdat de zonde
de tempel Gods verwoest. Als wij zeggen dat zonde immoreel is,
of associaal, of slecht of iets dergelijks, dan kan daar altijd een
argument tegenover worden gezet. Maar als onze geest gericht is op
de opbouw van Gods tempel, dan is dit zo waarachtig, zo werkelijk
en zo eeuwig, dat dit met geen woord te weerleggen valt. (Voor
dergelijke zaken hebben wij theologische argumenten nodig.)

De Heer heeft een universele overwinning behaald op de boze
en op de dood – de enige vijanden van de mensheid. Deze overwinning behaalde Hij op heel vreemde wijze. Hij werd vermorzeld door
de aanval en de woede van de vijand, die gedreven werd door zulk
een haat, dat hij zo mogelijk zelfs zijn beenderen vermorzeld zou
hebben. En omwille van ons werd de Heer gewond van Zijn hoofd tot
aan zijn voetzool toe, zodat er geen plek van zijn lichaam onaan-
gedaan bleef, zegt de profeet Jesaja.[33] Op zulk een realistische
wijze nam de profeet de tragische gebeurtenis waar van Gods offer
omwille van ons heil. Heel de toorn van de vijand, die zich had
opgehoopt vanaf het begin van de Val van Lucifer tot aan de Val
van de mens, viel op de Heer. En de Heer ging onder in deze golf
van haat, zonder daaraan te weerstaan; Hij aanvaardde dit alles

---

[33] Cf. Jes.1:6; zie ook Jes.63:9.

omwille van ons, omdat God de wereld zozeer liefhad.[34] Doch achter deze golf kwam Hij weer op, Hij verrees uit de dood en heerst voor eeuwig. Evenzo, wanneer er een verzoeking tegen ons oprijst, hetzij door een broeder, hetzij door een ziekte of door wat dan ook, als wij ondergaan in deze golf, door onszelf te vernederen en onze blik te vestigen op Hem die ons in deze wedloop is vóórgegaan, en Die in staat is ons barmhartigheid te bewijzen, dan zullen wij ongedeerd aan de andere kant weer boven komen, en delen in de overwinning van de Heer. Groot is niet degene die macht vertoont en zijn tegenstander vastgrijpt en op z'n plaats zet, zodat zijn eigen hoogmoed zegeviert – hij is niet groot; dit is geen overwinning, want dan zal het kwaad alleen nog maar verdubbelen, verdrievoudigen, en meer en meer toenemen. De waarachtige overwinning is in staat te zijn onder te gaan onder de golf van het kwaad, en daarachter weer boven te komen, als deelgenoot aan de overwinning des Heren. Nederigheid is overwinning.

Wij hebben dit patroon veelvuldig gezien in de verhalen over onze Vaderen – ik zal één zeer interessant, een zeer prachtig verhaal vertellen uit het leven van Abba Dorotheüs. Daar lezen wij dat een medemonnik van hem, die boven hem woonde, zijn urine over hem uitgoot, en zijn dekens vol bloedzuigende insekten boven hem uitklopte. Daar de heilige Dorotheüs vermoeid was van zijn werk voor het klooster, sliep hij 's nachts, en dan merkte hij de volgende morgen dat hij gebeten was door de insekten die zijn medemonnik boven hem had uitgeklopt. Toch zei hij nimmer een woord tegen zijn broeder, om diens geweten niet te verstoren. En misschien werd ook deze monnik, die zeer eenvoudig was, en niet wist wat hij deed, toch nog behouden door de gebeden van Abba Dorotheüs. En Abba Dorotheüs leeft nu, en bidt in alle eeuwigheid voor Gods aanschijn, en wij eren hem als onze leraar en vader.

Bij de Woestijnvaders lezen wij vele van dergelijke voorbeelden. Zij behaalden de overwinning wanneer zij op de rechterwang geslagen werden, en dan tevens de linker toekeerden, zonder zich te verweren.[35] De overwinning bestond erin te reageren in nederigheid en niet met woede: woedend worden is een vuur ontsteken,

---

[34] Joh.3:16.
[35] Cf. Mt.5:39. Zie o.a. "The Sayings of the Desert Fathers", Abba Daniël, §3.

zoals een Vader het zegt;[36] een vuur dat in één moment al de goederen verbrandt waar onze schuren mee gevuld zijn. Om deze reden
zeggen de heilige Vaders, dat zelfs wanneer wij alleen maar onszelf
rechtvaardigen – nog niet eens terugslaan – dat wij dan onze eigen
ziel haten, want door onszelf te rechtvaardigen en onze rechten te
verdedigen, behalen wij geen enkele overwinning voor onze eigen
ziel – in wezen is dit hoogmoed. En de heilige Paulus zegt: Waarom
geeft gij er niet veeleer de voorkeur aan onrecht te lijden?[37] want
daarin zult gij deelgenoot worden aan de overwinning van de Heer,
Die zegt: "Ik was dood, en zie, Ik leef in de eeuwen der eeuwen".[38]
Dit is de weg tot elke overwinning. Wij moeten onszelf niet rechtvaardigen, maar te allen tijde onszelf vernederen, en hierin zullen
wij de overwinning vinden. Laten wij klaarstaan om vergeving te
vragen, zelfs wanneer wij menen dat wij het niet zo heel erg verkeerd
hebben gedaan – en voorzeker zal dit onze broeder tot een zeker
eergevoel brengen, om rekening te houden met ons en met Gods
geboden. En zo zal hij de kracht vinden om Gods tempel op te
bouwen in zichzelf. De waarachtige overwinning is de nederigheid
te leren, en al wat wij doen in het Christelijk leven is voort te snellen
op de nederige weg des Heren – want "in Zijn nederigheid werd
Zijn oordeel weggenomen",[39] dat is, in zijn nederigheid behaalde
de Heer de overwinning.

Ik herinner me hoe iemand enige tijd geleden tegen zijn broeders
zeide: "Broeders, laten wij een regel stellen voor ons leven: Laat
ons in alles wat wij doen, in alles wat wij zeggen, in alles wat wij
denken over onze broeder, een deel liefde toevoegen – en dan
zullen wij voorzeker het grotere "deel" ontvangen van de goddelijke liefde." Dus: laten wij in alles wat wij doen, in alles wat
wij zeggen, in alles wat wij denken over onze broeder, een weinig
liefde toevoegen.

Laten wij een praktisch voorbeeld nemen: In het geval van
ziekte, hoe gaan wij onder die golf door? Door een gesprek te
openen met de Heer, zeggende: "Heer, ik weet dat Gij goed zijt, en

---

[36] Zie o.a. "The Ladder", step 8:8, p.82.
[37] Cf. 1Kor.6:7.
[38] Openb.1:18.
[39] Jes.53:8 (LXX).

dat alle goed van U afkomstig is. En als dit door U is toegestaan, dan moet dit goed voor mij zijn, maar help mij dit begrip te vinden, want ik ben blind. Help mij de nederigheid te leren, opdat ik Uw genade moge verwerven, en dan zal Uw genade mijn ziekte over-schaduwen en zelfs compenseren voor mijn tekortkomingen". Als wij onszelf vernederen, kan het vaak gebeuren dat wij niet genezen worden, maar wij zullen vertroosting ontvangen en boven onze ziekte uitstijgen, of boven welke andere moeilijkheid dan ook, en dit is de waarachtige overwinning. Als wij in onze ziekte een feest ervaren, doordat de onvergankelijke vertroosting ons overschaduwt, dan is dit beter dan het leven – "Uw barmhartigheid is beter dan alle leven", zegt de Psalm.[40]

Dus wij moeten te allen tijde leren onszelf te veroordelen: Dat wij dit bovenal verdienen; dat God dit misschien heeft toegestaan om ons iets nieuws te leren (wij moeten altijd proberen iets nieuws te leren in onze relatie met de Heer); dat God dit misschien heeft toegestaan om ons te herinneren aan de nederige weg die wij zouden moeten volgen. Wij moeten geloven dat dit bedoeld is om ons ten goede te komen, en zelfs wanneer wij dit niet zien, kunnen wij God vragen ons dit te tonen. Maar God blijft voor immer gezegend, zoals vader Sophrony ons leerde. Dat de Heer gezegend blijft, omdat Hij goed is, is een constante factor in ons leven. (Zoals wij in de wiskunde constanten hebben, die wij aan de formules toevoegen, evenzo is het in ons geestelijk leven: dat God altijd rechtvaardig is, en goed, en voor immer gezegend.) Dan, terwijl wij deze gedachte vasthouden, moeten wij daar omheen blijven cirkelen als om een stevige pilaar, totdat wij het goede inzien van onze ziekte; en zelfs wanneer wij dit niet zien, maar onszelf vernederen, zullen wij daar nut van hebben. Als wij de weg des Heren overwegen, dan zullen wij zien wat er op deze weg geleden wordt, en wij zullen ons bewust worden van hetgeen kostbaar is in Zijn ogen. Dit is waarom te lijden met een goed geweten voor het aanschijn des Heren – dat is, omwille van Zijn gebod – grote heerlijkheid heeft, zoals de heilige Petrus zegt.[41] Maar als wij onszelf vernederen, dan kan elk soort lijden dat in overeenstemming is

---

[40] LXX Ps.62:4 (63:3/4).
[41] Cf. 1Petr.2:20; 4:13; 5:10.

met Zijn gebod, worden omgevormd tot een bron van genade voor ons, en daardoor zullen wij de heerlijkheid ontvangen.

In al de Evangelie-lezingen voor de zondagen voorafgaand aan de Grote Vasten – van de Farizeeër en de Tollenaar,[42] van de Verloren zoon, van de Talenten, van het Laatste Oordeel – zien wij dat heel de mensheid verdeeld is in twee categorieën: diegenen die zichzelf rechtvaardigen, en diegenen die de schuld op zichzelf nemen. Degene die in staat zijn de schuld op zichzelf te nemen, staan met vrijmoedigheid voor het aanschijn des Heren. Degenen die ijverig gewerkt hadden met de talenten, zeiden bijvoorbeeld: "Heer, zie, ik heb er zoveel talenten bij gewonnen" – en telkens verheerlijkte de Heer hen. Maar Hij veroordeelt degenen die zichzelf rechtvaardigen. Deze twee houdingen die wij vinden in de twee categorieën van de mensheid, zijn de houdingen die ons tot voorbij het graf zullen vergezellen. Het is daarom goed om de juiste houding te cultiveren terwijl wij nog in dit leven zijn: want wij zien dat op de Dag des oordeels degenen die aan de rechterhand des Heren staan voortgaan zichzelf te veroordelen, terwijl degenen aan de linkerhand voortgaan zichzelf te rechtvaardigen. Wij zien dus dat het eeuwige leven niets anders is dan onze relatie met de Heer, die hier en nu begint, en die in de eeuwigheid op nog stralender en volmaakter wijze zal worden voortgezet. Het is dus belangrijk zulke goede houdingen te verwerven, die ons in staat stellen in aanwezigheid van de Heer te staan.

Derhalve, als wij onze onsterfelijke ziel liefhebben – niet het kwaad dat onze ziel geworden is, en dat wij zouden moeten haten – dan zullen wij nimmer onszelf rechtvaardigen, maar te allen tijde onszelf voor Gods aanschijn veroordelen, en door zo te doen vervullen wij al de geboden. De Heer zeide – ik herhaal dit vers, dat zulk een indruk op mij gemaakt heeft, dat ik het niet kan helpen dit te herhalen: "Zelfs wanneer gij al de geboden vervuld zult hebben, zeg dan tot uzelf, dat gij nutteloze dienstknechten zijt; gij hebt slechts gedaan wat gij schuldig waart te doen, en niets

---

[42] M.b.t. dit Evangelie spreekt vader Zacharias hier over "de Farizeeër en de Tollenaar", naar de volgorde in Lk.18:10 – daarom ook aldus vertaald. De zondag in het Kerkelijk jaar waarop dit Evangelie gelezen wordt, is meer algemeen bekend als "de zondag van de Tollenaar en de Farizeeër". *Noot vert.*

meer".[43] Alleen wanneer wij op deze wijze handelen, maken wij
ruimte voor God om in ons te werken. Het begin is altijd moeilijk,
maar als wij in het begin volharden, dan zal de vertroosting der
genade komen. Deze vertroosting zal voor ons gaan werken, en dan
wordt de weg gemakkelijk – zoals de heilige Paulus zegt: "Ik heb
meer gearbeid dan al de apostelen; of veeleer, de genade Gods in
mij".[44] Dan vinden wij grote rust, grote troost op de weg, omdat
wij beginnen te leren van de Geest van onze enige Leermeester,
dat is; Christus[45] – om door onze goedertieren Heer Zelf te worden
ingeleid in de nieuwheid des levens.[46] Vergeef mij.

Vragen & Antwoorden

Vraag 1: Vader, u heeft gezegd dat wrok de tempel Gods in
anderen verwoest. Kunt u ons enige raad geven voor het geval,
waarin mensen werkelijk een trauma in hun leven ervaren, misschien
door mishandeling of misbruik, of iets dergelijks – wat het zeer
moeilijk maakt om de wrok te overwinnen. Welke raad zou u
geven aan mensen die door anderen gewond zijn; hoe kunnen zij
vrij zijn van die wrok?

Antwoord: Heel eenvoudig. Door degene die hen misbruikt
heeft te vergeven, en zelfs voor hem te bidden, en hun eigen leven
aan te bevelen aan God, Die de werkelijke Beloner is. Ik heb in mijn
kort en armzalig dienstwerk veel mensen ontmoet die misbruikt
waren, zelfs door leden van hun eigen familie. En degenen die in
staat waren hen vanuit heel hun hart te vergeven, en voor deze
mensen te bidden, waren daarna in staat hen te ontmoeten alsof er
niets gebeurd was. En ik ken een geval van een meisje dat misbruikt
was door haar broer, en die hem niet alleen vergaf, maar zelfs vurig
voor hem bad – en God genas haar volledig en haar broeder kwam
bij zinnen en bekeerde zich, en nu leeft hij als een waarachtig
Christen. En ik heb anderen ontmoet, die zo bitter waren, en geen
andere weg kenden dan bitter te zijn tegen deze of gene onder hun

---

[43] Cf. Lk.17:10.
[44] Cf. 1Kor.15:10.
[45] Mt.23:8,10.
[46] Rom.6:4.

eigen familieleden die hen op een of andere manier mishandeld had. Vergeven en bidden is de genezing van de wrok. Ik weet zelfs van kleine gebeurtenissen van deze aard: Ik kende twee monialen, waarvan de één vermoedde dat de andere zuster haar niet mocht. En haar geestelijke vader zeide tot haar: "Bid aldus: 'Heer, spreek tot het hart van mijn zuster: Dat ik haar liefheb'. En vervolgens verdween de kilheid die mogelijk tussen hen bestaan had, en de relatie werd zeer zusterlijk, nederig en vrij. Vergeven en bidden, en onszelf aan God aanbevelen Die de Geneesheer van allen is.

Een aanvullende reactie: Geen vraag, maar een verhaal. U kent dit verhaal allemaal – het gebeurde enkele jaren geleden in Pennsylvania. Ik meen dat het een Mennonitische school was, een meisjesschool, met vrouwelijke leraren... De man die de vuile daad beging werd gegrepen – en het was nogal wat, moord en aanranding, van kinderen en onderwijzeres. De begrafenis werd gehouden, en de familieleden van die man kwamen naar de begrafenissen om hun berouw te tonen voor deze man, en in contact te komen met deze mensen. En de mensen die betrokken waren bij deze tragedie vergaven de familie; zij vergaven de man volledig, volstrekt. En dat maakte een einde aan de woede en de toorn in die dagen, in die plaats. Dus het is werkelijkheid.

Vraag 2: In verband met wat zojuist gezegd is: Ooit vertelde iemand mij, dat zij misbruikt was door een familielid; en zij wilde dat die ander, die haar misbruikt had, dat zou toegeven. Als mensen misbruikt zijn, moeten zij dan de andere persoon benaderen, en verwachten dat die andere persoon toegeeft: "Ik heb verkeerd gedaan", en zeggen dat hij daar spijt van heeft?

Deze vrouw heeft nu problemen in haar relatie met die andere persoon, en het valt haar moeilijk de ander te vergeven, omdat degene die haar misbruikt heeft dit ontkent, en niet wil toegeven wat er gebeurd is... Zou deze persoon dat moeten verwachten, of toch enkel vergeven, zonder dat de ander zijn misbruik toegeeft?

Antwoord: Wij kunnen andere mensen niet veranderen. Het is genoeg om zelf de juiste houding te hebben, om zelf correct te zijn. Wij laten de zaak aan God over. Dit is niet aan ons... Onze taak is onszelf te veranderen, niet de anderen.

6

De ziel vetmesten door hesychia en tranen

Ter inleiding

ergeef mij wederom mijn vrijmoedigheid, en dank u voor uw grootmoedige welwillendheid om mij aan te horen. Sayedna[1] heeft gezegd dat wij morgen de Liturgie zullen vieren, min of meer zoals wij dat in ons klooster doen. En ik had gedacht u vanavond één van de voordrachten voor te lezen zoals wij die gewoonlijk in het klooster houden voor de broeders, elke maandagmorgen. En dan kunt gij u voorstellen dat gij in ons klooster zijt, en deelt in de ontmoeting met onze broeders – dat ik nu spreek tot mijn broeders, zoals ik dat gewoonlijk doe...

Deze voordracht is een transcriptie van één van zulke voordrachten. Het thema is: het 'vetmesten' van de ziel door de hesychia. Dit idee kwam tot mij door een woord van de heilige Gregorius de Theoloog, uit zijn homilie voor Kerstmis, waarin hij zegt dat het Woord 'vet gemaakt wordt':[2] het wordt stoffelijk, tastbaar. En onze ziel wordt 'vetgemest' door middel van Gods genade, en daardoor wordt zij zichtbaar voor de hemelen...

De ziel vetmesten door hesychia en tranen

Vader Sophrony zei ooit, dat wij elk werk moeten beginnen door

---

Dit hoofdstuk komt gedeeltelijk overeen met hoofdstuk IV.7 in «ΤΟ ΧΑΡΑΓΜΑ ΤΟΥ ΧΡΙΣΤΟΥ...» (NL: "Het zegelbeeld van Christus...").

[1] Aanspreektitel van de Bisschop in het Antiocheens diocees waar zij zich bevonden (een equivalent van het Russische 'vladyko'). *Noot vert.*

[2] Deze in de Engelse en Nederlandse taal nogal ongewone uitdrukking gaat terug op het Grieks, met als wortel het woord *'pachys'* (παχύς) dat o.a. 'vet' of 'dik' betekent, maar ook in bredere zin wordt toegepast – m.b.t. de Vleeswording van het Woord Gods dus als aanduiding van de tastbare materie. De brede betekenis van het Grieks gaf aanleiding tot de inspiratie van genoemde idee van het 'vet maken' of 'vetmesten' van de ziel door de verwerving van Gods genade – hetgeen immers, in eeuwige zin, het enige is wat werkelijk substantieel is. *Noot vert.*

het teken van het Kruis te maken. "Elk werk begint hier", zeide hij (waarbij hij naar zijn voorhoofd wees, waar wij het kruisteken beginnen) – dat wil zeggen, wij beginnen met het aanroepen van Gods Naam. Op die manier beginnen wij elk werk met de gedachte aan God – in dankzegging, en smekend om Zijn barmhartigheid. En als wij de geschiedenis van het heil beschouwen, dan zien wij dat dit inderdaad vanaf den beginne zo geweest is. Nadat God Zijn schepping voleindigd had, trad Hij binnen in Zijn eeuwige Sabbat, Zijn eeuwige rust – wat betekent, dat Hij Zijn schepping verzegelde met het zegel van de volmaaktheid van Zijn Heilige Geest. En door heel de geschiedenis van ons geloof heen zien wij, dat niets ooit volbracht werd zonder dat dit werd voorafgegaan door een specifiek soort gebed. Dit wordt reeds in het Oude Testament op volmaakte wijze uitgedrukt: "Weest stil, en weet dat Ik God ben".[3] Reeds toen was deze wondere en bijzondere stilte van groot belang voor het voltrekken van een werk van God.

Daarenboven bemerken wij, dat heel de aard van onze Kerk daardoor getekend is. Wij hebben bijvoorbeeld de zondag. Op deze dag des Heren, zoals werd voorgeschreven in het Oude Testament en werd bevestigd in het Nieuwe, rusten wij van alle uiterlijke lichamelijke werken, om te verblijven in Gods aanwezigheid, in gebed en in diepe overweging van Zijn woorden. Dit verzamelt in ons de kracht, de genade van de Heilige Geest, om de rest van de week allerlei externe activiteiten op meer passende wijze te kunnen verrichten.[4] En dit geldt ook voor elk Feest. De ziel van het Feest is de Persoon voor Wie wij in gebed staan, en van Wie wij de genade van de Heilige Geest ontvangen.[5] De Kerk heeft de zondagen ingesteld, zodat wij kracht zouden mogen verzamelen om het werk van de rest van de week te kunnen doen. Niettemin heeft de Kerk door het jaar heen ook Feesten ingesteld, om dit verschijnsel te versterken – want, ondergedompeld als wij

---

[3] LXX Ps.45:11 (46:10/11).

[4] D.w.z. in Gods aanwezigheid, wat het uiteindelijke doel is van ons leven. *Noot vert.*

[5] Uiteraard blijft God Zelf de enige Bron van de goddelijke genade. De heiligen functioneren in dit verband als het heetgloeiend ijzer, dat zijn vurigheid ontleend aan het vuur waarin het verblijft – waardoor het zelf tot licht en vuur wordt, en zelfs anderen kan doen ontvlammen. Aldus, door hun gebeden, worden ook de gelovigen deelgenoot aan hun genadegaven. *Noot vert.*

zijn in het tumult van deze wereld, als in een zee van zorgen, verliezen wij gemakkelijk de kracht Gods die wij met zoveel moeite hadden verzameld.

Door de vele Feesten wordt ons de gelegenheid geschonken meer intens geestelijk werk te verrichten, stil te zijn en deze kostbare perioden van stilte te cultiveren – zoals wij dat op zondag doen – en zo Gods hulp te ontvangen, die ons in staat stelt Hem nog diepgaander te kennen. Doch wij zullen niet alleen God leren kennen; wij zullen ook onszelf leren kennen. Deze stilte zal ons in staat stellen voor de donkere afgrond te staan die wij in ons dragen – van al de vuiligheid die wij in onze harten vergaderd hebben. Vader Sophrony schouwde te allen tijde zijn innerlijke afgrond, die roept tot de afgrond van Gods barmhartigheid: "Afgrond roept tot afgrond", zegt de Psalm.[6] Wij verblijven in stilte om kennis te verwerven van onze innerlijke duistere afgrond, en om de moed te vinden met heel onze kracht te roepen tot de afgrond van Gods barmhartigheid. Doch zonder deze stilte zullen wij deze heldere blik nimmer bezitten.

In één van de spreuken van de Woestijnvaders wordt gezegd, dat onze ziel is als een vat met modderig water. Wanneer dit in beroering is, dan kunnen wij niet werkelijk zien wat hier precies in zit, en hoeveel modder het bevat. Maar wanneer wij het laten staan zodat het stil wordt, dan zal het vuil bezinken, met daarboven kristalhelder water. Wij hebben de stilte nodig om deze heldere visie te verwerven. Maar bovenal hebben wij de kracht nodig om deze visie te dragen, en dan te kunnen roepen vanuit de bodem van deze put van verderf waarin wij verzonken zijn, vanwege de zonde die in deze wereld regeert. In vele hymnen van de Kerk herhalen wij: "Leid mijn ziel omhoog vanuit de diepte van het verderf, vanuit de diepte van het kwaad, o Heer..."[7] Ja, wij hebben deze stilte nodig om God te kennen, en door Hem onszelf te kennen – om onze armoede te kennen, en dan in staat te zijn uit te roepen en te wenen, en ons diepgaand te bekeren, om ons op passende wijze te kunnen richten tot "de Vader van alle mededogen en de God van alle vertroosting".[8]

---

[6] LXX Ps.41:8 (42:7/8).
[7] Zie bv. de Grote Canon van Andreas van Kreta, 6e Irmos.
[8] 2Kor.1:3.

Maar dit patroon van stilte en de kennis die daarop volgt, is ook het programma voor ons dagelijks leven. Om deze reden offeren wij de eerste ogenblikken van onze dag door voor Gods aanschijn te staan, en Hem te verheerlijken en dank te zeggen, zoveel wij maar kunnen. Dan leggen wij Hem al onze beden voor, en wij verzamelen een bijzondere en wondere energie in ons hart, die ons in staat stelt de dag te doorlopen met zo min mogelijk zonde, en het werk dat ons is toebedeeld zo goed mogelijk te doen. Het programma van het dagelijks leven in onze Kerk weerspiegelt dit woord van de Heer: "Wees stil, en weet dat Ik God ben". Dat is, weest stil in de vroege morgen, om de genade en de energie van de Heilige Geest te verzamelen, om de dag door te brengen zonder zonde: "Verwaardig ons, o Heer, deze dag zonder zonde bewaard te blijven", bidden wij. Weest stil in de avond, om de nacht door te brengen zonder verontrust te worden. Wees stil in de nacht, om vrij te blijven van de verzoeking en om datgene te bewaren waarvoor wij gedurende de dag hebben gezwoegd – terwijl wij ons overgeven aan de slaap als waren wij doden. "Wees stil, en weet dat Ik God ben".

Het voorbeeld van deze stilte werd ons door God gegeven in het Oude Testament, toen Hij op de zevende dag van de schepping inging in Zijn grote en eeuwige Sabbat – dat wil zeggen, Hij verzegelde Zijn schepping met het zegel van de genade van de Heilige Geest, om Zijn voorzienigheid daarover uit te spreiden op volmaakte en exacte wijze. Wij zien de verschijnselen in de wereld om ons heen, en wij menen dat dit natuurwetten zijn. De zon gaat op, en verwarmt de schepping; in de avond gaat de zon onder; of er komt regen... Maar dit zijn geen natuurwetten; het is Zijn voorzienigheid die werkzaam is met grote volmaaktheid en exactheid. In werkelijkheid is dit wat de Heer zegt in het Evangelie bij monde van Johannes: "Mijn Vader werkt tot nu toe, en ook Ik werk".[9] Het is de persoonlijke zorg van de Vader voor de schepping, Die vanaf den beginne de wereld heeft geschapen door de Zoon, en haar vervolmaakt heeft door de Heilige Geest. Eén van de heiligen van de tweede eeuw, de grote hiëromartelaar Ignatius van Antiochië, zegt dat de Zoon van God geboren werd uit de stilte van de Vader. Dus het Woord van God Zelve werd

---

[9] Joh.5:17.

geboren uit de stilte van de Vader, en kwam later in eigen Persoon op aarde. En de heilige Moeder Gods ontving de vreugdevolle tijding toen zij in stilte verbleef in het Heilige der Heiligen, terwijl zij bad met heel haar intellect en heel haar hart. Het is toen, dat de Aartsengel nederdaalde om haar de (eerste) goede tijding te brengen.[10] Dus ook Zijn komst in deze wereld wordt voorafgegaan door de stilte. Hij wordt ontvangen in de stilte van de heilige Maagd, en Hij wordt geboren in het verborgene, in de grot te Bethlehem – zoals gezegd wordt in één van de troparia bij de lezingen van de profetieën, met Kerstmis: "In het verborgene werd Gij geboren in de grot..."[11]

Wij zien dus dat de stilte te allen tijde het leven van onze Heiland vergezelde. Niet dat Hij enige nood had om te bidden, want als Zoon van God was Hij altijd met de Vader verenigd, en het was voldoende voor Hem om een enkel woord te uiten, en het was een feit – het werd werkelijkheid. Niettemin zien wij vaak dat Hij Zich terugtrekt op de Olijfberg om te bidden; vaak zien wij Hem in gebed gedurende de nacht, om Zijn leerlingen een voorbeeld te geven. En wanneer Hij dan uit die stilte van de berg te voorschijn kwam, dan gaf Hij zulke uitspraken, zulke woorden – die de kracht en de wijsheid van God zijn voor onze wedergeboorte en ons heil. (Ik denk hier aan de drie hoofdstukken in het Mattheüs-evangelie, vijf, zes en zeven: Zijn 'Bergrede'.)

In de homilie van vader Sophrony over de Transfiguratie vinden wij een betekenisvol detail, dat toont dat de Oudvader een hesychast was, en dat hij tijdens zijn leven dit mysterie kende van de hesychia, die vooraf gaat aan elk woord of elke handeling. (Bedenk alstublieft dat ik hier tot mijn broeders spreek – en vergeef mij dus, dat ik op die manier over vader Sophrony spreek.) Hij zegt, dat de Heer gedurende de gehele week voorafgaand aan de Transfiguratie geen wonder verrichtte en geen woord uitte. Maar Hij nam Zijn leerlingen terzijde en bad. Toen ging Hij samen met hen op tot de

---

[10] Voor een nadere bespreking van dit thema, in verwijzing naar een homilie van de heilige Gregorius Palamas, zie o.a. "Weest ook gij uitgebreid", hfst.9/Appendix I: "De weg van Christus" (NL p.261-262).

[11] Troparion na de 3e profetie (Micha 4:6-7; 5:1-13), in de Vespers & Basilius-Liturgie aan de vooravond van het Feest: «Λαθὼν ἐτέχθης ὑπὸ τὸ σπήλαιον».

berg Thabor, en openbaarde Zijn heerlijkheid in hun tegenwoordigheid. Heel die week arbeidde Hij, om hen in staat te stellen Zijn
heerlijkheid te zien – "voor zover hun mogelijk was", zoals wij
zingen in het troparion van de Transfiguratie.

Wij zien dus hoe dit mysterie van de stilte, dit mysterie van de
hesychia, geopenbaard wordt gedurende heel het leven en al de
werken van de Heer. Tenzij de mens tijd maakt om in stilte te
verblijven in Gods aanwezigheid, zal Diens levenschenkende
aanwezigheid hem niet herboren doen worden. In de Brief aan de
Thessalonicensen wordt ons verteld, dat deze aanwezigheid van
God op de laatste Dag de geest van de boze zal verteren.[12] Maar
deze aanwezigheid zal de kracht van de boze die ons hart omringt
en verdrukt niet verteren, tenzij wij verblijven in Gods aanwezigheid, in stilte, met één enkele gedachte – die in feite een tweevoudige
gedachte is, waarin twee tegengestelden bijeengehouden worden:
zowel de gedachte aan God als aan onze eigen erbarmelijkheid.
Zonder deze hesychia zal dit de schaal van ons hart niet verbreken,
opdat ons hart zich wijd moge openen voor de Geest van God.

De openbaring van onze God – zowel in het Oude Testament,
zonder het vlees, als in het Nieuwe Testament, in het vlees – leert
ons dat dit mysterie van de stilte een alomvattend mysterie is, dat
door de Profeet op waarlijk axiomatische wijze gesteld werd: "Wees
stil, en weet dat Ik God ben". Dit is de geest van al de Diensten
van onze Kerk, van de zondagen en van de Feesten. Dit wordt
prachtig uitgedrukt in het Cherubikon van de Grote en Heilige
Zaterdag,[13] dat zegt: "Laat alle sterflijk vlees stilzwijgen, en met met
vreze en beving staan, en niets aards in zichzelf meer denken..." –
maar slechts één gedachte hebben, en geen enkele andere: "Want
de Koning der koningen, de Heer der heersers nadert ter slachting,
en geeft Zichzelf tot Spijze aan de gelovigen". En dan vervolgt
het: "Vóór Hem uit gaan de Koren der Engelen, met al de
Vorstendommen en de Machten, met de veel-ogige Cherubim en
de zesvleugelige Serafim, terwijl zij hun gelaat bedekken en
zingend uitroepen: Alleluia, alleluia, alleluia."

"Laat alle sterfelijk vlees stilzwijgen, en met vreze en beving

---

[12] Cf. 2Thess.2:8.
[13] In onze streken ook wel "Stille Zaterdag" genoemd. *Noot vert.*

staan..." – laat ons stil zijn, want anders zullen wij het grote mysterie van ons heil niet kunnen verstaan; het mysterie van Hem Die op de derde dag geboren werd uit het graf als de nieuwe hemelse Mens.

Aan het begin van de schepping broedde de Geest Gods in stilte boven de afgrond van het 'niet-zijn', en plotseling bracht Hij de gehele schepping tot leven. Wij zien dat dit mysterie – stil te zijn en God te kennen – door heel de heilsgeschiedenis heen werkzaam is, zowel in het Oude als in het Nieuwe Testament, in het leven van de profeten, van Gods heiligen, zelfs in het leven van de heiligen tot op onze dag toe, en in het leven van onze eigen Vaderen. Jakob worstelde de gehele nacht in stilte, om binnen te treden in Gods aanwezigheid, totdat God het zegel van Zijn bescherming op hem afdrukte, waardoor hij in staat was uit te gaan en de beestachtige Esau te ontmoeten, die met een leger naar hem op jacht was.[14] Mozes bewaarde veertig dagen lang de stilte met Israël, waarna hij binnentrad in de lichtende duisternis van de heerlijkheid Gods.[15] Jozua verbleef zeven dagen lang in stilte met zijn volk rond de muren van Jericho, en op de zevende dag klonk de bazuin, en de muren vielen.[16] Onnodig te zeggen, dat wanneer Mozes en de Israëlieten, of Jozua en het volk Israël, in stilte verbleven, zij niet enkel passief in ledigheid zaten zonder enige gedachte, maar zij hielden hun aandacht gericht op één enkele gedachte, zoals wij leren van de hymne van de Grote Zaterdag: de gedachte aan God, het aanroepen van Zijn kracht, de smeekbede om het wonder van Zijn aanwezigheid. Job bewaarde zeven dagen lang de stilte tegenover de oppervlakkige woorden van zijn vrienden, de theologen van zijn tijd.[17] En op de zevende dag was zijn woord als de donder.[18] Toen drong hij door tot het mysterie van God, en hij uitte dingen die niet te bevatten waren voor het logisch intellect van de theologen van zijn tijd. Zij waren niet in staat te begrijpen dat God Job zoveel leed zou berokkenen. Job zelf trachtte de oordelen van God te bevatten.

---

[14] Gen.32:24.
[15] Ex.24:18.
[16] Joz.6:1-20, m.n. vs.10.
[17] Job.2:13.
[18] Job.3:1vv.

Zoals later zou blijken, maakte God door Job de vijand van de mensheid, de duivel, te schande. En Jobs stilte gedurende die zeven dagen was van dien aard, dat toen hij sprak zijn woorden waren als de donder. Elia liep veertig dagen lang, van Galilea naar de Berg Horeb.[19] Ook hij liep niet op z'n gemak, maar in grote spanning, waarbij hij vasthield aan de éne gedachte aan God. Hij overwoog: "Dat God mij roept tot zulk een verafgelegen plaats betekent misschien dat mij iets vergelijkbaars zou kunnen gebeuren als met Mozes is geschied". En inderdaad, na die veertig dagen voortwandelen in stilte, bracht God een stormwind, een aardbeving en vuur, en tenslotte de kleine, stille stem van de hemel, waarin God aanwezig was.[20] Zoals wij reeds genoemd hebben, ontving de heilige Maagd de bovennatuurlijke, vreugdevolle tijding van de aartsengel Gabriël terwijl zij in stilte verbleef in het Heilige der Heiligen. En ditzelfde mysterie zet zich ook voort na de Opstanding voort: De apostelen waren allen tezamen bijeenvergaderd, één van ziel en één van geest in het gebed, en in het breken van het brood. Dat is, in de vurige verwachting van Hem Die beloofd had, dat Hij hen de "andere Trooster" zou zenden, de Geest der waarheid,[21] de "belofte van de Vader",[22] om voor altijd mét hen te zijn, tot aan het einde der wereld.[23] En toen de grote dag van Pinksteren kwam, werd het dak van de opperzaal te Sion opgelicht, en zij ontvingen de nieuwe Wet: de wet van de Geest,[24] geschreven in hun eigen vlees.[25] Wederom was dit het resultaat van stilte en gebed.

En dit zien wij niet alleen in het leven van de grote mensen Gods die in de Schriften worden genoemd, maar ook in het leven van de heiligen. Wij lezen in de Woestijnvaders, dat voordat zij naar de Liturgie gingen en de Communie ontvingen (in de woestijn hadden zij slechts éénmaal per week Liturgie), dan was het allerlaatste wat zij deden, één uur in stilte te verblijven en op hun hart te letten om te zien of hen een vreemde gedachte zou naderen, om zich daarvan

---

[19] 1Kon.19:8.
[20] Cf. 1Kon.19:11-12.
[21] Joh.14:17; 15:26; 16:13.
[22] Hand.1:4.
[23] Cf. Mt.28:20.
[24] Rom.8:2.
[25] Cf. 2Kor.3:3.

te bekeren. Dan ontvingen zij de heilige Communie in het besef van hun uiterste ontoereikendheid, nutteloosheid en onwaardigheid tegenover zulk een Gave. Dit was hun oefening, om een uur lang in stilte te zitten en hun hart te bezien, wat hen de zelfkennis bracht om de geest van berouwvolle bekering te kunnen bewaren, om zo in staat te zijn zich te richten tot de God der barmhartigheid, de God van alle vertroosting.[26] Gedurende het leven van onze grote Vader, de heilige Silouan, wordt dit mysterie meermalen ontsloten – en zeer intens in zijn ontmoeting met vader Stratonik. De vaders van het Oude Russikon hadden voor vader Stratonik geregeld om de heilige Silouan te ontmoeten. De heilige Silouan bleef de hele nacht op om God te smeken hun ontmoeting te zegenen, opdat aan hen beiden zou worden geschonken een woord te uiten, dat iets zou openbaren van de wondere wereld van Gods geest. En gij herinnert u, uit het boek, wat er volgde: De heilige Silouan zeide, dat de volmaakten – die het mysterie van de stilte kennen – niets uit zichzelf zeggen, maar alleen datgene wat de Heilige Geest hen ingeeft. Met andere woorden, de volmaakten uiten alleen die dingen die de Heilige Geest spreekt in hun hart.[27] De heilige Silouan paste dit zijn gehele leven op zichzelf toe. Vader Sophrony kende ditzelfde mysterie, en hij bad er altijd voor dat dit werkzaam mocht zijn. Hij schreef een gebed voor de geestelijke vader, dat hij bad voordat hij iemand zou ontmoeten, opdat het mysterie van Gods woord in hem werkzaam mocht zijn en hij een woord zou mogen overdragen voor de wedergeboorte van de andere persoon.[28] Vader Sophrony leefde in een klein huisje naast het klooster. Soms ging ik daarheen om hem van Ambergate (dat was de naam van zijn huis) naar het klooster te brengen om de mensen te zien – dat neemt twee minuten in beslag. Ik had die kans willen waarnemen om enkele van mijn gedachten te uiten, of hem iets te vragen wat ik nodig had. Maar op een dag zeide hij tot mij: "Stop. Ik kan nu niet spreken. Mijn geest is nu in die persoon die ik zo meteen zal zien." Ik begreep dat hij aan het bidden was. Vaak kwam ik zijn kamer binnen, en dan

---

[26] Cf. 2Kor.1:3.

[27] Zie "Saint Silouan", GK p.70, EN p.57, NL p.69.

[28] Voor een Nederlandse vertaling van dit gebed, zie het Appendix in "Christus, onze Weg en ons Leven" (ook te vinden in de Griekse editie van "On Prayer", p.252-253).

vond ik hem leunend op het meubelstuk dat voor zijn iconen stond, en dan nam ik hem bij de arm en bracht hem naar de mensen, en altijd was hij onderweg aan het bidden voor die ontmoeting. Hij sprak niet met mij, want zijn geest was gericht op de persoon die hij wilde helpen. Dit is hoe hij altijd een woord had, dat een geweldig effect had op de mensen die hij ontmoette. En zo bewerkte hij het grote wonder waar hij zo vurig naar verlangde: de wedergeboorte van de mensen, de vereniging van het hart van de mens met de Geest van God. En zelfs wanneer hij soms gebeden las en er geen wonder van genezing plaatsvond, maar de ziel van de mens genezen werd, dan verheugde hij zich daar ten zeerste over – en zelfs nog meer (dan over de lichamelijke genezing).

"Wees stil, en weet dat Ik God ben". En de profeet Jeremia zegt: "Heer, ken mij en ik zal kennen..."[29] – dat wil zeggen, "Wees stil, en ken uzelf". Met andere woorden, alleen wanneer God Zichzelf aan ons doet kennen door Zijn genade, zijn wij in staat onszelf te kennen in alle helderheid.

En dit mysterie van de stilte is ook in ons dagelijks leven werkzaam, op subtiele doch effectieve wijze, wanneer wij bidden voordat wij elkaar ontmoeten. Wij bidden voor de persoon die wij zullen ontmoeten en vragen God om het hart van die persoon te vervullen met de verzekering van vrede en genade, zodat God in die ontmoeting Zijn wil moge openbaren. En in mijn armzalig en kort dienstwerk is het vele malen gebeurd, dat wanneer iemand met overtuiging vanuit zijn hart bad voor zijn medemens met wie hij een misverstand of moeilijkheid had, dat hun ontmoeting daarna gezegend was en zonder moeilijkheden, en elk misverstand werd uitgewist.

Wij priesters missen vaak die wondere intocht in Gods aanwezigheid tijdens het Gewijde Mysterie van de Anaphora, omdat wij niet lang genoeg in Gods aanwezigheid hebben verkeerd voordat wij naar de Dienst komen. En ditzelfde geldt voor de heilige Communie, als wij onszelf niet in stilte hebben onderzocht, als wij niet de overige Diensten hebben gevierd die ons gemeenschappelijk leven voorschrijft. Ik weet het, soms zijn wij ziek, maar laten wij ons daaraan houden voor zover wij daartoe in staat zijn. Als wij niet in

---

[29] Cf. Jer.11:18 (LXX).

stilte verbleven zijn zoals ons dat betaamt, dan missen wij de kracht van de heilige Communie, die in wezen een gemeenschap is in de genade van Christus, een gemeenschap aan de genadegaven van al de heiligen. Dit is waarom vader Sophrony ons aanraadde onszelf voor te bereiden voordat wij naar de Liturgie gaan, en voorafgaand aan alle Diensten, zoveel als ons maar mogelijk is: een half uur, een uur, zoveel als ieder zou kunnen bieden, juist om deze stilte niet te verliezen. Als wij in onszelf voldoende geweend hebben, dan zal dit ons de kracht schenken het noëtische gebed ook in de kerk voort te zeggen, wij zullen gereed zijn wanneer wij naar de kerk komen. Dan openen wij onze mond, en wij trekken Gods Geest aan. Wij behoeven onze mond niet eens te openen, maar innerlijk roepen wij Zijn Naam aan, en daar is de Heer, krachtig aanwezig bij elke aanroep, en stil verheugen wij ons in de Dienst, die dan zelfs kort lijkt.

Vader Sophrony zeide een keer tot mij: "Probeer de hesychia te beoefenen, al is het maar voor tien, vijftien minuten" – dat wil zeggen, nadat gij uw voorbereidings-gebeden hebt gedaan en al het overige.[30] Als wij aandachtig bidden is de vrucht hetzelfde voor zowel het uitgesproken als het stille gebed. Niettemin zei vader Sophrony tegen mij: "Probeer te leren om in stilte te verblijven, in het innerlijk aanroepen van God, waarbij gij uw intellect in uw hart houdt in Zijn aanwezigheid, al is het maar voor tien minuten, na uw gebruikelijke gebeden." Vader Sophrony was een hesychast, en hij kende de kracht van dit mysterie. Als hij zo gretig was om ons aan te moedigen in onszelf te wenen, dan is dat omdat hij wist dat het wenen geschiedt met één gedachte, en dat dit een wondere kalmte brengt over het hart, over de ziel. Met die kalmte na het wenen voor Gods aanschijn in berouwvolle bekering, volgen verborgen bezoeken van het Woord Gods aan het hart.

Ik kwam deze idee voor het eerst tegen in de heilige Johannes van Karpathos, en ik vind dit zeer schoon. Al de Vaders wisten dat er geen werkelijk volmaakte hesychia kan bestaan zonder te wenen voor Gods aanschijn, want wanneer wij wenen dan worden wij stil. Alle ontsteldheid, alle beroering van gedachten verdwijnt, en alleen de gedachte aan God blijft over. En in die staat, met maar

---

[30] D.w.z. heel uw gebedsregel. *Noot vert.*

één gedachte – de gedachte aan God – zijn wij in staat de mystieke bezoeken van het Woord Gods te ontvangen. De heilige Johannes van Karpathos verduidelijkt dit als volgt: "De demonen, in hun boosaardigheid, doen de onreine hartstochten in ons herleven en opvlammen, en maken dat deze zich vermeerderen en vermenigvuldigen. Maar de bezoeken van de goddelijke Logos, vooral wanneer deze vergezeld gaan van onze tranen, heffen de hartstochten op en doden deze, zelfs die welke zeer diep geworteld zijn. Gaandeweg reduceren deze bezoeken de vernietigende en zondige neigingen van ziel en lichaam tot er niets van overblijft, vooropgesteld dat wij niet verslappen, maar stevig vasthouden aan de Heer door gebed en in een hoop die nimmer aflaat en niet zal worden beschaamd."[31]

"Het bezoek van de goddelijke Logos, vooral wanneer dit vergezeld gaat van onze tranen..." – dat wil zeggen, de Logos van God bezoekt de mens in de verbrokenheid van zijn hart. De 'Logos' betekent hier de energie van Christus, de energie van het woord van Christus. Soms betekent het woord 'logos' de Persoon van Christus, de tweede Hypostase van de Heilige Drieëenheid, en soms betekent het de energie van Zijn Persoon. Wanneer de Schrift zegt, dat de gehele wereld tot het zijn werd gebracht door Zijn woord, dan betreft dit Zijn energie. Maar wanneer wij zeggen: "In den beginne was het Woord"[32] – in den beginne was de Zoon van God – hier betekent 'Woord' de Persoon, Zijn Hypostase. Ditzelfde geldt voor de Heilige Geest. Soms betreft de term 'Heilige Geest' de derde Persoon van de Heilige Drieëenheid, en soms betreft dit de energieën van de Heilige Geest, die in wezen de gemeenschappelijke energieën zijn van de Vader, en van de Zoon, en van de Heilige Geest. De goddelijke Energie is gemeenschappelijk aan al de drie Hypostasen.

Waarlijk, heel ons aardse leven is slechts een uitdaging om deze stilte te verwerven. De tranen zijn zo kostbaar voor Gods aanschijn. Petrus "weende bitter"[33] – hoe bitter waren zijn tranen toen – maar

---

[31] Engelse tekst in "The Philokalia", Vol.1, "For the Encouragement of the Monks in India who had Written to Him: One Hundred Texts", §6, p.300.
[32] Joh.1:1.
[33] Cf. Mt.26:75; Lk.22:62.

hij bleef in leven; zijn pijn heeft hem niet vernietigd. Integendeel, door zijn wenen werd hij weer hersteld als hoofd van de heilige apostelen. In één van de gebeden van de Waterwijding, leert de Kerk ons, dat Christus Degene is die de erbarmelijke tranen aanvaardt: *"Ho eleeiná prosdechómenos dákrya"*,[34] God is Degene "Die de erbarme-lijke tranen aanvaardt". Met andere woorden, er bestaat niets wat meer kracht heeft om ons met God te verenigen, om binnen te treden in dit mysterie van Zijn stilte en Hem te kennen, dan voor Zijn aanschijn te staan met erbarmelijke tranen. Wat betekent dit? Onze erbarmelijkheid voor Zijn aanschijn te brengen, de staat waarin wij ons bevinden. Wij belijden dit gewoon, en wij zijn daar bedroefd over – en Hij aanvaardt onze "erbarmelijke tranen". Al de gebeden die spreken over de specifieke aard van onze God tonen dat wij een verbroken geest nodig hebben en vele tranen. Hij is de Trooster: de Vader, de Zoon en de Heilige Geest zijn een Trooster – de gehele Godheid, de rijke eenheid van Vader, Zoon en Heilige Geest, is een Trooster. En het is gemakkelijk om met deze Trooster in contact te komen als wij Hem benaderen met een verbroken hart, met tranen. Elke keer dat wij God tranen van berouwvolle bekering brengen, dan is er een aanraking van de Heilige Geest op ons, dan is er een zalving van de Heilige Geest die ons onzichtbaar komt merken. Wij zien dat merkteken niet, maar de engelen zien het, en aan het einde der tijden zullen zij Gods uitverkorenen kunnen verzamelen van alle uiteinden der aarde,[35] zoekend naar dit merkteken dat de Heer op Zijn mensen heeft gezet, omdat zij zich bekeerd hebben en tranen hebben vergoten voor Zijn aanschijn. Dit is de reden dat er onder de heilige Vaders zulk een enthousiasme bestaat over de tranen. De heilige Johannes van de Ladder zegt, dat wij niet zullen worden berispt over het feit dat wij geen theologie hebben bedreven of geen wonderen hebben gedaan, maar wij zullen wel verantwoording moeten afleggen dat wij geen tranen hebben gestort, dat wij niet voldoende hebben geweend voor Gods aanschijn.[36] (Hij zegt zelfs, dat als wij een dag niet geweend

---

[34] «Ο... ελεεινά προσδεχόμενος δάκρυα».
[35] Cf. Mk.13:27; Mt.24:29; Openb.7:3; 14:1.
[36] "The Ladder", step 7:70, p.80.

hebben, wij deze voor alle eeuwigheid verloren hebben.[37]) Dus heel de cultuur van het Christelijk leven, en meer in het bijzonder het monastieke leven, moedigt ons aan de zalving van de Heilige Geest te ontvangen, of veeleer, te hernieuwen door de tranen. Het is wonderbaarlijk hoe de profeet David dit mysterie van de erbarmenlijke tranen kende, toen hij tot God zeide: "O Heer... Gij hebt ons gevoed met het brood der tranen"[38] – de tranen waren het brood van het rechtvaardige volk. De Profeet wist dat de tranen het brood der ziel zijn, dat de ziel vetmest. Het onzichtbare eeuwige Woord Gods heeft de menselijke natuur aangenomen en is "vet geworden", dat is: tastbaar, stoffelijk – zodat wij Hem konden zien, Hem konden horen, Hem konden aanraken,[39] en behouden worden door het mysterie van Zijn aanwezigheid. Hetzelfde geldt voor ons. Wij worden 'vetgemest' door voortdurend het zegel van de Heilige Geest te ontvangen dat op ons wordt afgedrukt nadat wij tranen hebben vergoten voor Gods aanschijn, tranen van bekering met die éne gedachte aan God – dat wil zeggen, ons hart verzamelt de energie van de Heilige Geest, in zodanige mate dat het de woonplaats wordt van de Godheid, de tempel van de Heilige Geest.[40] Het wordt naar de gelijkenis van de Zoon van God, en dit is het mysterie van ons heil.

Het Woord van God werd "vet" omwille van ons heil, opdat wij "vet" mogen worden van Zijn goddelijkheid. Wij kunnen onze zielen niet vetmesten, als wij niet gevoed worden met het brood der tranen, met het brood van de berouwvolle bekering, want de aard van onze God is juist om een Trooster te zijn. En wij kunnen enkel met Hem in contact treden en voor eeuwig bij Hem verblijven, als wij Hem naderen met een verbroken hart.[41] Vader Sophrony zegt ergens in zijn geschriften, dat hij na een diepgaande bekering onder vele tranen de zalving van de Heilige Geest voelde branden, zelfs over de huid van zijn lichaam.

Dit is een groot mysterie: de tranen die de ziel vetmesten. In

---

[37] Cf. ibid., step 7:41, p.75.
[38] LXX Ps.79:5-6 (80:4/5-5/6).
[39] Cf. 1Joh.1:1.
[40] Cf. 1Kor.3:16.
[41] Cf. LXX Ps.50:19 (51:17/19) – "een verbroken en vernederd hart zult Gij, o God, niet versmaden".

praktische termen: de tranen zullen elk ongenoegen onder ons
uitwissen, elke vijandschap, elke negatieve gedachte, elk kwaad
woord, en de broederlijke liefde bevorderen waarin God het
eeuwige leven heeft beloofd – zoals wij zingen in de Diensten:
"Want daar gebiedt de Heer de zegen, leven tot in eeuwigheid".[42]
Zonder de waarachtige vertroosting van de Geest Gods kunnen wij
de schijn-vertroostingen van de wereld die ons omringt niet
overwinnen en omver werpen. Raak nimmer gefascineerd door de
vormen van deze wereld, of het bijzondere uiterlijk van de mensen
om ons heen! Wij benijden niets. Wij zouden alleen onze Vaderen
moeten benijden – of nee, niemand anders, want hierin ligt het
leven en het eeuwige leven.

Vergeef mij, ik zal nu iets zeggen bij wijze van belijdenis. Ik
heb nimmer de apostelen benijd. Ik heb nimmer de heilige
hiërarchen van de Kerk benijd. Ik heb nimmer de martelaren
benijd, hoewel het zulk een groot ding is om in één ogenblik uw
leven te geven in ruil voor het leven van God. Doch ik benijd
alleen de 'prepodopnii', de 'osioi' – de 'toegewijden': de heilige
monniken die hun hele leven hebben doorgebracht met hun
intellect in hun hart. Dit is de definitie van 'hesychia': In Gods
aanwezigheid te staan met het intellect in het hart. Zij leefden een
voortdurend wonder, van dag tot dag: het wonder van de
veranderingen van het hart. Dit is zo inspirerend, zo verrijkend, zo
vervullend, zo goddelijk, zo Godwaardig. Ik heb nimmer één van
de andere koren der heiligen benijd, hoewel zij allen groot zijn
voor Gods aanschijn. Ik heb alleen deze monniken benijd, die in
staat waren heel hun leven door te brengen met hun geest in hun
hart in Gods aanwezigheid. Moge God ons zulk een geest schenken,
al is het maar ten dele.

Vader Sophrony was geen wetgever, hij was geen 'cenobiarch' –
geen leider van een groot coenobium[43] – maar hij was een kluizenaar,

---

[42] Cf. Ps.132(133):3, één van de verzen bij het Alleluia voor de Onbaatzuchtige
Geneesheren.
[43] Een 'coenobium' (Grieks: 'koinobion', van 'koinos' = gemeenschappelijk / algemeen, en 'bios' = het aardse leven) is een klooster waarin de monniken of monialen
gezamenlijk hun leven leiden, en alles gemeenschappelijk hebben: de Diensten, de
maaltijden, het werk en alle bezittingen. Dit is de meest algemene vorm van het
Christelijke kloosterleven. Enkele grote Vaders, zoals bv. de heilige Theodosius

hij was een hesychast, die wist hoe hij voortdurend met zijn intellect in zijn hart in Gods aanwezigheid kon verblijven. En dat wat hij wist, dat wat hij had, probeerde hij aan ons over te dragen. Ons leven lijkt misschien enigszins ongeorganiseerd, maar de bijzondere aard ervan en het doel daarvan is om hesychastisch te zijn. Vader Sophrony was altijd bedacht op het leven van het hart, het werk van het hart. Hij had zeven jaar lang in het Klooster van de heilige Pantelcimon geleefd, toen zijn hegoumen hem vroeg om Grieks te leren, vanwege de noden van het klooster. Hij ging naar de bibliotheek en opende het boek, de grammatica van het Oud-Grieks. En terwijl hij deze grammatica begon te lezen voelde hij, dat zijn intellect uit zijn hart kwam en op het boek viel. Het was toen dat hij besefte, dat zijn intellect al die jaren tot op dat ogenblik met zijn hart verenigd was geweest – dit was een natuurlijke wijze van leven geworden. Later, in de woestijn, keek hij soms wekenlang niet uit het gat van zijn grot naar buiten. Ik ben bij zijn grot geweest. Hij had deze zelfs geheel afgesloten om volmaakte duisternis te hebben, en daar verbleef hij in stilte, wenend voor Gods aanschijn. Dit is de ware aard van de hesychia, van het hesychastische leven. Dit is zeer krachtig. Zelfs als wij daar maar een weinig van volgen, zullen wij ons innerlijk hart in leven houden. (Immers, alleen het werk dat wij verrichten aan ons hart zal ook na het graf blijven bestaan.) Wij zullen in staat gesteld worden een zekere spanning en inspiratie te bewaren, en van tijd tot tijd zullen wij de wondere veranderingen ervaren van de Rechterhand Gods in ons hart, die ons de kracht zullen geven de moeiten te dragen die het monastieke leven vereist. Ja, de ware aard van het Christendom (vergeef mij, nu spreek ik tot mijn broeders, zoals ik gezegd heb; wij stellen ons voor dat wij in het klooster zijn, en delen in de bijeenkomst) – in feite wordt heel het Christendom gekarakteriseerd door de stilte. Onze God is de God Die het grote eeuwige Avondmaal heeft

---

'de Coenobiarch', zijn als hegoumen van hun klooster van grote betekenis geweest voor de monastieke traditie door hun wijze ordening van het kloosterleven, en hun 'regels' zijn a.h.w. tot standaard geworden voor de monastieke gemeenschap. Daarnaast bestaan er ook allerlei tussenvormen, waarin de hesychastische praktijk een meer expliciete plaats heeft, met als uiterste daarvan de kluizenaar, die geheel alleen zijn leven doorbrengt, in zijn streven voortdurend voor Gods aangezicht te staan en al zijn krachten daaraan te wijden. *Noot vert.*

ingesteld, de eeuwige rust voor ons. Hijzelf heeft ons getoond hoe
wij zouden moeten leven, hoe wij dat leven zouden moeten leven
dat gekenmerkt wordt door de stilte, die stilte die Zijn genade
ontmoet. Wij moeten niet vergeten dat het laatste tedere gebaar
van onze Heer, wanneer Hij wederkomt op de Laatste Dag, is om
van de ogen van Zijn uitverkorenen alle tranen weg te wissen.
Vergeef mij.

Ik ben enigszins vermetel geweest, maar ik heb het u van tevoren
gezegd: Wij zullen ons voorstellen dat wij in ons klooster zijn, en
dat u in de bijeenkomst van onze broeders aanwezig bent, en u
hoort wat wij in die bijeenkomst zeggen. Vergeef mij hiervoor.
Maar ik deed dit, omdat gij niet in staat zijt allemaal naar ons toe
te komen; dat is moeilijk te doen, en het is zo ver. Vergeef mij.

Vragen & Antwoorden

Voorzitter: Terwijl wij in dit 'virtuele klooster' verblijven, zijn
er vragen voor onze 'geronda', terwijl wij hem bij ons hebben in
deze laatste zitting?

Vraag 1: Vader, dank u dat u ons (op deze wijze) hebt uitgenodigd in uw klooster. Het is een vreugde! Allereerst vroeg ik mij
af of u nog eens kunt zeggen, wie de tekst geschreven heeft over de
"erbarmelijke tranen", het staan voor Gods aanschijn met
erbarmelijke tranen. U zei, dat dit uit de Waterwijding komt.
Antwoord: Dit staat in het boek voor de Waterwijding, dat wij
gebruiken wanneer wij een huis gaan zegenen – in de Kleine
Waterwijding staat deze uitdrukking, dat God Degene is "Die de
erbarmelijke tranen aanvaardt".[44]

Vraag 2: Dus wat moet u doen in het geval van iemand als
ikzelf, wiens hart zo hard is, dat ik geen tranen kan vinden. Hoe kunt

---

[44] Zie de Griekse tekst van het gebed van de priester, dat gelezen wordt na het
Evangelie en de Dringende Litanie: "Die de erbarmelijke tranen aanvaardt van
allen die in nood zijn". «ὁ πάντων τῶν ἐν ἀνάγκαις ἐλεεινά προσδεχόμενος
δάκρυα».

u helpen dat te breken, om tranen te kunnen voortbrengen.

Antwoord: Er is een weg, vader.

Vragensteller: Dank u, vertelt u dit alstublieft. [*Er wordt gelachen.*]

Antwoord: God te danken voor al Zijn weldaden, openlijk of verborgen, of wij deze nu kennen of niet kennen.[45] En als wij God voortdurend danken voor Zijn weldaden, dan zal Hij Zijn genade afmeten naar de mate van onze dankbaarheid. Ja, en hoe meer wij Hem danken, des te meer zal Hij ons geven... Er komt een moment, dat wij Hem werkelijk willen danken zoals Hem toekomt, zoals wij dat zouden moeten doen – voor al wat wij Hem verschuldigd zijn, voor al Zijn weldaden. En wij zien dat wijzelf niet in staat zijn Hem een dankzegging op te dragen zoals ons betaamt. En dan beginnen wij daarover te treuren: Dat Hij alles verdient wat heilig is, volmaakt, rechtvaardig, lieflijk, elke lofprijzing en elke deugd,[46] en dat wij daar niet toe in staat zijn. En dan wordt het hart verzacht en komen er tranen van dankbaarheid en van bekering vanwege die dankbaarheid, die zelfs krachtiger is dan wanneer wij ons bekeren vanwege bepaalde zonden.

Vragensteller: Dank u wel.

Antwoord: Dankzegging is een zeer krachtige manier om voor het aanschijn des Heren te staan. Dat is waarom de heilige Paulus zegt, dat wij mensen van dankzegging zouden moeten zijn. Dankbaar, zegt hij: "Broeders, weest dankbaar..."[47] Dat betekent niet dat wij opgewekt en gelukkig en aardig moeten zijn. Het betekent, mensen te zijn die voortdurend dankzeggen. De heilige Paulus zegt tot Timotheüs: "Want alle schepsel is goed... als het ontvangen wordt met dankzegging" – "en het wordt geheiligd door het woord Gods en door de bede".[48] Het is zeer belangrijk voortdurend te danken. Al de gaven van de heiligen – sorry, dat ik dit zeg – al de verworven-

---

[45] Cf. Anaphora v/d Liturgie van de heilige Johannes Chrysostomos.

[46] Cf. Fil.4:8.

[47] Cf. Kol.3:15 – «εὐχάριστοι γίνεσθε» [Elders heeft archimandriet Zacharias deze zinsnede ook wel vertaald met 'weest aangenaam', een tweede betekenis van het Griekse woord. En dit 'aangenaam' zijn in de omgang met onze broeders, wat ons – aldus vader Zacharias – als gebod gegeven is, ontspringt dus aan de dankbaarheid jegens God. *Noot vert.*]

[48] 1Tim.4:4-5.

heden van de heiligen waren genadegaven van God. Het waren geschenken van God. En elk van hen ontving deze naar de mate van de dankbaarheid die hij God betoonde. Daarom zegt een andere heilige, de heilige Barsanuphius de Grote, dat de voortdurende dankzegging voor Gods aanschijn een voorbede is voor onze zwakheid. De voortdurende dankzegging compenseert wat in ons ontbreekt. Vergeef mij.

Vraag 3: Vader, ik heb mij vaak afgevraagd: Het verhaal over vader Sophrony – wij leren dat er in het monastieke leven niets groters bestaat dan de gehoorzaamheid, en hem werd de gehoor- zaamheid gegeven om Grieks te leren, maar hij verloor... zijn intellect kwam uit zijn hart toen hem die gehoorzaamheid gegeven werd. En vooral in mijn positie, als ik een gehoorzaamheid aan een broeder geef, en hij zegt: "O vader, ik verlies mijn hart!" Dat lijkt...
Antwoord: Ja, maar ik heb niet alles gezegd. Ik heb alleen maar gezegd, dat dit toont dat zijn intellect in zijn hart verbleef. En toch, om Grieks te leren kwam het daaruit, en viel op het boek. Maar hij zegt daarbij ook, dat hij zulk een grote vrede voelde, dat als het einde der tijden gekomen zou zijn, hij rechtstreeks naar het Oordeel Gods had kunnen gaan, omdat hij dit deed uit gehoorzaamheid. Dus het is ongelooflijk, dat de gehoorzaamheid zelfs nog groter is dan onze hesychia en ons gebed. In de monastieke traditie gaat de gehoorzaamheid boven alles, en dan komt het gebed het vasten en alle andere werken. De gehoorzaamheid is hoger dan alles, hoger dan elke monastieke verworvenheid.

Vraag 4: Vader, kunt u dat enigszins uitleggen, over het intellect in het hart. Wat betekent dat?
Antwoord: Het is heel eenvoudig. Voor mij is het heel eenvoudig. (Er wordt gelachen). Vergeef mij, ik ben maar heel een- voudig van geest. Bijvoorbeeld, wanneer ik het bot van mijn vinger breek, dan is heel mijn geest daarop gericht, want daar is de pijn. En wanneer ons hart verbroken is vanwege onze spijt, dat wij niet zijn zoals wij zouden moeten zijn voor Gods aanschijn, dan vindt ons intellect ons hart op natuurlijke wijze. De heilige Gregorius Palamas zegt, dat het intellect in het hart nederdaalt en het hart vindt, wanneer het intellect gekruisigd is door de inzettingen van

het Evangelie. Dat wil zeggen, wanneer wij de geboden van God
serieus nemen, dan zal ons hart voorzeker herleven en ons intellect
zal daarin gemakkelijk z'n plaats vinden. Er zijn vele manieren om
het hart te doen herleven, om het hart naar de oppervlakte te brengen:
De gehoorzaamheid, de tranen der bekering – zoals wij gezegd
hebben, is er niets dat effectiever is om het hart te verwonden dan
de tranen der bekering. Iemand weent misschien slechts een half
uur of een uur, maar de energie daarvan vergezelt hem de gehele
dag door. Hij zal geen ogenblik vergeten dat hij als met een touw
verbonden is... en aldus worden opgetrokken naar de hemel. Dat
wil zeggen, hij zal geen ogenblik vergeten dat hij geheel aan God
toebehoort. Tranen van bekering, de schaamte in de Biecht – ook
dit is zeer krachtig. Vooral wanneer wij eerlijk en naar waarheid
biechten en de schande op ons nemen, dan herleeft het hart. Voor
ons, vooral voor onze generatie, die tekort schieten in de ascese, is
dit een krachtige weg. Jammer genoeg hebben wij geen ascese in
ons leven, maar een nederige belijdenis kan dat in aanzienlijke
mate compenseren. Wanneer wij de schande op ons nemen en
eerlijk biechten voor Gods aanschijn, omdat wij met God verzoend
willen worden en onze hartstochten willen overwinnen, dan
aanvaardt God die belijdenis als dankzegging voor wat Hijzelf aan
het Kruis voor ons geleden heeft om ons te behouden. Onze
belijdenis wordt tot dankbaarheid jegens God, en voor die dankbaarheid meet God Zijn genade voor ons uit. Dat is waarom Hij
zegt, dat als iemand zich bekeert, hij heel de hemel aan zijn kant
heeft – heel de hemel verheugt zich.

Dat is waarom wij, als priesters, wanneer wij iemand nederig
en oprecht zien biechten, zouden moeten proberen onszelf tot het
uiterste te vernederen, onszelf tot het uiterste te verkleinen tegenover
die persoon en hem alle ruimte geven, want op dat ogenblik is de
hand van God op hem en wordt hij herboren. Soms daarentegen, zijn
wij zeer bedroefd wanneer mensen komen biechten en zij zitten
tegenover ons en zij halen hun schouders op en zeggen: "Niets
bijzonders, vader. De gewone kleine dingetjes..." En zij zeggen niet
veel. En zelfs wanneer zij proberen iets te zeggen, dan zeggen zij
dit op zo'n manier, bevreesd dat de geestelijke vader misschien een
indruk van hen zal krijgen die niet passend is voor hen. Dat wil
zeggen, minder dan zij in werkelijkheid zijn. Maar het tegengestelde

is waar: een ervaren geestelijke vader heeft grote eerbied, verschrik-kelijk grote eerbied, voor een persoon die nederig biecht – want, zoals ik gezegd heb, God staat aan zijn kant; de hand van God is op hem. En de geestelijke vader probeert een werktuig te zijn van God, en hij streeft ernaar het werk van God niet te verhinderen.

Vader Sophrony zei ooit tegen mij: "Ik stel mijzelf beneden alle mensen die deze kamer binnenkomen voor de biecht". Wat hij bedoelde? Hij vernederde zichzelf voor iedereen, opdat zij zich geëerd zouden voelen en zich voor God zouden openen... om Gods genade te ontvangen voor hun wedergeboorte. Dat is een ander middel.

Een ander middel om het hart te vinden is het verdragen van onrecht. Dat is ook een kenmerk van het leven van onze Heer. Er is een opmerkelijke uitdrukkking in één van de homiliën van de heilige Philaret van Moskou, waar hij zegt: "Er bestaat geen andere ladder om op te klimmen tot de hemel, dan de ladder die de Heer Zelf gebruikte om neder te dalen tot de aarde". Dat wil zeggen, alle elementen die kenmerkend waren voor de nederdaling van onze Heer op aarde, en zelfs tot de hel, moeten het kenmerk worden van ons eigen leven, en dan zal ons hart herleven. Dat wil zeggen, dan zal ons hart in staat zijn de genade van de Heilige Geest te ontvangen. En, vergeef mij, onrecht te lijden is het hart zelve van de openbaring van onze Heer. Vergeef mij!

7
Vragen & Antwoorden

taat u mij eerst toe mijn dankbaarheid te uiten jegens u allen, voor de gemeenschap die ik met u heb mogen delen. Het was zulk een zegen om in uw midden te zijn. Ik voel mij zozeer thuis onder u, en het is zulk een vreugde. Maar nu komt daar een einde aan... Ons blijft alleen nog de Liturgie morgen, bij wijze van vaarwel. Ja, doch ik ben zeer dankbaar jegens God, die mij geschonken heeft viermaal met u te zijn.[1]

Vraag 1: Vader, ik denk aan de manier waarop de Westerse cultuur de schepping bejegent, als een soort vijand die overwonnen moet worden. Wij zijn daar heel goed in: wij regelen onze beken en rivieren, wij dammen ze in. Wij scheppen grote problemen voor wilde dieren en dergelijke... vervuiling, luchtvervuiling, water-vervuiling. Het woord 'vijand' komt naar boven wanneer ik denk aan de wijze waarop wij zo vaak met de natuur omgaan. Heeft dat enig verband met het soort dingen waar u ons deze dagen over gesproken heeft?

Antwoord: Ja natuurlijk, alle dingen in ons leven houden verband met elkaar. De mens wordt geacht de priester van de schepping te zijn. Dat wil zeggen, in het algemeen zou de Christen een priester van de schepping moeten zijn – in welke zin? Hij zou een man van dankzegging moeten zijn: God dankzeggen voor Zijn schepping, voor de schepping die Hij ons gegeven heeft – en Hij heeft de mens zelfs aangesteld als koning van deze schepping. En de volmaaktheid van het leven – de volmaaktheid van het geestelijk leven – is wanneer de mens door de genade zodanig wordt uitgebreid, dat hij elk schepsel voor Gods aanschijn brengt in zijn voorbeden. En aldus ziet de mens, die verlicht is door de genade, de bestaansreden van

---

[1] Archimandriet Zacharias doelt hier op verschillende gelegenheden waarbij hij, op uitnodiging van Bp. Basil van Wichita, een reeks voordrachten gaf als gastspreker op de jaarlijkse bijeenkomst van de St. Raphael broederschap van Orthodoxe geestelijken. *Noot ed.*

elk schepsel, en dat bewerkt zelfs nog grotere dankzegging en grotere liefde jegens de Schepper. Dus de schepping is in wezen een manier waarop God tot ons wil spreken. Maar onze ogen moeten helder zijn, rein zijn, om de hand van God te zien in Zijn schepping. Ja, de schepping zou met eerbied bejegend moeten worden. Deze zou geëerbiedigd moeten worden en niet misbruikt – de schepping moet gebruikt worden voor het levensonderhoud van de mens, niet tot misbruik. En weet u, wanneer wij onszelf beperken tot wat werkelijk nodig is om te overleven, dan misbruiken wij de schepping niet, en dan voorziet Gods schepping ons daarin op natuurlijke wijze, en zonder daartoe gedwongen te worden. Begrijpt u wat ik bedoel? Maar wanneer wij de schepping verspillen, dan zal de schepping ons dat uiteraard kwalijk nemen en onze vijand worden, zoals u zei. Alles wat uit Gods hand is voortgekomen is gewijd. En het moet worden ontvangen met dankzegging, zoals de heilige Paulus zegt.[2]

Ik weet niet wat ik verder op deze vraag moet zeggen... Ja, ik zal u één ding vertellen: De schepping wordt voor ons tot een zegen wanneer wij God daarvoor danken. Al wat wij gebruiken zonder dank te zeggen aan God is geen zegen. Dan stelen wij het van Hem. Dat is waarom wij vóór het eten gebeden zeggen – met andere woorden, wij erkennen dat alle dingen van Hem afkomstig zijn, en wij danken Hem, en zo wordt het voedsel van ons, om het te eten en te leven. Als wij God niet dankzeggen voordat wij eten, dan is het alsof wij het voedsel van God stelen. Het is niet van ons. Het voedsel wordt van ons voor ons levensonderhoud, wanneer wij God daarvoor danken.

Alles zou een reden tot dankzegging moeten zijn. Toen bijvoorbeeld de profeet David de schepping beschouwde, zag hij deze opgesteld als een orkest in de verheerlijking van God: "De hemelen verhalen de heerlijkheid Gods, en het uitspansel doet kond van het werk Zijner handen", zegt hij.[3]   Dat is een waarachtige houding, een profetische houding jegens de schepping. Maar wij ervaren dat, op meer praktische en eenvoudige wijze, elke keer wanneer wij gaan eten. Dan danken wij. En kijk in het Evangelie, toen de Heer het wonder verrichtte waarbij Hij vijfduizend mensen spijzigde...

---

[2] Cf. 1Tim.4:4.
[3] LXX Ps.18(19):1/2.

vijfduizend mannen, plus vrouwen en kinderen.[4] De Heer beval de apostelen om alles wat overschoot te verzamelen, "opdat er niets verloren gaat"[5] – en dat is zeer belangrijk; elk woord van de Heer is van belang: "dat er niets verloren gaat". En ik herinner mij, dat toen ik nog thuis was, als kind, het als heiligschennis werd beschouwd om voedsel weg te gooien.

Vraag 2: U hebt in uw vierde voordracht gezegd, dat de vijand, Satan, beschaamd en gestraft wordt. En ik vraag me af, wanneer u het woord 'schande' of 'schaamte' gebruikt,[6] wat kunnen wij tegen de mensen zeggen om te zorgen dat de schaamte voor hen geen straf wordt, maar hen werkelijk leidt tot die energie...

Antwoord: Daar spraken wij over de vijand van de mensheid, die beschaamd werd door de deugd van Christus die al de hemelen bedekt. Wij spreken daar niet over één of andere menselijke vijand. Dat ging over de geestelijke vijand van de mensheid, de duivel, die beschaamd werd door de liefde van Christus, door Diens liefde tot het einde.

Vragensteller: Ik vroeg me af, hoe kunnen wij de mensen laten weten, wanneer zij schaamte ervaren, om dit niet te ervaren zoals de Satan dat doet, als een straf – maar als een energie die wij kunnen gebruiken om dichter tot Christus te naderen?

Antwoord: De schande die wij dragen, laten wij zeggen in de Biecht, of wanneer wij ons bewust zijn van onze geestelijke armoede voor Gods aanschijn – wanneer wij een zekere schaamte voelen voor onze geestelijke armoede, of bij het biechten van onze zonde – wij doen dat in de naam van God en met het verlangen om met God verzoend te worden. En daarom, tijdens die schande, die schaamte, wordt deze schaamte tot nederigheid, en de nederigheid trekt genade aan. En daarom gaat die schaamte gepaard met de gewaarwording van Gods genade. En daardoor wordt dit tot kracht.

Ik herinner me toen ik jong was (ik was achtendertig toen ik priester werd) en vader Sophrony mij soms enige raad gaf voor het dienstwerk van de Biecht. En eens zei hij tot mij: "Probeer de jonge

---

[4] Cf. Mt.14:21.
[5] Joh.6:12.
[6] In het Engels is dit één woord: 'shame'. *Noot vert.*

mensen aan te moedigen alleen die dingen te biechten waarover zij zich schamen te spreken, want die schaamte zal hen helpen hun hartstochten en hun zonden te overwinnen". En ik dacht daarover na – ik vroeg niet aan vader Sophrony: "Maar hoe wordt dat gedaan?" Maar toen ik zijn woord overwoog, zag ik dat telkens wanneer mensen de schande op zich namen omwille van God, de schaamte tot kracht werd; een kracht die de zonde en de hartstochten overwon.

Ik herinner mij bijvoorbeeld het geval van koning Josia. Hij werd zeer jong koning.[7] Hij kende de Wet niet, en in zijn tijd was de zuivere godsdienst van Israël – hoe zal ik het zeggen – verbasterd geraakt, vermengd met de afgoderij van de hen omringende volkeren. En plotseling werd, in één van de muren, een boekrol gevonden met de Wet van Mozes. En toen Josia dit las, was hij verschrikkelijk ontsteld en hij scheurde zijn kleden. En hij zond afgevaardigden naar de profetes Hulda, in de stad Jeruzalem (zij was de profetes in die tijd): "Wat moet ik nu doen?"[8] En de profetes zond hem het volgende bericht: "Omdat uw hart beschaamd is geworden, vergeeft God uw zonde, en gij zult in vrede sterven en verenigd worden met uw vaderen. En pas dan zal de verwoesting over deze plaats komen".[9] "Voor de schaamte die gij gevoeld hebt", zeide de profetes, "vergeeft God uw zonden". De schaamte brengt ons tot nederigheid, en de nederigheid trekt de genade aan – God schenkt genade aan de nederigen, en Hij weerstaat de hoogmoedigen.[10]

Een ander geval is dat van Zacheüs. Omdat hij verlangde de Heer te zien, verduurde hij de schande in een boom te klimmen als een klein kind, als een dwaze jongen. En de Heer, die toentertijd op weg was naar Golgotha om het Kruis der schande te verduren, zag in Zacheüs een geest die verwant was aan Zijn eigen geest, en daarom sloeg Hij acht op hem: vanwege de schande die Zacheüs verduurde om Hem te zien. De Heer sprak tot hem, Hij bezocht

---

[7] 2Kon.22:1 – "Josia was acht jaar oud, toen hij koning werd..."
[8] Cf. 2Kon.22:8-20 (LXX = 4 Kon.).
[9] Cf. 2Kon.22:19 (LXX = 4Kon.) – "... omdat uw hart week geworden is, en *gij u geschaamd hebt* (ἐνετράπης) voor het aangezicht des Heren". Het Grieks gebruikt hier een werkwoord dat expliciet betrekking heeft op de schaamte. Gangbare vertalingen naar het Hebreeuws hebben hier: "... en gij u vernederd hebt" of "verootmoedigd hebt". *Noot vert.*
[10] Cf. Jak.4:6.

hem, en Hij werd tot heil voor zijn huis, en niet alleen dat: Hij breidde zijn hart viervoudig uit, zoals de tekst zegt.[11] Dat wil zeggen, op profetische wijze voelde Zacheüs de kracht van het Kruis en de Opstanding: de vier dimensies van het Kruis, waarover gesproken wordt in de Brief aan de Efezen: "de diepte, de hoogte, de breedte, en de lengte" van de liefde van Christus – en dat is het Kruis.[12] Het mysterie van het Kruis was op profetische wijze werkzaam in het hart van Zacheüs, omdat hij schande verdroeg om de Heer te kunnen zien. En op dezelfde wijze, zoals ik gezegd heb, wanneer wij een beetje schande dragen in de biecht, dan beschouwt de Heer dat als dankzegging, als dankbaarheid voor de schande die Hij droeg aan het Kruis omwille van ons heil. En hiervoor maakt Hij ons deelgenoot aan Zijn genade. En dat is waarom dit sacrament zo krachtig is, en de mensen herboren doet worden. Wij hebben dat allemaal ervaren, op z'n minst in het begin van ons leven. Misschien zijn wij er later aan gewend geraakt, of doen wij het niet zo goed als in het begin, maar wij hebben daar allemaal enige ervaring mee.

Begrijpt u? De schande omwille van Gods gebod, om te worden verzoend met God, wordt tot nederigheid en dankbaarheid jegens Hem. En hiervoor ontvangen wij de genade van het Kruis en de Opstanding van de Heer, die ons heil vormt. Ik weet niet of ik dit duidelijk heb gemaakt?

Vraag 3: Vergeef mij, mijn vraag is wat lang en enigszins academisch. Enkele jaren geleden schreef een musicoloog, Alexander Lingas, een verhandeling over de eerste twee composities van de heilige Johannes Koukouzelis, tot de Moeder Gods, in de 'kallophonikos yphos'.[13] Dit is een academische verhandeling, maar daarin speculeert hij dat de heilige Johannes Koukouzelis zijn muziek schreef als onderdeel van de hesychastische beweging, die geïnspireerd werd door de heilige Gregorius Palamas. En dat zijn stijl – de genoemde 'kallophonikos yphos' – vooral bedoeld was

---

[11] Cf. Lk.19:8.
[12] Cf. Ef.3:18.
[13] Benaming van een specifieke stijl in de Byzantijnse kerkzang, die zoiets betekent als de "schoonklinkende" of "zoetgevooisde stijl". *Noot vert.*

om de vaders op de Berg Athos de tijd te geven voor hun *'panychis'*, hun nachtvigilie, om dan de rest van de week door te brengen in hesychia. Verder speculeerde Dr. Lingas dat deze stijl – met al zijn *'melismata'*, *'kratimata'*, de zeer uitgebreide stukken, de *'teritem'* en de *'te nae na'*[14] – een muzikale weergave was van het gebedsleven van de vaders van die tijd. Nu kunnen wij dit niet meer vragen aan de heilige Johannes, en als academicus kon Lingas slechts speculeren, maar misschien zou u vanuit de ervaring van de hesychia kunnen spreken. Is die stijl een hesychastische 'yphos'?

Antwoord: Wel, ik denk dat daar waarheid in zit. Want ik heb gemerkt dat wanneer mensen onderhevig zijn aan de werking van de genade, zelfs hun stem verandert. Een uiterst prachtig voorbeeld uit de Schrift is wanneer de Moeder Gods Elizabeth bezoekt. Zij begroette Elizabeth, en waarschijnlijk sprak zij eenvoudig haar naam uit: "Elizabeth!" En bij het horen van haar stem, in deze begroeting van de Moeder Gods, voelde Elizabeth de genade. En zij riep uit: "Vanwaar is dit, dat de moeder van mijn Heer tot mij komt?"[15] Ik denk dat er waarheid in zit. En het is mij vaak overkomen, dat ik op bepaalde plaatsen op de Heilige Berg kwam, waar nederige monniken waren vol van genade, en hun gezang was als uit een andere wereld. Mensen veranderen, wanneer zij onderhevig zijn aan de werking van de genade, al hun reacties veranderen, en ook hun stem verandert. Het meest treffende voorbeeld daarvan is voor mij deze begroeting van de Moeder Gods aan Elizabeth.

Vraag 4: Dank u voor uw voordracht van deze middag. U sprak daarin over de vergeving, en hoe belangrijk het is diegenen te vergeven die u onrecht doen. En ik vroeg me af, wanneer ik iemands biecht hoor en wij over vergeving spreken, dan zeggen zij vaak: "Wel vader, ik zal hen vergeven, maar vergeten zal ik het nooit!"

---

[14] De zgn. *'melismata'* en *'kratimata'* zijn specifieke muzikale elementen in dit soort gezongen muziek. De *'terirem'* en *'te nae na'* zijn min of meer neuriënde tussenstukken, die op bepaalde punten in de Dienst kunnen worden ingevoegd om de zang nog verder te verlengen. Dit schept meer tijd voor bepaalde liturgische handelingen, en verlengt zonodig de Dienst – wanneer men deze werkelijk de gehele nacht lang wil laten duren. *Noot vert.*

[15] Cf. Lk.1:40-45.

Wat voor antwoord kunt ge daarop geven, om hen daar overheen te helpen – wanneer zij zeggen: "Ik zal het nooit vergeten..."

Antwoord: Wel, het is heel eenvoudig, want de Heer zegt dat wij "van harte" moeten vergeven.[16] Weet u, vanuit de Schriften weten wij dat God het waardeert en met de mens rekening houdt, wanneer deze tot Hem spreekt vanuit zijn hart, wanneer hij tot God bidt vanuit zijn hart, wanneer hij vergeeft vanuit zijn hart... Begrijpt u? Omdat het hart het centrum is van de mens. En God heeft het hart van de mens op unieke wijze geschapen, en Hij kan het niet verdragen dat dit verdeeld zou zijn, dat de mens een deel van zijn hart aan iets of iemand anders zou geven. En het Kruis dat Hij ons geboden heeft te dragen om Hem te volgen is een uniek kruis voor elk van ons, precies datgene wat nodig is om ons hart vrij te maken, zodat wij tot Hem kunnen spreken vanuit ons hart, en van harte kunnen voortsnellen op de weg van Zijn geboden. Het is heel duidelijk. Gij vergeeft niet enkel met uw intellect – en als gij vanuit uw hart vergeeft, dan bestaat er geen spoor meer van.

Vraag 5: Vader, u hebt tot nu toe in verschillende voordrachten dit idee genoemd, de dingen te doen met één gedachte – de biecht, en het gebed, en al het andere. Mijn vraag is: Is die éne gedachte een gemeenschappelijke gedachte die voor iedereen hetzelfde is, of kan elke persoon zijn eigen individuele 'éne gedachte' hebben.

Antwoord: Het gaat om die gedachte die overeenkomt met de nood van de geest van de persoon. De heilige Gregorius Palamas had gedurende zeventien jaar maar één gedachte en één gebed: "O Heer, verlicht mijn duisternis". En God deed dat, na zeventien jaar van dit éénwoordelijke gebed: "Heer, verlicht mijn duisternis".[17] Voor anderen kan dit iets anders zijn geweest. Maar het is iets wat overeenkomt met de nood van de geest van de mens om bevrijd te worden, om uit zijn gevangenschap te komen, opdat men de Naam moge belijden. Zoals gezegd is: "Leid mijn ziel de gevangenis uit, opdat ik Uw Naam moge belijden..."[18]

---

[16] Mt.18:35.

[17] «Φωτισόν μου τὸ σκότος»

[18] LXX Ps.141:8 (142:7/8) – «ἐξάγαγε ἐκ φυκαλῆς τὴν ψυχήν μου τοῦ ἐξομολογήσασθαι τῷ ὀνόματί σου»

Vraag 6 (Bp. Basil): Kan dat éne woord, dat enkele woord, het woord zijn dat aan iemand persoonlijk gegeven is?

Antwoord: Ja. Ik heb meen ik gezegd, dat dit woord een vers uit de Schriften kan zijn. De heilige Antonius ging naar de kerk en hoorde één vers, en dat was genoeg voor hem; en hij ging op weg en begon zijn werk. In "De weg van een pelgrim" hoorde de pelgrim de Brief aan de Thessalonicensen; hij nam één woord daarvan, en hij ging op weg. Dit woord kan dus een woord uit de Schriften zijn, het kan een woord zijn uit de hymnografie van de Kerk, of een woord van onze Vaders in God. Het kan ook een inspiratie zijn die rechtstreeks van God komt. Ik herinner mij een dame, wiens geest geheel gegrepen was door één zin uit een 'doxastikon' van de Metten die gevierd worden van de Heilige Donderdag op de Heilige Vrijdag – aan het eind van de Twaalf Evangeliën:[19] "Gij zijt gekomen om het leven te schenken..." – "O Rechter over levenden en doden, Gij zijt gekomen om het leven te schenken, en niet de dood, ere zij U".[20] En zij weende en bad lange tijd met die éne zin uit deze hymne. De genade van God is menigvuldig, zoals de heilige Petrus zegt, en deze werkt dus op een verschillende manier in elk van ons, want elk van ons heeft een bijzonder, een specifiek, een uniek pad tot God. Wij allen willen hetzelfde centrum bereiken – dat is, God. Maar wij allen hebben verschillende paden die naar dat centrum toeleiden.

Bp. Basil: De reden dat ik deze vraag heb gesteld, vader Zacharias, is dat zovelen van ons een woord vragen van een oudvader; en ik weet dat velen dat aan u gevraagd hebben. Ik denk dat het goed is dat wij weten: Wat doen wij met dit woord? Wij vragen dit niet enkel uit nieuwsgierigheid. Wat doen wij daarmee?

Antwoord: Het is misschien niet enkel uit nieuwsgierigheid, maar evenmin met dezelfde ernst als onze vaders dat deden. Wij zien bijvoorbeeld bij de Woestijnvaders uit de vierde eeuw – uit

---

[19] Dit is één van de bijzondere diensten in de Lijdensweek, waarin alle Evangeliën van het lijden en de dood des Heren op plechtige wijze gelezen worden. *Noot vert.*

[20] Uit het slot van het doxastikon dat vlak voor het 12ᵉ Evangelie gezongen wordt. In het Grieks: «Κριτὰ ζώντων καὶ νεκρῶν, ζωὴν ἦλθες παρασχεῖν, καὶ οὐ θάνατον, φιλάνθρωπε δόξα σοι»

het 'Gerondikon'[21] – dat zij naar een oudvader gingen om een woord te vragen, en dat zij dan veertig jaar lang leefden met het woord dat zij gehoord hadden. En dat woord werd als een verrekijker, waardoor zij al de mysteriën van het leven beschouwden – van het hemelse leven en van het aardse leven. Dat woord werd als een leidend kompas voor alles, als een maatstaf voor alle dingen. Via dat woord leefden zij hun relatie met God. Eén woord, en zij leefden daarmee gedurende twintig, dertig, veertig jaar... Terwijl dit nu soms overdreven wordt. Vergeef mij, het is mij gebeurd dat iemand wel tweemaal per dag naar mij toekwam voor een woord – ik denk dat dit overdreven is. En soms hebben wij geen woord. Soms komt het wel. Ik merk dat ge voor sommige mensen altijd een woord hebt, voor anderen komt het met moeite, voor anderen komt het misschien niet. En ik heb gemerkt, dat wanneer het van God komt, dan is het rechtstreeks, het is direct en het heeft veel kracht. Maar wanneer dat er niet is, dan probeert ge u te herinneren met welk woord gij voor Gods aanschijn hebt gestaan, met welk woord gijzelf uw bekering tot God hebt geleefd, en dan geeft gij dat als woord. Dat is ook krachtig, ook dat is goed. Maar soms hebt gij zelfs dat niet, en dan zegt ge ofwel "Sorry", of ge zegt iets dat gijzelf in het verleden zeer sterk ervaren hebt. Want... gij wilt de mensen niet teleurstellen. Wij proberen altijd onze ellende te verbergen, onze rol te spelen, omwille van de mensen, om hen ten nutte te zijn.

Weet u, in Cyprus, toen wij oorlogen voerden met de Perzen en de Cyprioten vochten, voerden zij een zeeslag bij de stad Kition, in de buurt van Larnaka. En tijdens dat gevecht werd Kimon, de koning van de Cyprioten gedood. En de soldaten die hem het meest nabij waren, verborgen het feit dat hij gedood was, om de moed van het Cypriotische leger niet teniet te doen. En zij kregen het voor elkaar om de Perzen te verslaan – en dan staat er in het geschiedenisboek: "Zelfs in zijn dood was Kimon overwinnaar. En zo moeten ook wij soms, in onze doodsheid, proberen om met God samen te werken voor de overwinning van onze medemensen. Dit is het probleem van alle herders, denk ik. Wij stellen altijd het nut van onze medemensen boven alles.

---

[21] Een verzameling uitspraken van de oudvaders uit de woestijn.

Vraag 7: Ik heb lang nagedacht over het dienstwerk van de tranen. U heb een weinig gesproken over de tranen. Twee Schriftplaatsen kwamen daarbij in gedachten: Een tekst die vertelt over degenen die "zaaien onder tranen" en zullen oogsten in vreugde.[22] En waar de Psalmist spreekt over God die onze tranen in een vat opvangt en bewaart.[23] Kunt u daar meer over zeggen?

Antwoord: Wel, de tranen zijn weldadig – want zij brengen genezing aan de ziel. Zij verenigen het intellect met het hart, en dan kan de mens zich op natuurlijke wijze met heel zijn wezen tot God richten. Als intellect en hart verenigd zijn, dan bezitten wij die begerenswaardige staat, waarin wij de twee grote geboden min of meer naar behoren kunnen vervullen – God lief te hebben met heel ons hart en met heel ons intellect, wanneer deze verenigd zijn. Vader Sophrony vertelde ons, dat op de Heilige Berg, wanneer zij een monnik zagen die overdag somber was, de monniken zeiden: "Ah, hij heeft in de nacht niet geweend". Want als hij 's nachts geweend had, dan zou hij zijn rekening met God vereffend hebben – hij zou verlost zijn, en in zichzelf de vreugde des heils dragen, en hij zou gelukkig zijn temidden van zijn broeders.

Vraag 8: Een vraag over het liefhebben van alle anderen. En ik vertel u hierbij in het kort: Er woont een Doopsgezinde dominee verderop in mijn straat. En zij denken anders. Ik kan voor hem bidden. Ik kan medelijden met hem hebben – hij heeft enkele fouten. Maar wat de praktijk van het leven betreft, denkt hij anders dan ik. Ik heb niet het gevoel dat wij elkaar zeer nabij zijn. Is er iets mis met mij, dat ik dit gevoel van genegenheid niet heb?

Antwoord: Nee, ik denk het niet. Ik bedoel, in het dorp waar wij leven hebben wij zeer bijzondere relaties met de inwoners, en velen beginnen nu te zeggen: "Ah, u bent een zegen voor ons dorp". Maar... wij hebben niet veel gemeen.

Er bestaan drie niveaus van leven. En, hoe zal ik het zeggen... op het natuurlijke en het psychologische niveau kunnen wij vrienden zijn. Wij kunnen bij elkaar zitten en samen een kop thee

---

[22] LXX Ps.125(126):5.
[23] LXX Ps.55:9 (56:8). [Deze verwijzing heeft betrekking op de Hebreeuwse tekst, waarin het beeld gebruikt wordt van het opvangen van de tranen. *Noot vert.*]

drinken, en een beetje babbelen. Maar vanwege ons geloof hebben wij een andere visie. Ik bedoel, onder sommige protestanten bijvoorbeeld, zouden wij nooit de dingen kunnen zeggen die wij nu onder elkaar zeggen – over zelfveroordeling, over de tranen. Zij zouden denken dat wij barbaren zijn. Maar voor ons is dit iets natuurlijks.

Nee, ik denk dat uw gevoel correct is. Menselijk gesproken moeten wij iedereen eerlijk behandelen en goede relaties bewaren met allen. Maar omdat het hogere niveau in ons leven, het niveau van de geest, niet hetzelfde is, kunnen wij geen volmaakte eenheid hebben. Dat is waarom ik jonge mensen aanraadt voorzichtig te zijn wanneer zij hun partner kiezen, en bovenal dat dit een Orthodoxe persoon zal zijn, zodat zij hun leven kunnen delen op alle niveaus – niet alleen op het natuurlijke en het psychologische niveau, maar ook op het geestelijke niveau, dat het hoogste is, en een bron van kracht voor alle andere niveaus van het leven. Als wij niet verenigd zijn op het geestelijke niveau, dan zullen – vroeg of laat – de andere niveaus van het leven uiteen vallen...

Dus ik raad de jonge mensen aan, wanneer zij hun partner kiezen, te proberen zoveel mogelijk gemeenschappelijk te hebben, maar bovenal hetzelfde geloof te hebben. Ik spreek hier over de samenleving waarin ik mij bevind, in Engeland, waar een grote verscheidenheid bestaat – multi-cultureel, en multi-religieus. Ja, het is goed om een dergelijke convergentie te hebben, een gedeelde identiteit in de geest.

Vraag 9: Vader, zou u mij raad kunnen geven – of ons, want mogelijk spreek ik niet alleen voor mijzelf. Wanneer ik de Liturgie vier... soms lijkt de Dienst zeer vlug te gaan, maar soms duurt het eindeloos voor de Dienst voorbij is. En dan lijdt ik aan een verzoeking, dat ik misschien gewoon niet in de stemming ben voor de Liturgie, of... – vergeef mij dat ik deze vraag niet zeer correct stel... maar mijn geest dwaalt af, en het koor wordt een chaos, en dan raak ik gewoon ontstemd... Ik bedoel, u hebt gesproken over het intellect in het hart, en ik weet dat mijn intellect er gewoon niet bij is...

Antwoord: Ik begrijp u. Ik denk, dat het noodzakelijk is dat wij ons op de Diensten voorbereiden. Om enige tijd in gebed door te brengen voordat wij naar de Dienst gaan. En als wij dan naar de

Dienst gaan, zullen wij in harmonie zijn met de Dienst. Als wij er zonder voorbereiding heengaan, dan zal de Dienst eronder lijden vanwege ons, en ook wijzelf zullen lijden. Ik denk dat wij enige voorbereiding nodig hebben – wij zouden niet vanuit ons bed meteen in de Dienst moeten springen. Ik herinner me, dat vader Sophrony ons steeds weer vertelde: "Bereid u voor op de Diensten. Als gij u niet voorbereidt, zult gij opdrogen..." Dus, als wij ons voorbereiden op de Dienst, dan zullen wij een zekere zegen ontvangen door die voorbereiding, een zekere vrede, een zekere warmte... en daar voegen wij dan de zegen van de Dienst aan toe. Wij moeten iets meebrengen, om de Dienst ten volle te kunnen benutten.

Ik zal u iets vertellen, vergeef mij. Elk van ons, zegt de heilige Paulus, heeft een bijzondere gave.[24] Om ledematen te zijn van het Lichaam van Christus, dienen wij een genadegave te bezitten – om verbonden te zijn, verenigd te zijn met dit Lichaam. Alle leden van het Lichaam van Christus zijn mensen die dragers zijn van een genadegave van de Heilige Geest. De Heer wist dat niemand als afzonderlijk individu de rijkdom van Zijn genade en al de genadegaven van Zijn Geest zou kunnen dragen, en daarom kwam Hij op aarde om een Lichaam te bereiden – zodat al de leden van Zijn Lichaam gezamenlijk al de gaven van Zijn Geest kunnen bevatten. Geen enkel individu, hoe groot hij ook is – of hij nu Maximos de Belijder is, of Basilius de Grote, of wie dan ook... geen enkel individu kan al de genadegaven van de Heilige Geest bevatten. Maar het is ook niet nodig om al de gaven van de Heilige Geest te bezitten. Het is slechts nodig er één te hebben – zelfs al is dit maar een kleine gave – om ons te verbinden met het Lichaam van Christus, en daarmee deel te hebben aan de gaven van al de andere ledematen van het Lichaam. Want wij spreken over de eenheid van het Lichaam – dit Lichaam is een eenheid, want het heeft maar één Hoofd, en dat is Christus Zelf.

Wij hebben dus een kleine genadegave nodig, om ons te verbinden met het Lichaam van Christus en ons deelgenoot te maken van de gaven van al de andere ledematen van dit Lichaam. Hoe verwerven wij deze kleine gave, die de sleutel zal zijn om voor ons de gemeenschap te openen van de gaven van al de andere

---

[24] Ef.4:7,11-12.

leden? Wel, boven alles is er de gave der bekering. Als wij in bekering leven, en wij komen naar de vergadering van de andere ledematen van het Lichaam, met de gezindheid die wij hebben verworven in onze bekering voor Gods aanschijn, dan is dat de gave die ons met het Lichaam zal verenigen, en ons rijk zal maken door te delen in de genadegaven van alle anderen – niet alleen van de zichtbare leden van die vergadering, maar ook de triomferende ledematen van dit Lichaam, die reeds in de hemel zijn, al de heiligen; en van al de uitverkorenen Gods in elke plaats van Zijn heerschappij. De Kerk is één – één Lichaam. Dat is dus waarom het zo belangrijk is om deze fundamentele gave te bezitten; die fundamentele gave, de geest van berouwvolle bekering, is voor iedereen.

Ik denk hier aan Abba Ammonas, één van de Vaders uit de vierde eeuw. Hij was bisschop, en hij werd kluizenaar in Egypte. En hij spreekt veel over de geest der bekering, en zegt dat wij voortdurend tot God zouden moeten bidden om ons deze geest van berouwvolle bekering te schenken. Want de geest der bekering, zegt hij, is als een cirkel van vuur rondom de persoon, die niet toelaat dat deze persoon in zonde vervalt. Tot op zekere hoogte omvat de geest der bekering al de gaven van de Heilige Geest – het is een algemene genadegave, die absoluut noodzakelijk is; het is de deur waardoor wij de Kerk binnenkomen. En het is tevens de volmaaktheid van de gaven van de Geest, want het Evangelie eindigt ook met de verkondiging tot bekering. Dus wij hebben bovenal de geest der bekering nodig, om een 'introductie' te hebben tot het Lichaam van Christus, om deelgenoot te zijn aan de rijkdom van de genadegaven van al de ledematen van het Lichaam – van de gemeenschap der genade, die de aard is van de Kerk. Wij hebben deze gave der bekering nodig.

Wanneer wij naar de Kerk komen, dan moeten wij gaven meenemen voor deze vergadering. Deze gaven zijn niet zichtbaar – het gaat niet alleen om brood en wijn en water. Wij moeten geestelijke gesteldheden meebrengen: nederigheid, de diepte en het vuur van onze bekering, en al dergelijke gesteldheden, waarvoor wij gearbeid hebben in onze persoonlijke bekering. En deze gesteldheden scheppen een plaats in ons, een mystieke plaats in het hart, waarin onze geest vrijelijk kan bewegen. En als wij dan naar de vergadering komen, dan behoeven wij daar geen grote buigingen te maken, of op andere wijze onze vroomheid te tonen. Wij staan daar, en uiterlijk lijkt het alsof wij onverschillig zijn, maar in ons is een plaats waarin onze geest in alle vrijheid voor God kan staan.

Er zijn vele redenen waarom wij het nodig hebben ons voor te bereiden, voordat wij naar de vergadering komen van het Lichaam van Christus – om deze 'plaats' in ons te bezitten, waardoor wij in staat zijn om voor Gods aanschijn te komen zonder enig uiterlijk vertoon, en waardoor wij tevens deelgenoot worden van de genade-gaven van de andere leden van de vergadering. Als wij zonder gaven komen – en in ons geval zijn dit de gesteldheden van het hart, de krachtige gesteldheden van het hart die wij in onze persoonlijke bekering verworven hebben – dan doen wij geen recht aan onszelf, noch aan de andere leden van het Lichaam.

Vergeef mij, ik denk dat ik teveel heb gezegd... maar ik weet niet of ik begrepen wordt...

APPENDIX

8

De besnijdenis des harten
en de weg van het monnikschap

n ons eigen klooster valt het me gemakkelijk om een uur lang te spreken tot de mensen die elke Zondag tot ons komen. Maar ik vind het altijd moeilijk om voor mijn broeders te spreken – voor monniken te spreken is alsof gij spreekt tot een vergadering van profeten, die alles kunnen onderscheiden... Maar toch ben ik heel blij om met u te zijn, en deze bijeenkomst met u te delen.[1]

Wij delen allen in dezelfde roeping, deze wondere roeping van het monnikschap. Het is ongelooflijk! God is in de wereld gekomen om een Lichaam te bereiden, de Kerk, omdat Hij wist dat niemand als afzonderlijk individu op zichzelf heel de volheid van Zijn genadegaven kan bevatten – al de volheid van de genadegaven van Zijn Heilige Geest, al Zijn genade. Dus heeft Hij een Lichaam bereid, waaraan Hij al de rijkdom van Zijn Geest mededeelt. En elk van de ledematen van dit Lichaam heeft daar gedeeltelijk deel aan. Dat is waarom onze Vaders zeiden dat men buiten de Kerk geen heil kan vinden, want niemand kan zijn heil bewerken buiten deze gemeenschap in de gaven van de Heilige Geest, deze gemeenschap van al Gods heiligen: de triomferenden in de hemel en de uitverkorenen Gods op aarde, in elke plaats van Zijn heerschappij. En het grootste wonder van Gods komst in deze wereld is dus dat Hij dit Lichaam heeft bereid, dit wonderbaarlijk Lichaam, de Kerk, waarin Hij ten volle woont, vanaf het begin van Zijn Vleeswording.

Nu is er altijd een kleine gave vereist, een kleine genadegave, om ledematen van dit Lichaam te kunnen worden, en deze schat te kunnen openen en te delen in de gaven van al de andere ledematen van dit Lichaam. En voor ons, die de monastieke weg volgen, wordt dit alles nog veel concreter. Want aan ons is veel gegeven, en degenen die sterk zijn zullen ook "op machtige wijze worden

---

[1] Deze voordracht werd gehouden op 8 februari A.D. 2014, voor de monniken van St. Tikhon's (dat zowel een klooster als een seminarie herbergt).

getoetst", zo zegt het Oude Testament.[2] Of nog beter, zoals de Heer zegt: "Aan wie veel gegeven is, van hem zal veel worden gevraagd".[3]

Aangezien wij ons bevinden in de dagen van het Feest van de Opdracht van onze Heer in de Tempel,[4] van Zijn intrede in de Tempel en Zijn ontvangen worden door Simeon – een "rechtvaardig en vroom" man[5] – zou ik enkele woorden willen spreken in verband met dit Feest. Maar ook in verband met onze monastieke roeping.

Dit Feest heeft veel gemeen met het Feest van Pinksteren. Wij zien in dit Feest hoe alles gedaan wordt in de Heilige Geest – dit wordt steeds herhaald: dat Simeon door de Heilige Geest naar de Tempel kwam, dat de Heilige Geest hem hun komst openbaarde, dat hij hen ontving in de Heilige Geest; en ook de profetes Anna was een openbaring van de werkzaamheid van de Heilige Geest. Dus dit Feest lijkt heel veel op Pinksteren. En de hymnen van dit Feest, en met name de 'apostichen' van de Vespers, behoren tot de oudste hymnen van onze Kerk – zij zijn zeer oud, en zeer schoon, die 'stichieren', die 'apostichen' van de zevende toon.[6] En ik was blij dat u tijdens de priestercommunie het 'doxastikon', het 'eerstichier' hebt gezongen van het Feest – een prachtige hymne. Dit Feest is één van mijn favoriete Feesten in het jaar – dit en Pinksteren zijn mijn favoriete Feesten, plus de 'antifonen' die wij zingen op de Grote en Heilige Donderdag, tussen de Twaalf Evangeliën – die hele Dienst.

Wat het Oude Testament betreft... Bij Zijn komst op aarde had de Heer de besnijdenis ontvangen, om de Wet te vervullen die Hijzelf aan Mozes gegeven had. Hij vervulde deze, en verwierf zo het recht om dit later af te schaffen. In de Evangeliën bij monde van de heilige Mattheüs en de heilige Lukas – in de geslachtslijsten – lezen wij

---

[2] Cf. LXX Wijsh.6:6 - "Want de geringste ontvangt gratie uit barmhartigheid, doch de machtigen zullen op machtige wijze worden getoetst".

[3] Lk.12:48.

[4] In de Orthodoxe Traditie worden de grote Feesten van het Kerkelijk jaar gevolgd door een 'nafeest' van enkele dagen, tot zelfs een volle week, waarin deze gebeurtenis in de Diensten van alle kanten overwogen wordt. *Noot vert.*

[5] Lk.2:25.

[6] Al deze termen zijn een aanwijzing m.b.t. de plaats in de Diensten waar de desbetreffende hymnen gezongen worden, die aldus gemakkelijk zijn terug te vinden in de teksten van het desbetreffende Feest. *Noot vert.*

over het volk Gods van het Oude Testament. Zij waren de voor-vaderen van de Heer naar het vlees, en zij allen ontvingen de besnijdenis; de besnijdenis was het teken dat zij het woord Gods geloofden, het was als een zegel daarop. Ik herinner me hoe wij in Cyprus een omheind gebied hadden van enkele mijlen, waar wij al onze dieren lieten rondlopen, tezamen met die van andere mensen. Wanneer de mensen veel werk te doen hadden – bij het planten, bij het oogsten – dan lieten zij hun dieren los in dat gebied, waar zij konden grazen. Maar elk herkende zijn dier, want hij had zijn eigen zegel afgedrukt op het oor van het dier. Evenzo was de besnijdenis van het Oude Testament, die al de voorvaderen des Heren naar het vlees droegen, een teken dat zij toebehoorden aan het volk Gods. En zij leefden met een sterk geloof en in grote verwachting van Zijn komst. Toen de Heer kwam schafte Hij de besnijdenis af, en Hij gaf ons een andere manier om tot Zijn Lichaam te behoren, tot de Kerk – om Zijn volk te zijn, Zijn afstammelingen. (Hij had voor-vaderen in het Oude Testament, nu heeft Hij afstammelingen in het Nieuwe Testament.) Hij heeft ons de Doop gegeven, en door de Doop ontvangen wij de besnijdenis van het hart, als een getuigenis dat wij Gods volk zijn, dat wij Hem toebehoren. Dat is waarom wij niet met God verbonden kunnen zijn zonder deze "besnijdenis des harten", die wij in de Doop hebben ontvangen.[7]

De God der Christenen is een God van mededogen – "de Vader van alle mededogen en de God van alle vertroosting".[8] Christus is voor ons de Trooster voor Gods aanschijn, onze Middelaar – Zijn Offer als zodanig bemiddelt voor ons en vertroost ons. En de Heer zond de "andere Trooster" – waarover Hijzelf gesproken heeft.[9] De eerste Trooster is de Vader – "de Vader van alle mededogen en van alle vertroosting", zoals de heilige Paulus zegt.[10] De tweede Trooster is Christus Zelf. En Hij zendt de andere Trooster, de derde Persoon van de Heilige Drieëenheid, om mét ons te zijn en te getuigen van de waarheid van Zijn woord, van Zijn goddelijkheid – tot aan het einde der tijden. En om ons te leiden "in al de waar-

---

[7] Cf. Rom.2:29.
[8] 2Kor.1:3.
[9] Joh.14:16.
[10] Cf. 2Kor.1:3.

heid",[11] dat wil zeggen, tot in de volheid van Zijn liefde. De mensen van Gods volk ontvangen dus de Doop om binnen te treden in de Kerk, en door de Doop de gave van de Heilige Geest – en deze besnijdenis is werkzaam in hun hart. Deze "besnijdenis des harten" is het teken dat wij tot de Kerk behoren, en dat wij geloven in Gods woord. Aan allen die Hem hebben ontvangen en in Zijn Naam geloven, "heeft Hij de macht gegeven kinderen Gods te worden".[12] En zoals het oude volk van God leefde in verwachting van Zijn komst, zo leeft ook nu het nieuwe Israël in verwachting van Zijn Wederkomst – en niet alleen leeft het volk Gods, de ledematen van Zijn Lichaam, in deze verwachting van Zijn Wederkomst, maar zoals de heilige Petrus zegt, zij haasten zich naar die grote en doorluchtige dag van Zijn komst.[13] Dat wil zeggen, zij haasten zich om die dag te bereiken, zelfs nog voordat deze uiteindelijk komt. Want wat is die Dag? Het is de Heer Zelf. En wanneer de Heer tot ons komt, dan is "het einde der eeuwen" over ons gekomen, zegt de heilige Paulus.[14]

Maar wat ik wilde zeggen over de besnijdenis, over de besnijdenis des harten: Al onze inspanning. in het bijzonder als monniken, is erop gericht deze besnijdenis des harten te bewaren. (In het monastieke leven wordt dit alles meer concreet, zoals ik gezegd heb.) Het is een bepaalde verbroken en nederige geest, een bepaalde geestelijke pijn in ons hart, die ons niet toestaat zelfs maar voor een ogenblik te vergeten dat wij Hem volledig toebehoren. En al de praktijken van onze Kerk zijn erop gericht om deze 'schram' in het hart, deze wond van het hart, vast te houden en te bewaren – waardoor wij ons voortdurend vastklampen aan de Heer, en met Hem in de geest verenigd zijn. Wij kunnen geen vooruitgang maken in het geestelijk leven, als wij niet voortdurend bidden. Als de Naam van Christus niet 'vastzit' aan onze adem, dan kunnen wij niet werkelijk de eindeloze veranderingen van ons hart ervaren, die bewerkt worden door Gods Rechterhand, dat wil zeggen, de

---

[11] Joh.16:13.
[12] Cf. Joh.1:12.
[13] Hand.2:20, een citaat uit Joël 3:4.
[14] Cf. 1Kor.10:11.

Heilige Geest. (De heilige Irenéüs van Lyon zegt, dat de Zoon en de Heilige Geest de twee handen van de Vader zijn.)

Deze besnijdenis des harten is een begerenswaardige staat: de Heer nimmer te vergeten en voortdurend te worden vertroost. Simeon de Rechtvaardige en Vrome, die de Heer ontving, hij was één van degenen die de Vertroosting van Israël verwachtten – feitelijk: de onvergankelijke vertroosting van Israël, en dat is Christus, de Heer.[15] Als wij deze onvergankelijke vertroosting willen behouden – willen vinden – die ons zal helpen rechtop te staan in Gods aanwezigheid, en te allen tijde de voetsporen te volgen van Zijn goedheid en ons niet te vergissen in dit leven, dan moeten wij deze besnijdenis des harten bezitten. Doch hoe verwerven wij deze besnijdens des harten, en hoe bewaren wij deze? Dit is onze taak. Wij zouden natuurlijk kunnen zeggen: door de berouwvolle bekering. Maar de bekering is een algemene deugd. Dat is hoe het Evangelie begint, met de verkondiging der bekering – zowel door de heilige Johannes de Doper als door de Heer Zelf. En dat is hoe het eindigt: de Heer Zelf, na Zijn Opstanding en vlak voor Zijn Hemelvaart, zendt Zijn leerlingen uit om het Evangelie te verkondigen in de gehele wereld, en allen te dopen in de naam van de Vader, en van de Zoon, en van de Heilige Geest,[16] en om "de bekering ten leven" te verkondigen,[17] zoals ook op andere plaatsen geschreven staat. Dit betreft de verkondiging der bekering en dan de Doop in de naam van de Heilige Drieëenheid. Maar er zijn vele middelen, praktische middelen, om deze bekering te leven. En ik zou over twee daarvan willen spreken.

Het belangrijkste middel voor ons monniken, dat deze besnijdenis des harten helpt en bevordert, is de gehoorzaamheid. Al wie gehoorzaam is ontvangt de genade te worden als de Zoon van God, zegt de heilige Barsanuphius de Grote. En er zijn vele manieren om de gehoorzaamheid te beoefenen. Allereerst moeten wij gehoorzaam zijn aan degene die de verantwoordelijkheid heeft, die het leven in deze plaats, in het klooster, organiseert en opbouwt. In feite is de gehoorzaamheid een oefening om "Ja" te

---

[15] Cf. Lk.2:25.
[16] Mt.28:19.
[17] Cf. Lk.24:47; Hand.11:18.

leren zeggen tegen de wil en de wens van de ander: om de ander
voorop te stellen, wat de gezindheid is van de Heer: "Want deze
gezindheid zij in u, die ook is in Christus Jezus", zegt de heilige
Paulus.[18] En enkele verzen daarvóór zegt hij wat deze gezindheid
is: Een wedstrijd te houden, wie de ander het meest zal eren. De
ander is belangrijk, belangrijker dan wijzelf. Wij zouden die ander
meer moeten achten en eren dan onszelf. En door onszelf te allen
tijde erin te oefenen om "Ja" te zeggen – op het eerste woord van
de Hegoumen, op de wens van onze broeder – leren wij ook dit
"Ja" te zeggen op de wil van God, en zo zullen wij in staat zijn dat
laatste grote "Ja" te zeggen: "Ja, Heer Jezus, kom!" op die dag,
wanneer Hij zal komen om ons uit te nodigen tot het grote
Avondmaal in Zijn Koninkrijk. "Ja, Heer Jezus, kom!"

   Tenzij wij dit "Ja" leren zeggen tegen al onze broeders, en
meer in het bijzonder tegen onze Vader in God, dan zal dit niet als
vanzelfsprekend komen, dan zal dit geen deel van ons worden, het
zal niet één worden met onze natuur, het zal niet als natuurlijke
reactie komen wanneer de Heer komt. Dus de gehoorzaamheid is
boven alles te leren "Ja" te zeggen, om dat laatste grote "Ja" te
kunnen zeggen bij de Komst van de Heer: "Ja, Heer Jezus, kom!"

   Maar er zijn nog vele andere aspecten aan de gehoorzaamheid.
In het verleden hebben wij gesproken over de gehoorzaamheid als
een eer, als een voorrecht, als een gave van God, om ons te helpen
ons te ontdoen van ons eigen, verderfelijke, beperkte en geïnfecteerde
intellect en al wat daarmee samenhangt, om erin te worden getraind
de wil van God te aanvaarden, via onze geestelijke vader, via onze
broeders, en zo langzaamaan op te stijgen tot het niveau van Gods
wil, en Diens wil in onszelf een plaats te geven – en in Gods wil is
het leven: wij ontvangen een goddelijke gesteldheid. Dit is een
zeer rijke cultuur, en u zult vele grote en geïnspireerde werken
vinden, geschreven door onze Vaders, over deze praktijk van de
gehoorzaamheid in het klooster. Feitelijk is het zo, dat niemand
ooit de betekenis, de visie van het goddelijk Evangelie kan binnenkomen, zonder de cultuur van de gehoorzaamheid. Alleen door
gehoorzaamheid kan ons intellect, ons aardsgerichte intellect,

---

[18] Fil.2:5.

veranderen en zich openen om de Schriften te verstaan – zoals dit gebeurde met Lukas en Kleopas op de weg naar Emmaüs.

Dit is dus één groot ding: de beoefening van de gehoorzaamheid. Altijd "Ja" te kunnen zeggen, in staat te zijn het eerste woord te ontvangen, bewaart een nederige en verbroken geest, en zo is het gemakkelijk om ons met onze God te verbinden. Er was een oudvader, die zeide: "Wilt u God kennen? Dat is heel gemakkelijk. Spreek enkel tot Hem met een verbroken hart, met een hart vol pijn en een nederige geest, en gij zult Hem kennen; Zijn vertroosting zal uw hart ervan verzekeren." "Het is heel gemakkelijk", zei hij altijd, "nader Hem enkel met een verbroken hart..." Wij hebben dus deze cultuur van de gehoorzaamheid nodig om een nederig en verbroken hart te verwerven, en dat is de besnijdenis des harten, die ertoe leidt dat wij de Heer toebehoren en van Hem Zijn innerlijke staat ontvangen.

Wij zijn Gods kinderen. Dat is een groot voorrecht. Ik heb altijd het monnikschap herkend in de persoon van de Kanaänitische vrouw, toen zij het woord van de Heer aanvaardde om te zijn als een hondje en gevoed te worden met de kruimels die van Zijn tafel vallen. Maar weet u, zij aanvaardde dit met trouw en liefde, zoals honden meestal zijn, en de Heer zeide: "O vrouw – dochter – groot is uw geloof".[19] Zij ontving de genade van de aanneming – zij aanvaardde een hond te zijn en zij werd tot een dochter. En dit is hetzelfde in het monnikschap: wij aanvaarden om niets te zijn, maar wij ontvangen alles. Wij aanvaarden hondjes te zijn, en wij worden tot zonen van God. Dit is een grote cultuur, en wij moeten niet onder de indruk raken van de wereld om ons heen; noch worden aangetrokken door de ijdelheid van deze wereld, noch door haar prachtige patronen en grote modellen en waarden. En wij moeten niet in verwarring raken door de illusie die zelfs sommigen van het uitverkoren volk in de Kerk hebben: Dat gij een goed Christen kunt zijn, en tegelijkertijd de wereld kunt genieten. Dat wil zeggen, de liefde voor God verenigbaar te maken met de liefde voor de wereld. Dat is de grootste illusie: "De liefde voor de wereld is vijandschap jegens God", zegt de Heilige Schrift.[20] Dus wij moeten radicaal

---

[19] Cf. Mt.15:28.
[20] Cf. Jak.4:4.

zijn, te allen tijde. En als wij in het monastieke leven de ijdelheid van deze wereld vermijden – de aantrekkingskracht van haar waarden en patronen – en wij behoeden ons intellect voor de illusie die ons misleidt om de liefde voor deze wereld en de liefde voor God te verenigen, en wij zijn radicaal en hard jegens onszelf in de verzaking die wij aanvaard hebben in dit aardse leven, dan zal ons hart worden gesterkt om in Gods aanwezigheid te staan. Als wij toegeven aan andere dingen, dan verzwakt ons hart en kan het niet in Gods aanwezigheid staan. Het is verbazingwekkend! Dus ik zal daar niet meer over zeggen. Ik weet zeker dat u veel leest, en als gij de heilige Johannes van de Ladder leest, dan hebt gij daar de meest volmaakte uitdrukking van deze grote cultuur van de gehoorzaamheid, die onze Vaders zelfs boven het gebed en het vasten stellen, en boven alles. In de monastieke traditie is de gehoorzaamheid werkelijk de hoogste deugd. Sorry, het is niet nodig daar meer over te zeggen.

Maar dit is het éne. Er bestaan vele praktijken. De andere praktijk die ik wilde noemen, is ons hart uit te storten voor Gods aanschijn net als de profetes Hanna,[21] met vele tranen – met vele tranen van berouwvolle bekering. Elke keer dat wij tranen vergieten voor Gods aanschijn, dan houdt God een penseel in de hand en maakt Hij een penseelstreek op ons hart – en beetje bij beetje schildert Hij Zijn beeld in ons hart. Door voortdurend tranen te vergieten zal de Heer voorzeker in ons hart gevormd worden. En dat zal onze grootste leermeester zijn – dan zullen wij rechtstreeks door God onderricht worden. Wij zullen naar Zijn beeld kijken, en dat zal genoeg voor ons zijn om onze nederigheid en rouwmoedigheid te bewaren, want wij zullen onszelf niet vergelijken met de sterfelijke mensen om ons heen, maar met de God-mens, Die in ons hart gevormd is en Die onze bestemming is: Wij zouden moeten worden naar de gelijkenis van Hem Die ons geschapen heeft, zoals gezegd wordt in de Brief aan de Kolossensen.[22] De tranen zijn dus zeer kostbaar daar zij het Beeld van Christus in ons vormen, en de nederige geest van verbrokenheid bewaren die de geestelijke besnijdenis is van het hart, dat zich aldus verbindt en verenigt met de God van het mededogen en van alle vertroosting.

---

[21] 1Sam.1:9-20.
[22] Cf. Kol.3:10.

Waarom zijn de tranen zo kostbaar voor Gods aanschijn? Omdat dit de natuurlijke manier is om tot God te spreken. Wij kunnen geen tranen hebben als wij niet voor God staan met maar één gedachte, en met ons intellect in ons hart. Als wij twee gedachten hebben kunnen wij geen tranen hebben. Maar als wij maar één gedachte hebben, die ons gegeven wordt, en waarmee wij voor Hem komen staan, waarmee wij ons tot Hem bekeren, dan zullen de tranen komen. De tranen der bekering worden zozeer gewaardeerd omdat zij genezing brengen: zij verenigen het intellect met het hart, en heel ons wezen concentreert zich in het hart als één strakgetrokken knoop, zoals vader Sophrony placht te zeggen. En van daaruit kan heel ons wezen op God worden gericht. Dan zijn wij op het niveau dat vereist wordt door het eerste en grote gebod: God lief te hebben met heel ons hart, en met heel ons verstand, en met heel ons wezen.[23] Wij moeten genezen worden van de verdeeldheid die wij hebben geërfd door het verderf van deze wereld. En wij zijn verdeeld: wij hebben één gedachte in ons intellect, een ander verlangen in ons hart, een ander verlangen in onze zintuigen... en God is een naijverig God,[24] Hij kan niet verdragen het hart van de mens te delen met iets of iemand anders, zelfs niet in het minst. Dat is waarom het Kruis in ons leven aanwezig moet zijn. Tenzij wij dit Kruis op ons nemen, dat de besnijdenis van het hart bewaart, *kunnen* wij Zijn vrienden niet zijn. Als wij het Kruis niet op ons kunnen nemen, kunnen wij Hem niet volgen. Want het Kruis van Zijn voorzienigheid bevrijdt ons hart van al onze gehechtheden aan deze wereld, en alleen met een vrij hart kunnen wij voortsnellen op de weg van Zijn geboden – zoals wij lezen in de lange Psalm van David.[25]

Ja, om deze reden zijn de tranen zeer kostbaar: om de besnijdenis des harten te bewaren – niets is sterker dan de tranen. En in één van de gebeden (in het gebed dat wij lezen bij de kleine Waterwijding) wordt God beschreven als Hij die de "erbarmelijke tranen" aanvaardt. Ook in het Oude Testament was dit bekend, het volk Gods kende dit verschijnsel. De profeet David zegt: "O Heer...

---

[23] Cf. Mt.22:37; Mk.12:30; Lk.10:27.
[24] Ex.20:5.
[25] LXX Ps.118(119):32.

Gij hebt ons gevoed met het brood der tranen".[26] En dit "brood der tranen" is het brood "dat het hart versterkt", waarover gesproken wordt in de Vesper-psalm.[27] Waartoe wordt het versterkt? Om in Gods aanwezigheid te staan. In ons geval ook: om het andere "Brood des levens" te kunnen ontvangen, dat vanuit de hemel nederdaalt.[28] Dus dit is de grote weldaad van het "brood der tranen".

Zoals gezegd zijn er vele praktijken; heel ons gemeenschapsleven is een leven dat bijdraagt aan deze verbroken en nederige geest, om voortdurend en te allen tijde in Gods aanwezigheid te kunnen staan. En zoals ik tot mijn eigen broeders in het klooster gezegd heb: Als wij één regel hebben in ons leven, dat wij in alles wat wij doen, in alles wat wij zeggen, in alles wat wij denken over onze broeder, een klein deel liefde toevoegen – een kleine hoeveelheid nederige, broederlijke liefde – dan zullen wij voorzeker het grote "goede deel" ontvangen van de grote goddelijke liefde. Dat is het gemeenschappelijke leven waarin God het eeuwige leven heeft beloofd, zoals wij zingen (ik meen bij één van de prokimena in de Vigilie, waarvan wij in ons klooster altijd alle verzen zingen, niet alleen het eerste): "Want daar gebiedt de Heer... leven tot in eeuwigheid".[29] Dit is de grootste regel; als wij deze regel hebben, dan hebben wij geen andere regels nodig. Wanneer er geen overtredingen zijn, dan zijn er geen wetten nodig, zegt de heilige Paulus.[30] En als wij deze wet hebben, de wet van geloof en liefde – altijd een klein beetje nederige broederlijke liefde toe te voegen bij alles wat wij doen, bij alles wat wij zeggen, bij alles wat wij denken over onze broeder, dan zal ons leven vast en zeker rijk zijn. En dan delen wij in elkaars geestelijke genadegaven. Er zal geen strijd of

---

[26] Cf. LXX Ps.79:6 (80:5/6).
[27] Cf. LXX Ps.103(104):15.
[28] Cf. Joh.6:51.
[29] Cf. LXX Ps.132(133):3 – «ὅτι ἐκεῖ ἐνετείλατο Κύριος τὴν εὐλογίαν καὶ ζωήν ἕως τοῦ αἰῶνος». [Dergelijke uitgelezen psalmverzen worden in de Orthodoxe Diensten gebruikt ter inleiding van de Schriftlezingen, doch in de huidige praktijk worden vaak niet alle verzen gezongen. Het hier genoemde vers komt o.a. als tweede vers bij het 'alleluia' van de lezingen voor de Onbaatzuchtige Geneesheren. De eerste verzen van deze psalm worden tevens gebruikt in één van de prokimena voor de Grote en Heilige Dinsdag, in de Dienst van de Voorafgewijde Gaven. *Noot vert.*]
[30] Cf. Rom.4:15.

verdeeldheid of ambitie en dergelijke nodig zijn, want wanneer Gods genade met ons is, dan ontbreekt het ons aan niets, zoals de psalm zegt. In de genade des Heren "is er geen gebrek".[31]

Ik heb hier enkele dingen gezegd, maar misschien hebt u nog iets te vragen, en dan zouden wij nog wat meer kunnen zeggen. Maar wij hebben reeds veel dingen genoemd die zeer belangrijk voor ons zijn, en het is goed ze te onthouden – zowel voor mij die dit gezegd heeft, als voor u die het gehoord hebt. Wij kunnen niet een dergelijke ontmoeting hebben en delen in het woord Gods, in deze atmosfeer van de aanwezigheid van God, tenzij degene die spreekt het verlangen en de liefde heeft om te spreken, en degene die hoort het verlangen en de liefde heeft om te horen. En dan geeft God het woord – misschien niet omwille van hem die spreekt, maar vaak omwille van degenen die hem horen.

Vragen & Antwoorden

Vraag 1: Hoe veranderen wij onze geest om in het monastieke leven positief te denken, in plaats van...

Antwoord: Wel, zoals wij gezegd hebben, door de gehoorzaamheid. Als wij niet zorgvuldig zijn in de gehoorzaamheid zullen wij nimmer werkelijk de geest van het monnikschap vatten. Ik sprak ooit met een zekere bisschop in Griekenland, die zijn zetel verloren had. En ik probeerde hem te bemoedigen, en ik zei tot hem: "Nu gij de macht verloren hebt, zijt gij gereed om zowel het Evangelie beter te verstaan als de wegen van Gods Geest. Want nu zijt gij teruggebracht tot niets, en dus zijt gij nu goed materiaal voor God om iets uit te scheppen – het is de God der Christenen eigen om te scheppen uit het 'niet-zijn'. En wanneer wij erin slagen om onszelf tot niets te maken – het hondje van de gehoorzaamheid, zoals wij gezegd hebben – absoluut niets, zoals de Kanaänitische vrouw, dan zijn wij goed materiaal in de handen van God om ons te herscheppen door de gehoorzaamheid...

En al de andere dingen die wij doen in het klooster: de tafel dekken, de vloer vegen, dit alles draagt bij aan onze heiliging. Wij

---

[31] LXX Ps.33:10-11 (34:9-10 of 10-11); zie ook LXX Ps.22(23):1.

hadden een monnik in ons klooster die zeer eenvoudig was (ik denk dat hij maar drie of vier jaar naar school was geweest): vader John – hij was onze tuinier. Hij werkte met grote ijver, hij deed het werk van wel drie mensen; en op een dag zei ik tot hem: "Werk minder. Ik wil dat gij vele jaren zult leven. Ik heb liever dat gij mij twintig jaar lang in het altaar helpt als altaardienaar, dan vijf jaar in het veld, en het dan moet opgeven." Hij zei tot mij: "Ja, maar gij zijt op uw twintigste naar het klooster gekomen, en ik kwam pas op mijn zestigste, en ik zal u moeten inhalen." Dus deed hij het werk van het klooster met grote ijver – en hij ontving daar genade voor. En hij was geen oppervlakkig persoon, hij bad. Op een dag was hij kalk aan het strijken op de stammen van de appelbomen – want in de winter, wanneer het sneeuwt en de konijnen niets te eten vinden, dan eten ze de schors van de bomen, en dan sterven de bomen. Hij bestreek ze eenmaal, en toen een tweede maal. En ik zei tot hem: "Maar vader, eenmaal is genoeg! Waarom doet u het twee keer?" "Als ze van mij waren, dan zou ik het eenmaal doen", zeide hij tot mij, "maar omdat ze van God zijn, doe ik het tweemaal." Dat is het geweten van de monnik in een klooster, om op die manier met alles om te gaan, wat het ook is – het is van God, het is niet van mij – en er zelfs nog meer zorg voor te dragen dan wanneer het van mijzelf was. Wij behoeven in het kloosterleven dus niets te bedenken. Zolang wij maar ons intellect en ons hart bepalen bij hetgeen wij doen, zal dat ons leiden tot de verlangde volmaaktheid.

Hij leerde ons vele dingen, deze vader John. Ik meen, dat ik u bij een eerder bezoek ooit verteld heb, hoe ik hem op een dag vond in de kloosterhof, snikkend en wenend.[32] [...] Ik nam hem mee naar de kapel en ik liet hem wenen en tot rust komen, en toen was hij in staat te spreken. Weet u wat hij mij vertelde? "Ik kijk in mijn hart, en één van de broeders is daar niet aanwezig, en ik kan het niet verdragen." Dat is het geweten van de monnik. Dat wil zeggen, hij ervoer een zekere kilheid jegens één van de broeders, en hij kon dat niet verdragen; hij voelde dat alsof zijn bestaan verminkt was. In het klooster is het niet alleen de hegoumen, die alle monniken in zijn hart moet dragen en ze veelvuldig voor Gods aanschijn moet brengen in zijn gebed, maar elke monnik moet de hegoumen en al

---

[32] Dit kwam ook ter sprake in de bijeenkomst te Wichita, zie hfst.2, vraag 4, p.51.

zijn broeders in zijn hart hebben. En wanneer hij voor Gods aan-schijn staat, dan ziet God heel onze broederschap in elk van ons. "Dat is de grootste oefening", zei vader Sophrony vaak: "om de universaliteit van Christus te bereiken" – om een waarachtig beeld en gelijkenis van Christus te worden, door te allen tijde al de anderen in ons hart te dragen. En als één iemand daaruit mist, dan moeten wij daarover ontsteld zijn – omdat ons bestaan dan verminkt is. Vergeef mij, ik heb veel van hem geleerd; ik zou er een heel boek over kunnen schrijven.

Nog één ding. Wij hebben een zeer geliefde professor die vaak ons klooster bezoekt, al jaren, zelfs voordat hij met pensioen ging. Waarschijnlijk kent u hem van zijn boeken: professor Manzarides. Hij heeft vele uitnemende boeken geschreven; hij was één van de beste professoren in Thessaloniki. Dr. Christopher (Veniamin) en ik hadden hem beide als professor. En elke keer dat hij naar ons klooster kwam, bracht hij een geschenk mee voor vader Ioannis (vader John). Hij mocht hem graag. Soms bracht hij hem zoetig-heden... deze keer bracht hij een boek voor hem mee. Het was het leven van één van de pilaarheiligen, ik herinner me niet meer precies wie, misschien de heilige Simeon de Styliet... Hij bracht hem dit boek en nog iets. En vader Ioannis, om zijn vriend de professor te eren, sliep de hele nacht niet en las het boek. De volgende dag, in de eetzaal, tijdens het ontbijt na de Dienst, snelt hij recht op de professor af en hij zegt tot hem: "Mister Professor (κύριε καθηγητέ), ik heb het boek gelezen dat u voor mij hebt meegebracht. Het is heel aardig. Maar ik ben geschokt!" De professor zegt: "Waarin bent u geschokt?" "Omdat deze heilige op zijn pilaar zichzelf geheel veronachtzaamde, en hij rotte weg zodat hij vol wormen zat, en de wormen vielen uit zijn lichaam op de grond. En ik heb in het Nieuwe Testament gelezen dat ons lichaam de tempel is van de Heilige Geest. Hoe valt dit daarmee te verenigen?" De professor is zeer nederig, en hij zegt tot vader John: "Vraag hem (dat was ik) u te vertellen waarom." Ik zei: "Vader Ioannis, nu moeten wij de tafel zegenen, wij zullen er later over spreken." "All right", ant-woordde hij. Wij zegenden de tafel, hij ging naar zijn werk in het veld, en ik ging met de professor naar mijn studeerkamer, want hij was bezig het manuscript door te nemen van de vertaling van één van de boeken van vader Sophrony, die ik vanuit het Russisch in het Grieks had vertaald. Dat was het boek "Over het gebed".

Die hele morgen was ik samen met de professor, ik was geen minuut van hem gescheiden geweest. En tot aan de lunch hadden wij vader John niet gezien. Toen de bel ging voor de lunch liepen wij naar de eetzaal, en wederom kwam vader John op de professor afgesneld, en hij zegt tot hem: "De hele morgen, tot aan de lunch, was ik in het veld aan het bidden dat God mij deze kwestie zou openbaren. Waarom ik dit niet begrijp. En God heeft het mij gegeven." "En wat is dat?" vraagt de professor. "Hij vertelde mij dat één ding in ons leven belangrijk is: God lief te hebben. Het lichaam is niet belangrijk." "Ja," zei de professor, "dat is juist".

Na de lunch gingen wij naar de studeerkamer om ons werk voort te zetten. En de professor zegt tot mij: "Hebt gij met vader John gesproken?" Want na het ontbijt had de professor mij gevraagd: "Wat zult gij vader Ioannis zeggen?" En ik had tot hem gezegd: "Het is heel eenvoudig. De Apostel zegt: 'Of wij leven of sterven is niet van belang. Wat van belang is, is Hem toe te behoren." (Dat is wat de heilige Paulus zegt: "Hetzij wij leven, hetzij wij sterven, wij zijn des Heren".[33] En elders: "Wij streven ernaar, of wij nu in het lichaam zijn, of buiten het lichaam, Hem welgevallig te zijn".[34]) De professor zei tot mij: "Ja, gij hebt gelijk." En toen vader John kwam en hem min of meer hetzelfde vertelde, stond hij versteld. Hij zegt tot mij: "Hebt gij met hem gesproken?" Ik zeide tot hem: "Maar gij hebt het zelf gezien, ik heb u geen moment verlaten."

Ja, zo was hij. En hij kwam altijd op de proppen met zeer diepe zaken en verraste ons daarmee, omdat hij deze grote ijver bezat voor het klooster, en voor het werk van het klooster, en het gebed niet veronachtzaamde. Toen hij naar het klooster kwam en vader Sophrony zag dat hij steeds aan het werk was, riep hij hem en wilde hem wat doen bedaren en hem minder laten werken. Hij zegt tot hem: "Vader Ioannis, wij zijn hier niet alleen om te werken, wij zijn hier ook om te bidden. Werk minder, en bid ook." "All right, ik zal bidden," zeide hij tot vader Sophrony. Het is fijn wanneer mensen zeer gehoorzaam zijn, en gij hen moet troosten door te

---

[33] Cf. Rom.14:8.
[34] Cf. 2Kor.5:9.

zeggen: "Doe minder" – wanneer zij grote ijver bezitten in het geestelijk werk, en gij hun ijver moet temperen, veeleer dan wanneer zij geen ijver hebben en gij hen moet aansporen. Dat is een zeer ondankbaar werk. En hier was dit hetzelfde, wij moesten vader John een beetje onder controle houden, zijn ijver een beetje temperen.

In het verleden heb ik sommige mensen horen zeggen, "Ah, vader Sophrony is enigszins filosofisch in zijn boeken." Maar het is helemaal niet filosofisch – zelfs deze man, die maar drie of vier jaar naar school was geweest, leefde de theologie van vader Sophrony: Als ik verkild ben, al is het maar jegens één van mijn broeders, dan ben ik geen hypostase, dan ben ik geen persoon, dan is mijn bestaan verminkt.

Vraag 2: In welke situatie in het gewone leven zouden wij "Nee" moeten zeggen, zelfs tegen de Hegoumen?

Antwoord: Het is zelfs verkeerd dat te denken – zelfs deze gedachte is verkeerd! De enige situatie waarin wij "Nee" kunnen zeggen, is als hij één of andere ketterij verkondigt. Ik herinner me het verhaal uit de Woestijnvaders, waarin iemand naar een grote oudvader in de woestijn gaat en tot hem zegt: "Gij zijt een rover!"

"Ja," zegt deze, "ik ben een dief."

"Gij zijt een overspelige!"

"Ja, ik ben een overspelige."

Hij zei nog enkele dingen, en toen: "Gij zijt een ketter!"

"Nee, dat ben ik niet."

En toen vroeg de ander aan de oudvader: "Waarom hebt gij alle beschuldigingen aanvaard, behalve die van ketterij, dat gij een ketter zijt?"

"Omdat," zei deze, "alleen de ketterij ons van God afscheidt."[35]

Van alle andere zonden kunnen wij ons bekeren en met God herenigd worden, maar ketterij scheidt ons volkomen af van God. Dat is wat wij zeggen met Pinksteren, in één van de knielgebeden: "Tegen U hebben wij gezondigd, o Heer, maar U alleen aanbidden wij." Wij allen zijn zondaars, maar deze twee dingen gaan samen, totdat onze aanbidding onze zondigheid geheel verzwelgt.

---

[35] Cf. "The Sayings of the Desert Fathers", Abba Agathon, §5.

Vraag 3: U hebt eerder gesproken over de tranen als het genees-middel voor het hart. Als iemand moeite heeft om tranen voort te brengen, zou hij dan ontmoedigd moeten zijn?

Antwoord: Nee! De heilige Johannes van de Ladder spreekt hierover. Hij merkt op dat sommigen gemakkelijk tranen vergieten, en anderen met grote moeite – er komen maar één of twee druppels, als bloed. En wat van belang is, zegt de heilige Johannes van de Ladder, is de moeite die wij daartoe doen. Soms zijn die één of twee druppels kostbaarder voor God, dan andere gevallen van zelfs een vloed van tranen.[36] Zolang wij dat maar zouden willen, en naderen met een verbroken geest.

Vraag 4: Hoe bereiken mensen een visie van berouwvolle bekering?

Antwoord: Ik zal u één manier vertellen. Ik pretendeer niet dat ik alle wegen ken. Ik zal u er één vertellen die zeer schoon is, en voor iedereen: Door de dankzegging. Als wij God voortdurend dankzeggen, dan komt er een punt waarop wij Hem zelfs nog meer zouden willen danken, en wij zien dat wij niet in staat zijn Hem waardig te danken. En dan beginnen wij daarover te treuren, dat wij Hem niet waardig kunnen danken voor al die dingen die heilig zijn; al die dingen die rechtvaardig zijn; al die dingen die lieflijk zijn; voor elke lofprijzing en voor elke deugd – dit komt uit Filip-penzen, in het vierde hoofdstuk.[37] En dit treuren uit dankbaarheid, omdat wij niet in staat zijn God, onze Weldoener, te danken, brengt vele tranen, en de bekering die verwekt wordt door de dankbaar-heid, door de voortdurende dankzegging, kan zelfs nog oneindiger worden en meer geïnspireerd, dan de bekering vanwege onze zonden. Want in de bekering over onze zonden ontvangen wij een zekere vertroosting, wij voelen dat wij vergeven zijn, en dan verslappen wij. Terwijl de bekering die voortkomt uit de dankzegging, uit de dankbaarheid, geen einde heeft.

Dat is waarom onze heilige Vaders zeiden, dat wanneer iemand God voortdurend dankt, zijn dankzegging een voorbede is bij God voor zijn zwakheid, voor wat hem ontbreekt – als wij God op die

---

[36] "The Ladder", step 7:23, p.73.
[37] Cf. Fil.4:8

wijze danken, dan vult God aan wat ons ontbreekt. En de heilige Maximos (de Belijder) zegt, dat God Zijn gaven aan ons uitmeet naar de mate waarin wij Hem dankbaarheid betonen; en dat wij slechts die dingen bezitten, waarvoor wij Hem onze dank hebben opgedragen.

Ik zal u iets vertellen wat ik ontdekt heb, toen ik een jonge monnik was. Vergeef mij, hiermee wordt ik enigszins persoonlijk, maar u zult mij dat wel vergeven. Veel mensen maken een heel gedoe wanneer zij jarig zijn – ikzelf had mijn verjaardag tot mijn twintigste nooit gevierd, tot ik naar het klooster kwam. Ik schonk daar nooit enige aandacht aan, wij deden daar nooit iets aan. Maar toen ik naar het klooster ging, waar wij de verjaardag vieren van de kinderen die ons bezoeken, zag ik dat de kinderen dan heel gelukkig waren. Wij zingen het grote "Kyrie eleison" voor hen, en het "Polychronion" (een Griekse versie van "Nog vele jaren"). En de gedachte kwam tot mij om mijn geboortedag te maken tot een dag van dankzegging aan God, voor het leven dat Hij mij geschonken heeft. En ik begon dat te doen, en van de ochtend tot de avond, wanneer ik maar de behoefte voelde om te bidden, dan bad ik geen enkel ander gebed dan dit: "Ere zij U, o Heer. Ik dank U, Heer, dat Gij mij in dit leven gebracht hebt, en dat Gij mij de kennis hebt geschonken van Uw Naam, en de genade van het monnikschap." En ik zei dat steeds weer, zolang als ik wilde bidden. En in die nacht ervoer ik zulk een grote vertroosting, ik voelde dat mijn gehele leven was vrijgekocht – door dank te zeggen op mijn verjaardag werd heel mijn leven verlost. En daarna, zondaar dat ik ben, vertelde ik dat aan veel mensen – dwaas als ik ben, als ik iets nieuws leer wil ik dat graag aan anderen vertellen. En zij begonnen hetzelfde te doen, en zij bevestigden mijn ervaring. Zij kwamen mij vertellen: "Ja, wij hebben het toegepast, en het is waar." Dus de dankzegging rechtvaardigt ons bestaan. Welnu, de heilige Maximos zegt, dat de nederigheid (die de genade aantrekt) erin bestaat, te weten dat wij ons wezen "te leen" hebben van God. Dus de dankzegging en de nederigheid gaan hand in hand. En door de dankzegging kunnen wij tot bekering en tranen komen, op dezelfde wijze als door andere (ascetische) praktijken.

Ik zou dit willen bevestigen door een citaat van de heilige Paulus. De Apostel zegt: "Wij hebben niet ontvangen de geest der wereld, maar de Geest Die uit God is, opdat wij de dingen zouden kennen waarmee Hij ons begenadigd heeft."[38] Met andere woorden, wij hebben niet de hoogmoedige en pochende ondankbare geest van deze wereld ontvangen, maar de geest van dankbaarheid, om de dingen te kennen die God ons geschonken heeft – om dit besef te hebben dat wij leven door de ontelbare genadegaven en geschenken van God. Zo gaan de nederigheid en de dankzegging hand in hand. En de dankzegging reinigt het geestelijk oog van onze ziel zodanig, dat wij de weldaden van God steeds helderder gaan zien; dan zien wij achter alles de vinger Gods, Die alles schept en in stand houdt; en dan danken wij God voor heel de schepping.

Het gereinigd oog van de profeet David bezat deze visie: "De hemelen verhalen de heerlijkheid Gods, en het uitspansel doet kond van het werk Zijner handen".[39] De geest van dankzegging reinigt het oog van de ziel om heel de schepping te zien als één orkest in de verheerlijking van God, in dankzegging aan Hem. En al de heiligen spreken hierover, ook de heilige Silouan, in al zijn eenvoud. Vergeef mij, vader.

Vraag 5: Als wij worstelen met onze gebedsregel, om deze discipline te bewaren, heeft u daar enige raad voor?

Antwoord: De heilige Epiphanius was een bisschop in Cyprus. Ik meen dat hij eerst monnik was in Jeruzalem, en vandaar naar Cyprus was gegaan, waar men hem bisschop maakte. En na enkele jaren keerde hij terug in zijn klooster in Palestina, en de Hegoumen kwam naar buiten om hem te ontvangen, en zeide tot hem: "Heilige Bisschop, door uw gebeden houden wij alle Diensten: Wij lezen de Metten, het eerste Uur, het derde en het zesde, de Liturgie, het negende Uur, de Vespers... Door uw gebeden houden wij heel het typicon van de Kerk. En de heilige Epiphanius zeide tot hem: "En wat doet u tussen de Diensten door? Bidt u niet in de tijd tussen de Diensten?"[40] Dat wil zeggen, als wij ernaar streven voortdurend te bidden, dan vermindert dit probleem. Wanneer wij dan aan onze regel toekomen, dan worden wij bereid gevonden, en dan wordt dit

---

[38] Cf.1Kor.2:12.
[39] LXX Ps.18(19):1/2.
[40] Cf. "The Sayings of the Desert Fathers", Abba Epiphanius, Bp. of Cyprus §3.

bij uitstek een tijd van vertroosting. Als wij proberen, al is het maar sporadisch, om gedurende de dag het gebed te bewaren, dan zijn wij vol verlangen wanneer het tijd is voor onze regel, en dan wordt dit gemakkelijker.

Ik was ooit in een klooster in Griekenland, en één van de zusters daar, die mij vaak geholpen heeft, las in de heilige Silouan waar hij zegt: Doe een experiment: leef de ene dag met broederlijke liefde, en een andere dag zonder broederlijke liefde, "en gij zult het verschil zien".[41] En deze zuster besloot dit een dag lang te proberen. En zij zeide tot zichzelf: "Wat de zusters mij vandaag ook vragen, dat zal ik doen. Ik zal eerst datgene doen wat zij van mij vragen." En God gaf dat de zusters haar die dag, de één na de ander, om hulp vroegen met hun gehoorzaamheid. En tot tien uur 's avonds was zij niet in staat haar eigen gehoorzaamheid te vervullen. Maar zij had zich dit tot regel gesteld, en zij hield zich daaraan. En toen, van tien uur 's avonds tot twee uur in de morgen moest zij haar eigen werk nog doen, en zij deed dat. En daarna ging zij naar haar kamer. En toen zij haar gebedsregel begon, werd het plafond opgelicht... Dat wil zeggen, het was alsof een verborgen vriend op haar wachtte om haar haar loon te betalen. En voor de eerste keer ervoer zij het geestelijk gebed. Zij deed haar experiment, zoals de heilige Silouan voorstelt, en zij heeft de waarheid van dit woord gezien.

En toen zij mij dit vertelde, zei ik tot haar: "Goed, bewaar nu de helft van deze regel. Gij hebt het dapper gedaan, de hele dag. Bewaar nu de helft daarvan als regel, en God zal u altijd helpen." Ik zei dit in navolging van de heilige Ignatius Branchianinov. Hij zegt, dat als gij geen regel hebt – en gij zoudt een regel willen hebben, maar gij weet niet wat gij moet doen – probeer dan één dag lang zoveel buigingen te maken en zoveel gebeden te doen als gij kunt. Deel dit dan in tweeën, en houdt dat als regel.

---

[41] Cf. "Saint Silouan", GK p.534, EN p.426-427, NL p.450.

9

De Grote Vasten: iets smaken van de dood om het leven te ontvangen

ij staan aan het begin van het Triodion; wij zijn daar deze avond (in de Vespers) mee begonnen.[1] Dit is een prachtige periode. Een periode die ons door God geschonken is om te werken aan onze wedergeboorte.

Alle Feesten van het Kerkelijk jaar hebben dit doel. De zondag bijvoorbeeld: Wat is een zondag? Het is de dag des Heren, de dag waarop wij geacht worden stil te zijn, en deze te leven in studie van het woord Gods, in gebed, en bovenal met de Liturgie. Het is een dag waarop wij geacht worden de energie van God te verzamelen, de energie van de Heilige Geest, wat ons in staat stelt de rest van de week de lichamelijke werken te verrichten. Evenzo zijn alle Feesten van het jaar een hulp voor ons om de voetsporen van de Heilige Geest in ons hart te kunnen verzamelen, opdat wij de rest van de tijd zoveel mogelijk zonder zonde kunnen doorbrengen. Dit is het programma dat wij in de Kerk hebben – dat is waarom wij in iedere Dienst horen: "Verwaardig ons, o Heer, deze dag zonder zonde bewaard te blijven".[2] En in de avond: "Verwaardig ons, o Heer, deze avond zonder zonde bewaard te blijven." En in de Completen: "Verwaardig ons, o Heer, deze nacht zonder zonde bewaard te blijven" – "zonder zonde bewaard te blijven", wij hebben in ons leven geen ander programma dan dit. Want, hoe minder wij zondigen, des te onsterfelijker worden wij. En wanneer wij op wettige wijze hebben gestreden en de zonde overwonnen hebben, dan worden wij werkelijk onvergankelijk.

Dus dit is de betekenis van de Zondag en de Feesten. En wij zien dat de Kerk om deze reden Feesten heeft ingesteld, en bovenal deze grote periode van de Grote Vasten. Dit is werkelijk een tijd

---

[1] Deze voordracht werd gehouden aan de vooravond van het Triodion, in de avond na de voorgaande voordracht, in St. Tikhon's Seminary (8 febr. A.D. 2014).
[2] Een zinsnede die o.a. voorkomt in de gezongen of gelezen 'Doxologie', zowel als in één van de gebeden van de Vespers. *Noot vert.*

waarin God ons eert, door ons de gelegenheid te geven ons leven te hernieuwen. Want dit is een tijd die is afgezonderd voor alle ledematen van de Kerk, om allen aan ditzelfde te werken. En dat verwekt zulk een atmosfeer, dat dit ons allen helpt de genade van hernieuwing te vinden, van de hernieuwing van ons leven. De Grote Vasten is zo belangrijk.

Weet u, hoe ik de betekenis van de Grote Vasten zie? Het is een tijd waarin wij proberen onszelf erin te trainen iets te smaken van de dood, om het leven der Opstanding te kennen. Hoe meer wij de dood smaken, des te sterker wij deelnemen aan de genade van de Opstanding. En uiteraard is de idee, dat wij dan in staat zullen zijn te zeggen wat geschreven staat in het Boek der Openbaring – wat de Heer daar zegt: "Ik was dood, en zie! Ik leef tot in de eeuwen der eeuwen".[3]

Dit is het doel van de Grote Vasten, om dat te bereiken. Dat is waarom wij proberen een klein beetje van de dood te smaken, door vasten, door gebed, door het belijden van onze zonden (in de Biecht), door al de praktijken die de Kerk ons voorstelt. En al deze dingen zijn in werkelijkheid geen last, geen taak – dit alles is een eer, die God ons geeft om ons de genade te schenken van de Opstanding.

De voorbereiding op de Grote Vasten

Wij staan op het punt onszelf te gaan oefenen in dit patroon van de overgang "van de dood tot het leven".[4] En omdat deze Vastenperiode zo belangrijk is, gaan daar specifieke zondagen aan vooraf, om ons enkele 'constanten' te geven om tijdens de Grote Vasten in gedachten te houden gedurende onze strijd voor onze hernieuwing. (Zoals in de wiskunde: Soms moeten wij bepaalde constanten toevoegen aan de formules, zodat ze zullen werken, en ons de natuurwetten zullen doen kennen die de relaties tussen de verschijnselen bepalen. Hetzelfde geldt in het geestelijk leven. De Kerk geeft ons enkele constanten om in gedachten te houden, zodat wij in ons doel zullen slagen.)

Morgen beginnen wij met de dag van de Farizeeër en de Tolle-

---

[3] Openb.1:18.
[4] Joh.5:24.

naar, de week daarop volgt de Verloren Zoon, de daaropvolgende week is de Zondag van het Laatste Oordeel. En de laatste week voorafgaand aan de Grote Vasten eindigt met Vergevingszondag, of : de Zondag "van de verdrijving van de eerstgeschapenen uit het paradijs".

Maar zelfs nog vóór de zondagen van het Triodion zijn er één of twee zondagen die in dat verband zeer belangrijk zijn. Die van de Kanaänitische vrouw, en die van Zacheüs.[5] *De zondag van de Kanaänitische vrouw*[6] is een geweldig les voor ons, vooral voor de monniken. Als wij erin slagen onszelf te vernederen en het leerling-schap in de Kerk te leren, en zulke leerlingen te worden als de Kanaänitische vrouw – dat wil zeggen, te aanvaarden om 'hondjes' te worden in het volgen van onze Meester, en dezelfde trouw levend te houden of Hij nu welbehagen toont of ongenoegen – dan zullen wij tenslotte de genade van de aanneming (als zonen) ontvangen, de goddelijke aanneming.[7] Zij aanvaardde een 'hondje' te zijn, en uiteindelijk zeide de Heer tot haar: "Vrouw – dochter – groot is uw geloof"; zij ontving de genade der aanneming. En in het algemeen, als wij de tuchtiging door onze God, Zijn opvoeding, aanvaarden, dan wordt ons aangeboden dat Hij onze Vader zou zijn, zegt de heilige Paulus.[8] Het doel is de genade van deze goddelijke aan-neming te ontvangen; dat is de les van die zondag.

Dan komt *Zacheüszondag*[9] – wederom een grote les. Zacheüs maakte zichzelf belachelijk door, als vooraanstaand persoon, in een boom te klimmen. Als wij – in ons streven de geest van Christus te

---

[5] Binnen de Orthodoxe Traditie zijn enkele variaties ontstaan in het patroon van de vastgestelde lezingen voor de zondagen. Een oud patroon bewaart de laatste lezing van de Lukas-reeks, de geschiedenis van Zacheüs, tot vlak voor het Triodion. Een andere praktijk is de laatste lezing van de Mattheüs-reeks, de geschiedenis van de Kanaänitische, voor die zondag te bewaren. Om geen van beide lezingen te missen gebruikt men daarvoor ook wel de laatste twee zondagen vóór het Triodion. *Noot vert.*

[6] De Evangelie-lezing voor de zondag van de Kanaänitische is Mt.15:21-28.

[7] Cf. Gal.4:5; Ef.1:5. [Grieks: *huiothesía*/υιοθεσία. In Bijbelse context is dit het gebruikelijke woord voor de wettige adoptie, doorgaans vertaald als "de aanneming (tot zoon)", of "de aanneming tot kinderen"; soms weergegeven als "(het ontvangen van) het zoonschap". *Noot vert.*]

[8] Cf. Hebr.12:5-10.

[9] De Evangelie-lezing voor deze zondag is Lk.19:1-10.

leren, de nederige geest van Christus – erin slagen een beetje schande te dragen omwille van Hem, dan ontvangen wij de viervoudige uitbreiding der genade. U herinnert zich de Brief aan de Efezen, waar gezegd wordt dat wij de diepte, de hoogte, de breedte en de lengte van de liefde van Christus niet kunnen bevatten, tenzij samen met alle heiligen.[10] Deze vier dimensies zijn de dimensies van het Kruis. En telkens wanneer wij schande lijden in ons streven onszelf met God te verzoenen, in onze bekering, dan is het mysterie van het Kruis en de Opstanding werkzaam in ons leven. Dan ontvangen wij, net zoals Zacheüs, de uitbreiding van het hart – de viervoudige uitbreiding. En dit is heel gemakkelijk te begrijpen: Terwijl de Heer voor de laatste keer op weg was naar Jeruzalem, naar Zijn verlossend Lijden, was Hij vol van die geest van Zijn liefde "tot het einde".[11] Hij ziet iemand in een boom zitten, die schande verduurt om Zijn Aangezicht te zien; Hij schenkt hem Zijn aandacht, Hij bezoekt hem, en Hij wordt tot Heil van zijn gehele huis, en Hij schenkt hem – op profetische wijze – de viervoudige uitbreiding van Zijn Kruis en Opstanding. Want wanneer wij schande verduren omwille van onze verzoening met God, dan wordt de schaamte daarover tot een kracht voor de wedergeboorte, een kracht om de hartstochten en de zonde te overwinnen. Want telkens wanneer wij schande verdragen omwille van de Heer, dan beschouwt Hij dit als dankzegging voor de schande die Hij verduurd heeft om ons te behouden. En daarvoor maakt Hij ons deelgenoot aan Zijn genade, aan Zijn leven, Zijn innerlijke staat. Dat is de betekenis van Zacheüszondag.

Dan komt de zondag die wij morgen vieren, van de *Farizeeër en de Tollenaar*.[12] In deze twee personen zien wij heel het menselijk geslacht, verdeeld in twee categorieën: Degenen die hoogmoedig zijn, die zichzelf rechtvaardigen. En degenen die tot God komen met een verbroken hart, en bereid zijn schande te dragen – én pijn: hij sloeg zelfs op zijn borst, zeggende: "O God, wees mij zondaar genadig". En wij zien dat diegenen die zichzelf rechtvaardigen hun eigen ziel haten. Zij slagen er nimmer in tot God te naderen; God

---

[10] Cf. Ef.3:18.
[11] Joh.10:10.
[12] De Evangelie-lezing voor deze zondag is Lk.18:10-14 (zie noot bij hfst.5, p.109).

haat de zelfrechtvaardiging. Maar degenen die erin slagen zichzelf te vernederen en pijn te verduren omwille van Hem, voor hen is het gemakkelijk om met Hem in contact te komen, want Hij is "de Vader van alle mededogen en de God van alle vertroosting".[13] Er was een oudvader die gewoon was te zeggen: "Wilt gij God kennen? Dat is heel gemakkelijk. Nader Hem slechts met een hart dat pijn doet – met een verbroken geest en een nederig hart – en de Heer zal Zich met uw geest verenigen." Dus dat is de les die wij hieruit leren: Als wij ons hoofd buigen en nederig bidden, zoals de Tollenaar, en wij vernederen nog meer ons intellect, dan zullen wij voorzeker door de Heer gerechtvaardigd worden.

"God oordeelt niet tweemaal", zoals de heilige Paulus zegt.[14] Als wij Zijn oordeel vóór zijn door onszelf voor Zijn aanschijn te veroordelen voor onze erbarmelijke staat, dan kan Hij ons enkel nog rechtvaardigen, dan kan Hij ons alleen nog maar behouden. Als wij het oordeel des Heren vóór zijn, dan worden wij gerechtvaardigd – dat is de les die wij morgen leren. Wij moeten niet vergeten dat onze God de God van het mededogen is en van alle vertroosting; en dat het gemakkelijk is om Hem te naderen, als wij Hem maar naderen met een verbroken geest en een nederig hart. Het is Zijn aard; Hij zegt: "Ik wil geen slachtoffers, Ik wil barmhartigheid".[15] Wat Hij bedoelt is: Ik wil geen uiterlijke werken van vroomheid, Ik wil dat gij uw hart opent – dat gij uzelf vernedert en uw hart opent – zodat Ik Mijn barmhartigheid kan uitstorten in uw hart. Ik wil dat gij Mijn barmhartigheid zoudt ontvangen. Dat is wat dit woord betekent, en dat is de betekenis van deze zondag.

Dan komt de volgende zondag: *de Verloren zoon*.[16] Dan leren we een andere les: Dat tenzij wij tot onszelf komen en onze zondigheid belijden, ons intellect het hart niet zal bereiken, zich niet met het hart zal verenigen. En daardoor zullen wij niet op de rechte wijze met God kunnen spreken. God hoort ons alleen wanneer wij tot Hem spreken vanuit ons hart – en Hij wil ons *gehele* hart, zoals

---

[13] Cf. 2Kor.1:3.
[14] Ditzelfde werd uitgedrukt in het woord van hegoumen Misaïl tot vader Sophrony, cf. 1Kor.11:31. Zie "Saint Silouan", GK p.100, EN p.81, NL p.92.
[15] Cf. Mt.9:13; 12:7.
[16] De Evangelie-lezing voor deze zondag is Lk.15:11-32.

Hij zegt in Zijn eerste en grote gebod. Zonder het belijden van onze zondigheid, en het kruisigen van ons intellect aan de inzettingen van het Evangelie, zal het intellect niet nederdalen in het hart; het zal zich niet met het hart verenigen, en zo zullen wij niet op waarachtige wijze kunnen belijden, om daardoor gerechtvaardigd te worden.

Op die zondag zien wij wederom de gehele mensheid verdeeld in twee categorieën: Aan de ene kant de verloren zoon, die zich bekeert, die zijn hart vindt – en bedenk, dat als wij ons hart vinden, dan hebben wij ons leven gevonden; dan hebben wij de mogelijkheid om behouden te worden. De verloren zoon slaagt erin zijn hart te vinden en tot God te spreken, en God hoort hem zelfs van een afstand en komt naar buiten om hem te ontmoeten. Aan de andere kant hebben wij daar de oudste zoon, die zichzelf rechtvaardigt, die denkt dat hij door zijn uiterlijke werken God verplicht heeft hem elke gunst te bewijzen. In feite toonde hij zo, dat hij zijn vader nimmer benaderd had met zijn hart. Hij leefde in het huis van de vader, zonder zich ooit te verbinden met het hart van zijn vader – omdat hij zijn eigen hart niet gevonden had.

Alles wat wij doen in dit leven zal voorbijgaan, het zal worden weggevaagd. Alleen het werk dat wij verrichten aan ons hart zal ons tot voorbij het graf vergezellen. En dat zien wij in *de zondag van het Laatste Oordeel*, de derde zondag van het Triodion.[17] Weer zien wij de gehele mensheid verdeeld in twee categorieën. En wij zien deze twee categorieën staan in het gericht van God: de rechtvaardige mensen aan Zijn rechterhand, en de zondaars aan Zijn linkerhand. En wat zien we? God verheerlijkt de rechtvaardigen, en zelfs terwijl Hij hen verheerlijkt, zeggen zij: "Maar Heer, wanneer hebben wij op aarde iets goeds gedaan?" Zij vernederen zichzelf nog meer, want zij hebben in hun leven het mysterie van God geleerd, de weg van God: Dat hoe meer wij ons vernederen wanneer wij voor Gods aanschijn komen, hoe meer wij ons uiteindelijk in Hem verheugen. De heilige Johannes van de Ladder zegt: "Nader God zoveel mogelijk zonder vrijmoedigheid, en dan zult gij nog meer vrijmoedigheid vinden".[18] De rechtvaardigen hadden dus in hun

---

[17] De Evangelie-lezing voor deze zondag is Mt.25:31-46.
[18] Cf. "The Ladder", step 28:12, p.214.

leven geleerd zichzelf te berispen, elke schuld op zichzelf te nemen, en alle heerlijkheid en rechtvaardigheid toe te schrijven aan God – dat was het werk aan hun hart, dat hen tot voorbij het graf vergezelde. En wanneer zij tegenover de Pantokrator komen te staan: Jezus, de Almachtige, dan bewijst Hij hen Zijn lof – met Zijn stem maakt Hij hen deelgenoot aan Zijn heerlijkheid. En toch vernederen zij zichzelf nog meer. De anderen, die in dit leven hebben geleerd hovaardig te zijn en zichzelf te rechtvaardigen, zij staan in de aanwezigheid van de Almachtige God, en zij kunnen niet op de juiste wijze denken. Zij rechtvaardigen zichzelf; zij horen de stem van de Almachtige Rechter, de Eeuwige Rechter, en nog zijn zij hovaardig. En uiteraard gaan zij verloren.

Dus al de houdingen die wij in dit leven cultiveren vergezellen ons tot voorbij het graf. En als wij in dit leven leren om te allen tijde onszelf te berispen voor Gods aanschijn, de schuld op onszelf te nemen, en altijd de heerlijkheid, rechtvaardigheid en dankzegging op te dragen aan God, dan zal dit ons voorzeker vergezellen – dat zal ons maken tot engelen, zoals de Heer zegt.[19] Dat is het doel: ons te maken tot engelen. En wat doen de engelen? Zij hebben zes vleugels, en de profeet zegt: "met twee bedekken zij hun aangezicht, en met twee bedekken zij hun voeten, en slechts met twee vliegen zij" rond de Troon der heerlijkheid, de Troon van God.[20] Wat betekent dat? Zij hebben zes vleugels en zij gebruiken slechts twee vleugels om te vliegen; de andere vier gebruiken zij om hun nederigheid te bewaren. Want zij weten dat zij meer nederigheid nodig hebben, om des te meer te worden doordrongen van de heerlijkheid die van God komt. Naarmate zij zich meer vernederen, zal elke molecuul, elk deeltje van hun wezen doordrongen worden van de heerlijkheid Gods. Dat is waarom zij onophoudelijk God verheerlijken – zij hebben zulk een verlangen, zulk een dorst. Want hun nederigheid is het dubbele van de inspanning die zij verrichten om rond de Troon der heerlijkheid te vliegen, de Troon van God. Aldus leren wij nog een andere les, op deze derde zondag, de zondag van het Oordeel.

---

[19] Cf. Mt.22:30; Hebr.2:5-10.
[20] Cf. Jes.6:1-3.

En dan komt natuurlijk *de zondag van de Vergeving*,[21] de zondag aan de drempel van de Grote Vasten. Hieruit kunnen wij vele lessen leren, maar ik zal er slechts twee noemen. De ene betreft de teksten over de uitdrijving van de eerstgeschapen mensen uit het paradijs, die ons tonen dat wij enkel maar gewonde mensen zijn, gewond door de zonde. Wij "allen hebben gezondigd en schieten tekort in de heerlijkheid Gods".[22] En tenzij wij dit bewustzijn bezitten, zullen wij niet in staat zijn ons voordeel te doen met de periode die voor ons ligt. Wij zullen niet in staat zijn deze wonderbaarlijke periode van de Grote Vasten, die vol is van Gods genade, ten volle te benutten. Wij moeten in gedachten houden dat wij gewonde mensen zijn, zondige mensen – en dát in "een ver land"; wij zijn zo ver van God verwijderd.[23] En dat zal onze geest nederig houden. Wij hebben een nederige geest nodig – in het Evangelie van Christus is er maar één leerschool, de leerschool van de nederigheid – want dit is de wijze waarop Hij Zichzelf aan ons heeft geopenbaard. En hoe meer wij onszelf vernederen, hoe meer Hij ons verheerlijkt. Er zijn vele uitdrukkingen in de Schriften waar gezegd wordt: "Hij geeft genade aan de nederigen..."[24] en "Wie zichzelf verheft, zal worden vernederd..." enzovoort.[25] Dus wij moeten ons onze zondigheid herinneren; dat wij gewond zijn, dat wij een Geneesheer nodig hebben. Hij is niet gekomen voor degenen die gezond zijn, zonder enige pijn; Hij is gekomen voor degenen die gewond zijn, die een Geneesheer nodig hebben. Dat is de eerste les.

En de andere les is dit: Als wij dat bewustzijn bezitten, dan zal ons hart voorzeker worden verzacht, en de schulden vergeven – de kleine schulden – van onze medemensen; aangezien God ons onze

---

[21] Op deze zondag komen twee thema's veelvuldig aan de orde: In de Diensten wordt veelvuldig gezongen over de uitdrijving van de eerstgeschapenen uit het paradijs, en hun verlangen naar de verlossing. En in de Vespers op de zondagmiddag, aan de vooravond van de Grote Vasten, bestaat het gebruik dat alle leden van de parochie- of kloostergemeenschap elkaar om vergeving vragen – vanwaar deze zondag gewoonlijk bekend staat als 'Vergevings-zondag'. De lezingen voor de Liturgie van deze zondag zijn: Rom.13:11b-14:4 & Mt.6:14-21. *Noot vert.*

[22] Rom.3:23.

[23] Zoals de verloren zoon, cf. Lk.15:13.

[24] Cf. Spr.3:34; Jak.4:6; 1Petr.5:5.

[25] Cf. Jes.2:12; Mt.23:12; Lk.14:11; 18:14.

grote schulden vergeeft. Iemand die verbroken is vanwege dit besef van zijn zondigheid zal nimmer zijn medemensen veroordelen, hij zal nimmer hard zijn jegens zijn medemensen. Hij weet meedogend te zijn, en hij vergeeft iedereen alles – zoals de Heer ons vergeven heeft.

En met deze constanten in gedachten, die ons geleerd zijn tijdens de zondagen waarover ik gesproken heb – de zes zondagen voorafgaand aan de Grote Vasten – treden wij de Vasten binnen. En wij proberen met God samen te werken voor onze wedergeboorte, onze hernieuwing, en dat is ons heil.

De zondagen van de Grote Vasten

Elke zondag van de Grote Vasten heeft een bijzondere betekenis. En ik zou hier over iedere zondag een klein woord kunnen zeggen.

De eerste zondag in deze periode is *de zondag van de Orthodoxie*, over het triomferen van het geloof – om ons te leren dat wij de heiliging en de genezing die wij tijdens deze periode zoeken, niet kunnen ontvangen zonder de integriteit van het geloof. Onze Vaders wisten dit. De heilige Basilius de Grote zegt: "Verwacht geen heilig leven van iemand die een dwaallering aanhangt"[26] – zonder het Orthodoxe geloof kunnen wij niet genezen worden en kunnen wij niet behouden worden. En dat is de les die wij aan deze zondag ontlenen. Wij hebben een waarachtig begrip nodig en de waarachtige openbaring, die ons de waarachtige inspiratie zal geven. Al de andere constanten die ik genoemd heb zijn goed, maar het meest inspirerend is de openbaring van de schoonheid en de rechtvaardigheid en de waarheid van onze God. Dat zal ons een maximum aan inspiratie schenken. Dat is de betekenis van deze zondag – een klein woordje maar; ik pretendeer niet dat ik alles kan zeggen.

Dan komen wij aan de tweede zondag van de Grote Vasten. Deze zondag is gewijd aan *de heilige Gregorius Palamas*. Normaal

---

[26] Of nog letterlijker vertaald: "Verwacht geen heilig leven van een ketter", maar het woord 'ketter' heeft in onze taal een nare bijklank gekregen van veroordeling tot de vuurstapel e.d., terwijl deze benaming oorspronkelijk simpelweg de vaststelling was van een feit: Iemand die een dwaalleer aanhangt of mogelijk zelfs verkondigt, en zich aldus tegenover de Kerk stelt, scheidt zichzelf daarmee af van het Lichaam van de Kerk, de gemeenschap der gelovigen. *Noot vert.*

gesproken zouden wij daar het Feest moeten vieren van de Transfiguratie, die ongeveer veertig dagen vóór het Kruis des Heren plaatsvond. Maar de Kerk heeft de plaats van dit Feest gewijzigd en dit op de zesde augustus gezet, en (veertig dagen daarna) een ander Feest van het Kruis ingesteld, de Verheffing van het Heilig Kruis op de 14e september. Dus hier is iets verborgen: Wij vieren de heilige Gregorius Palamas, de theoloog die heeft uitgeweid over het Ongeschapen Licht, dat straalde bij de Transfiguratie des Heren. Dus de vrucht van het rechte geloof, en de vrucht van onze nederige arbeid tijdens deze Vastenperiode, zou de verlichting van onze zielen moeten zijn, door dit ongeschapen Licht van God, dat in onze harten het Beeld van onze Heiland vormt. Dit zijn enkele woorden over deze zondag – er is een mystieke betekenis, dat wil zeggen, een geestelijke betekenis in deze zondag.

Dan komt *de zondag van het Kruis*,[27] de derde zondag, in het midden van de Grote Vasten, om ons eraan te herinneren dat het Kruis van onze Heer de kern is van alles. Dat is wat ons behouden heeft. De Kerk kan de woorden van onze Heer hierover niet genoeg herhalen: "Zo wie wil volgen, achter Mij aan, die verloochene zichzelf, en neme zijn kruis op, en volge Mij".[28] De Kerk herhaalt voor ons deze woorden die zo belangrijk zijn. Zij verheft het Kruis, zodat wij dit te allen tijde zouden zien en ons de woorden van de Heer herinneren: "Wie Mij wil volgen", zegt de Heer, "laat hij zichzelf verloochenen, en zijn kruis opnemen, en Mij volgen" – "wie wil", dat betekent: wie liefheeft. Als wij God liefhebben, dan nemen wij het kruis op en wij volgen Hem. Zoals in het Oude Testament de Joden dit wisten, en tot God spraken in hun gebeden, en zeiden: "Omwille van Uw woord, o Heer, zal ik vasthouden aan het zware pad", zoals in de psalm gezegd wordt.[29] En nu, in het midden van de Grote Vasten, wordt het Kruis opgeheven, zodat wij dat kunnen aanschouwen en zeggen: "Omwille van Uw Kruis, o Heer, omwille van het Offer – de liefde tot het einde, die Gij ons hebt betoond –

---

[27] Ook bekend als de zondag van de 'Kruisverering'; de Evangelie-lezing voor de Liturgie is Mk.8:34-9:1.
[28] Mk.8:34; cf. Mt.16:24.
[29] Cf. LXX Ps.16(17):4. [Het Grieks zegt hier letterlijk: "vanwege de woorden van uw lippen heb ikzelf harde (of: zware) wegen bewaard". «διὰ τοὺς λόγους τῶν χειλέων σου ἐγὼ ἐφύλαξα ὁδοὺς σκληράς». *Noot vert.*]

zal ik gaarne deze eer dragen van de Vastentijd, de arbeid van de Vastentijd, die een eer is en een voorrecht."

Dat is de betekenis van de zondag van het Kruis: wie wil, wie liefheeft, laat hij zichzelf verloochenen – dat betekent niet dat wij onze ziel of ons lichaam moeten verloochenen. Onze ziel is zo kostbaar als de gehele wereld, zelfs nog kostbaarder. Noch verloochenen wij ons lichaam. De heilige Paulus zegt: "Elk voedt zijn lichaam en zorgt daarvoor",[30] want God heeft ons het lichaam gegeven om ons heil te bewerken. Dat is waarom wij bij het Laatste Oordeel zullen opstaan, om mét ons lichaam voor de Heer te worden gesteld, om het loon of de straf te ontvangen voor de goede dingen of de kwade dingen die wij met ons lichaam hebben gedaan – de volledige vergelding is nog niet geschied, dat kan pas als wij uit de doden opstaan. Dus "die verloochene zichzelf" betreft niet ons lichaam, noch onze ziel, maar het kwaad, de verkeerde houdingen die wij verworven hebben en die onze ziel geworden zijn – niet onze onsterfelijke ziel, maar de hartstochten die ons tot ziel zijn geworden.[31] Laten wij dat verloochenen, en ons kruis opnemen – ons kruis, niet het Kruis van onze Heer. Het Kruis des Heren was zo groot en zo schrikwekkend, dat als dit op ons zou vallen, dit ons tot stof zou verpulveren. Het viel op de Heer, en u weet, dit verwondde Hem over Zijn gehele Lichaam.[32] Maar Hij moest dit doen om ons te behouden. Om onze zwakheden te genezen nam Hij al onze zwakheden op Zich, heel de tragedie van onze zonden en van onze Val – om alles te genezen. Dat is niet het kruis dat wij opnemen, niemand zou zelfs maar aan dat Kruis kunnen tippen. Wij moeten *ons* kruis opnemen. Wat is ons kruis? Al het leed en de beproevingen die elk van ons nodig heeft om zichzelf los te maken van elke gehechtheid in deze wereld, van welke hartstochtelijke gehechtheid dan ook, om met een vrij hart voort te snellen op de weg van de geboden des Heren – opdat elk van ons de Heer kan volgen. Wij bedenken ons kruis niet; Gods voorzienigheid schenkt ons ons persoonlijk kruis,

---

[30] Cf. Ef.5:29.
[31] In dit verband is misschien belangrijk te beseffen, dat het Griekse woord voor 'ziel' ook gebruikt wordt m.b.t. het leven – als iets ons tot 'ziel' wordt, dan wil dat dus zeggen dat wij hierin ons leven vinden (of menen te vinden). Vergelijk in dit verband de Nederlandse uitdrukking: datgene, wat ons 'bezielt'. *Noot vert.*
[32] Cf. Jes.1:6.

ons specifieke kruis – precies datgene wat wij nodig hebben om onszelf te bevrijden van onze krijgsgevangenschap aan onze harts-tochtelijke gehechtheden in deze wereld. Dit is dus iets over die zondag van het Kruis: een groot mysterie, een grote wijsheid.

En dan komt de volgende zondag, *de zondag van de heilige Johannes van de Ladder*. Deze vierde zondag toont ons dat de vrucht van het gekruisigde leven – van diegenen die vrienden zijn van het Kruis – het heilige leven is, het leven van de *'osioi'*, de toegewijden.[33] Dus de heiligen van God, de vrienden van Zijn Kruis, zijn de vrucht van het gekruisigde leven – de vergadering van de 'goden door genade', in wie Hij verheerlijkt wordt.

En de zondag daarna, de vijfde zondag van de Grote Vasten, is gewijd aan *de heilige Maria van Egypte*, om ons te tonen dat de kracht van het Kruis alles kan bewerken. "De dingen die bij de mensen onmogelijk zijn, zijn mogelijk voor God".[34] En dat zien wij in de persoon van de heilige Maria van Egypte. En God wil dat voor ons doen, Hij wil het onmogelijke doen omwille van ons heil, want dat verheerlijkt Hem zelfs nog meer. Dus wanneer wij geloven dat Hij in staat is datgene te doen wat bij de mensen onmogelijk is, omwille van ons heil – en dit is Hem mogelijk, wanneer wij dat geloven – dan is dit God welbehaaglijk, omdat dit Hem verheerlijkt. De heilige Maria van Egypte verheerlijkte God, want God deed in haar wat voor de mensen onmogelijk was, maar wat God kon doen. Hier kunnen wij de kracht zien van Zijn Kruis en Opstanding, de kracht van Zijn Evangelie. Wij kunnen ieders leven radicaal veran-deren, ongeacht in welke afgrond van verwoesting hij verzonken is.[35]

---

[33] In het Grieks bestaan twee verschillende uitdrukkingen m.b.t. de heiligheid. Het meest bekend is het begrip *'hagios'* (Slav: *svyatoy*), dat 'heilig' betekent, en van oorsprong m.n. betrekking heeft op het afgezonderd zijn voor God – wat m.b.t. de mens dus ook vraagt om een heilige leefwijze, d.w.z. een wijze van leven die God waardig is. Daarnaast bestaat ook het begrip *'hosios'* (Slav: *'prepadobny'*), dat uitdrukking geeft aan de bijzondere toewijding van de mens aan een leven dat geheel op God gericht is. Deze benaming wordt veelvuldig gebruikt voor de heilige asceten, die door hun toewijding de gelijkenis met God verworven hebben. Het Engels kent dit verschil nauwelijks; in onderhavige vertaling wordt *'hosios'* zo mogelijk weergegeven als 'de toegewijde'. *Noot vert.*
[34] Cf. Lk.18:27.
[35] Deze nogal onverwachte uitspraak over onze invloed op het leven van *anderen* was gericht tot een groep waaronder zich ook priesters en seminaristen bevonden,

En dan komt *Palmzondag*, de zondag die voorafgaat aan de Heilige Week. Dat is een grote zondag, een groot Feest. Dit heeft een profetisch karakter. Daarin vangen wij een glimp op van de wijze waarop onze Heer geopenbaard zal worden op de jongste dag. Wanneer wij de veertig dagen doorlopen hebben van de Vastentijd, en de genade hebben ontvangen van de Heilige Geest, dan worden wij tijdgenoten van de eeuwige gebeurtenissen, en dan kunnen wij palmtakken in de hand houden en zeggen: "Gezegend Hij Die komt in de Naam des Heren".[36] Wij hebben veertig dagen lang gestreden, en de genade ontvangen van het Kruis en de Opstanding, de genade van Christus; en deze genade helpt ons binnen te treden in de eeuwige gebeurtenissen, en zo kunnen wij voor Gods aanschijn staan als 'tijdgenoten' van die gebeurtenissen en zeggen: "Gezegend Hij Die nu komt in de Naam des Heren". Dit heeft dus een eschatologisch aspect – deze Palmzondag heeft een eschatologische betekenis.

De Grote en Heilige Week

En dan komt natuurlijk de Heilige Week. Elke dag daarvan heeft een bijzondere betekenis. Maar wat mij treft tijdens deze week, vlak voor het Lijden van de Heer, is dat Hij zulk een groot verlangen had om gedoopt te worden met de doop van de dood, omwille van ons. En toen Hij opging, ging Hij als een bliksemstraal door Samaria, zonder links of rechts te kijken. De apostelen waren bevreesd om Hem te volgen.[37] En daar ligt nog een ander mysterie. Maar Hij ging voort als een bliksemstraal om Golgotha te bestijgen, en gedoopt te worden met de doop van Zijn dood omwille van ons heil – wat in werkelijkheid de openbaring is van Zijn oneindige liefde. En op deze tocht zien wij hoe de geest van de Heer kokend heet is van Zijn liefde. Al wie op deze tocht met Hem in aanraking komt, wordt getransformeerd. Maar op twee manieren: Degenen die een kleine nederige opening vinden in hun ziel, ontvangen deze genade en zij worden radicaal veranderd, zoals de overspelige, zoals Zacheüs

---

d.w.z. mensen wier taak of toekomstige taak is, niet alleen zelf op Christelijke wijze te wandelen, maar ook anderen vooruit te helpen op de geestelijke weg. *Noot vert/ed.*
[36] Mt.21:9; Mk.11:9.
[37] Cf. Mk.10:32; Lk.9:51-53.

(over wie wij gesproken hebben) – zoals ook bij het kruis: de
centurion tegenover het Kruis, de goede rover aan het kruis. Al
deze mensen hebben deze vurige oven van de liefde des Heren
ervaren, die hen heeft omgevormd. Doch sommigen werden daardoor
nog meer verhard. Want Christus is de Zon der gerechtigheid, de
Zon der rechtvaardigheid[38] – en het vergaat ons, net zoals wanneer
de zichtbare, materiële zon de aarde verwarmt: Datgene wat leem
is wordt verhard, het wordt als rotssteen. Wat was is, wordt zacht,
en gij kunt op die was elk beeld afdrukken, wat gij maar wilt.
Ditzelfde geldt voor de Zon der rechtvaardigheid: Wanneer wij een
nederig hart hebben, dan verzacht Hij ons hart wanneer wij ons tot
Hem wenden, en in Hem geloven, en Zijn woord aanvaarden. De
hitte van Zijn genade verzacht ons hart, zodat Hij Zijn beeld in ons
hart kan afdrukken. Dat is het gebed van de Kerk, zoals de heilige
Paulus zegt: "Mijn kinderen, voor wie ik in barensweeën verkeer,
totdat Christus gestalte krijgt" in uw harten, in u.[39] Doch de anderen,
die zijn woord niet aanvaarden, die Zijn Evangelie koppig
verwerpen, zij worden verhard. En dit is de rover aan de
linkerkant, dit zijn de Joden die riepen: "Kom af van het kruis,
opdat wij geloven", enzovoort...[40]

Elke dag van die week heeft een bijzondere betekenis, de maan-
dag, de dinsdag, de woensdag, de donderdag, enzovoort. Maar dat
wordt te lang, wij kunnen niet alles bespreken. Maar ik heb iets
gezegd, en dat niet uitgelegd: Toen de Heer opging, op weg naar
Golgotha, volgden de leerlingen Hem in verbazing, in vrees, met
beving. Weet u waarom? Omdat de weg nog niet duidelijk was, de
dood stond in de weg. Maar door het Kruis en de Opstanding van
de Heer, heeft Hij de dood uit de weg geruimd. Dat is dus waarom
de apostelen na het Kruis en de Opstanding des Heren niet meer
bevreesd waren voor de dood. Dat is waarom, toen zij voor het
Sanhedrin der Joden gegeseld werden, zij daar verheugd uit te voor-

---

[38] De meer gebruikelijke vertaling in het Nederlands is 'Zon der gerechtigheid'.
Doch het Bijbelse begrip dat hieraan ten grondslag ligt betreft niet alleen de
juridische context, maar tegelijkertijd ook de 'rechtvaardigheid' in bredere zin,
wat aanleiding geeft tot de vertaling 'Zon der rechtvaardigheid'. In deze voordracht worden ook in het Engels beide begrippen naast elkaar gebruikt. *Noot vert.*
[39] Gal.4:19.
[40] Cf. Mt.27:40,42; Mk.15:30.

schijn kwamen – omdat zij verwaardigd waren te lijden voor Zijn Naam, zeiden zij.[41] En toen de Christenen probeerden de heilige Paulus ervan te weerhouden naar Jeruzalem te gaan, omdat hij de dood zou ondergaan, zeide hij tot hen: "Wat doet u mij aan? U weerhoudt mij ervan op te gaan naar Jeruzalem; ik ben bereid te sterven omwille van Zijn Naam; ik beschouw mijn ziel als van generlei waarde; Ik ben bereid te sterven omwille van Zijn Naam".[42] Dat was de gezindheid en de innerlijke kracht van de apostelen en de Christenen na de dood en de Opstanding van Christus, toen Hij de weg had vrijgemaakt van het obstakel van de dood. Maar daarvóór, toen de Heer opging tot Golgotha om dat te doen, waren de leerlingen bevreesd. En wij weten hoe zij zelfs verstrooid werden in die ontzagwekkende dagen van Zijn Lijden.

Dit waren enkele dingen, die de moeite waard zijn te weten over deze grote periode die voor ons ligt. Dit is een wondere periode met veel genade. En weet u, wij moeten leren om alles wat de Kerk ons voorschrijft, alles wat het Evangelie tot ons zegt, te zien als een grote eer die ons bewezen wordt, een groot voorrecht. God geeft ons de gelegenheid om onze trouw en onze liefde voor Hem te tonen, en te worden tot niets minder dan wat Hijzelf is – door Zijn genade, natuurlijk. Vergeef mij.

Vragen & Antwoorden

Vraag 1: U hebt genoemd dat wij onszelf zouden moeten veroordelen. Wat is de juiste manier om onszelf te veroordelen, zonder dat wij in wanhoop vervallen? Ik bedoel, niet te veel naar links, niet te veel naar rechts. Mijn ervaring is, dat als ik dit teveel doe...

Antwoord: Dank u wel! Weet u, wij wanhopen niet, omdat wij dit doen uit dankbaarheid jegens de Heer. Wij voelen dat wij Hem zozeer zouden moeten danken, en wij merken dat wij niet in staat zijn Hem waardig te danken voor wat Hij gedaan heeft. En dan zijn wij zelfs gereed om onszelf te haten, wij zouden Hem willen danken zoals passend is, zoals wij Hem verschuldigd zijn en Hem

---

[41] Cf. Hand.5:40-41; 20:24.
[42] Cf. Hand.21:13.

toekomt, en wij kunnen dat niet. En om deze reden vervloeken wij onze erbarmelijke staat. Wij kunnen deze God van ons niet genoeg danken – zulk een God, wie zou Hem kunnen beschrijven? En deze zelfberisping, deze zelfbeschuldiging is zo waardevol, omdat dit vrijwillig is. Wij willen dit doen, wij doen dit uit dankbaarheid jegens de Heer. En omdat wij het verlangen van ons hart niet kunnen verzadigen, Hem te danken zoals ons betaamt, treuren wij en zeggen: "Ah, erbarmelijk mens dat ik ben". En dat is hoe al de profeten reageerden, elke keer wanneer God Zich aan hen open-baarde. Gij zult wonderbaarlijke uitdrukkingen vinden bij de profeten en de apostelen, telkens wanneer zij de heerlijkheid Gods gewaar werden. Dit is een vrijwillige onderneming, en de heilige Vaders zeggen, dat al wie dat doet wordt opgenomen in het mysterie van het Kruis en de Opstanding van Christus. Want het Kruis en de Opstanding van Christus waren vrijwillig – een vrijwillige dood omwille van onze dood, die onvrijwillig was, als een straf voor de zonde die eraan vooraf ging. En op dezelfde wijze is deze zelf-berisping en zelfbeschuldiging een vrijwillige onderneming, omwille van de Heer. En om deze reden heeft dit waarde, en verwerft het de genade van Christus.

Ooit was ik in Griekenland, en ik hield een voordracht in Patras, en er waren daar vele mensen die mij vragen stelden – zo'n ander-half uur lang. En aan het eind vroeg ik hen: "Ik zal u ook een vraag stellen, en dan beëindigen wij onze bijeenkomst: Wat is het grootste gebod van het Nieuwe Testament?" En iemand hief zijn hand op en zei: "God lief te hebben met geheel ons hart.. enzovoort". Ik zei: "Nee". Een ander hief zijn hand op, en zei: "Onze naaste lief te hebben als onszelf". Ik zei: "Nee". Een ander hief zijn hand op en zei: "Elkaar lief te hebben, zoals Hij ons heeft liefgehad". Ik zei: "Nee". En ander zei: "Om volmaakt te zijn, zoals onze Vader in de hemelen volmaakt is, zoals de Heer gezegd heeft". Ik zei: "Nee". Zij zeiden: "Maar wat is het dan?" Ik zei: "Ik zal het u vertellen. Open uw Evangelie, uw Nieuwe Testament, in het Lukas-evangelie, hoofdstuk zeventien, vers tien, waar de Heer zegt: 'Wanneer gij gedaan zoudt hebben, al hetgeen u is opgedragen, zegt dan, Wij zijn onnutte dienstknechten, wij hebben gedaan wat wij schuldig waren te doen'."

Dat wil zeggen, wanneer wij al die geboden vervuld hebben, dan dienen wij nog een ander gebod te vervullen: om een nederige geest te bewaren, om tot de Heer te zeggen: "Heer, ik ben nutteloos... ik ben een nutteloze dienstknecht." Dat is de betekenis hiervan. Wanneer wij onszelf berispen en onszelf beschuldigen, en de heerlijkheid aan God opdragen, dan vervullen wij het grootste gebod van het Nieuwe Testament, dat wij lezen in Lk.17:10. Vergeef mij.

Vraag 2: Vader kunt u iets zeggen over wat men zou moeten denken wanneer mensen die wij liefhebben gecremeerd zijn? Over hun heil?

Antwoord: Om u de waarheid te zeggen, ik denk niets. Want het oordeel is reeds uitgesproken op het moment van hun dood. En wat men dan met het lichaam doet is niet van belang. Maar wat hen betreft die de crematie aanvaarden – dat toont, dat zij geen begrip hebben van de bestemming van ons lichaam, van de opstanding van onze lichamen op de laatste dag. Ik wil de mensen die gecremeerd worden niet veroordelen. Maar ik denk dat het jammer is. Ik denk dat er een gebrek is aan begrip van de bestemming van de mens, zoals wij deze kennen uit de openbaring van de Heer. In elk geval, er zijn vele rechtvaardigen geweest die verbrand werden – op zich betekent dat niets, het verbranden van het lichaam: God is in staat de mens uit de as te doen opstaan, aan Zijn almacht zijn geen grenzen. Maar het oordeel is reeds uitgesproken op het moment van onze dood, zelfs nog voor onze dood. Meer heb ik daarover niet te zeggen.

Vraag 3: Als het oordeel al is uitgesproken, wat is dan de zin van het *'mnemosinon'* (de Dienst voor de overledenen), en van het bidden voor de overledenen?

Antwoord: Het oordeel is ten dele. Ik weet dat God iedereen wil behouden – ik zeg niet dat iedereen behouden wordt, maar het is Gods verlangen om iedereen te behouden. Maar Hij kan niemand behouden door dwang – Hij wil ons altijd behouden met onze medewerking. Hij zal niets doen door ons dit op te leggen, want Hij is een vriendelijke God, Die de gave van de vrijheid respecteert, die Hij ons gegeven heeft toen Hij ons schiep. Hij zal dus niets doen zonder menselijke medewerking. En zo bidden wij soms in de Kerk, in goed vertrouwen, om dat deel van de menselijke medewerking aan te bieden voor de zielen die van ons zijn heengegaan – voor het geval wij zouden kunnen helpen, door te compenseren voor datgene wat hen in dit leven niet gelukt is. Dit is niet iets absoluuts, het is enkel een gebed. God is niet gebonden aan dat gebed om iemand te behouden, doch Hij wil iedereen behouden. Maar Hij vereist de menselijke medewerking, de menselijke factor.

Wij zien soms hoe men een verlamde tot Hem brengt – zij maken een opening in het dak van het huis, en zij laten de verlamde neer tot vóór de Heer, opdat Deze hem zou genezen. En vanwege het geloof van die mensen, die hem door het dak heen vóór Hem lieten zakken, geneest Hij die persoon. Zoiets is het. Maar de Kerk en Gods heiligen, zij baden met vurige tranen en gebeden voor het heil van de gehele wereld. En hun gebed houdt de wereld in stand. En dit is een kracht die hier beschikbaar is. Dus als er nog een kleine nederige opening is in de ziel van de overledenen, dan kunnen zij iets van die kracht ontvangen – van het gebed van de Kerk, het gebed van de heiligen – en daardoor hun eeuwige bestemming veranderen. Ik weet niet hoe ik dit anders moet zeggen. Er is geen noodzaak in God. Wij weten dat het verlangen bestaat dat allen zouden worden behouden, en dat verlangen wordt openbaar in het leven van de heiligen – maar wij kunnen God niet dwingen, noch kan God ons dwingen.

Vraag 4: Vader, uit mijn eigen leven en misschien ook in het leven van anderen, wanneer wij onszelf berispen: Soms als iemand mij beledigt, dan beschuldig ik mijzelf, maar ik blijf gedachten en gevoelens hebben jegens die persoon. En ik moet worstelen en die pijn verduren. Terwijl andere keren, het lijkt alsof gij uzelf berispt, en dan wordt uw hart teder en gij raakt vervuld van liefde en medelijden met de ander. Maar waarom gebeurt soms het ene, en soms het andere?

Antwoord: Het hangt ervan af hoe gij dit doet. In alle geval, de heiligen van de Kerk (ik vond dit onderricht in de heilige Silouan, en in een andere vorm in de heilige Johannes van de Ladder), zij evalueren iemands geestelijke vooruitgang naar de mate waarin hij de schuld kan dragen, of onrechtvaardigheid, of beledigingen. En zij zeggen dat de eerste stap is, onszelf ertoe te dwingen niets terug te zeggen, niets terug te doen. De tweede stap is, wanneer wij bidden voor degene die ons dit leed heeft aangedaan, dit onrecht of dit kwaad. Dat betekent dat wij meer vooruitgang hebben gemaakt. En zij zeggen, dat wanneer wij medelijden hebben met degene die het leed heeft veroorzaakt, en wij God bidden uit medelijden – denkend aan de schade die zijn ziel heeft geleden door dat te doen – dat wij dan zelfs nog meer vooruitgang hebben gemaakt. Dan hebben wij in meerdere mate de "ingewanden van Christus" ontvangen, de "ingewanden van mededogen".

Maar het is goed onszelf daar altijd toe te dwingen. En soms zal het ons vergaan zoals u eerst beschreven hebt, en soms op een goede manier. En als wij onszelf dwingen, dan zal God ons helpen, en aan het eind zal er alleen de goede reactie zijn, het goede resultaat.

Vraag 5: Dit is een persoonlijke vraag. Ik ben het grootste deel van mijn leven Christen geweest, en vroeger voelde ik grote passie, grote liefde voor God. Maar de laatste jaren ben ik in een soort geestelijke dofheid of apathie vervallen, en ik weet niet...

Antwoord: U bent niet de enige! Wij zijn allemaal mede-broeders in dit lijden. In het begin ontvangen wij overvloedige genade "om niet", want wij hadden niets gedaan om dat te verdienen. Welnu, dat is de goedheid van de Heer om ons een les te leren: Dan ervaren wij wat het geestelijk gebed is, wat nederigheid is, wat liefde is – al die goede dingen. En dan wordt deze genade teruggetrokken, van ons weggenomen. En God handelt aldus met een doel: om te zien hoe wij reageren, om te zien of wij de les hebben geleerd die Hij ons gegeven heeft. Als wij ons nog steeds gedragen alsof wij in de eerste periode zijn, toen de genade in ons hart werkzaam was, en wij doen dezelfde goede werken als wij toen deden, terwijl de genade van ons is weggenomen, dan zal deze terugkomen, en zelfs nog meer. Dan zal het terugkomen, en zelfs nog sterker dan voorheen. Dat is wat Hij tot Thomas zeide: "Omdat gij gezien hebt, Thomas, gelooft gij. Zalig zij, die niet gezien hebben en toch geloven."[43] Wanneer de genade met ons is, dan is dit als zien wij God binnenin onszelf, en wij hebben deze kracht om al de goede werken der vroomheid

---

[43] Cf. Joh.20:29.

te verrichten, en al de goede geestelijke werken. Maar wanneer deze genade wordt weggenomen, en wij doen nog steeds deze dingen, met trouw, met een goede gezindheid, en wij gebruiken onze vrijheid op de juiste wijze, dan komt de genade terug – dan is God ervan overtuigd dat wij Hem liefhebben. Weet u, wij zeggen elke dag tot Hem in het Middernachtsgebed: "Heer, ik ben de Uwe, behoud mij".[44] Maar vader Sophrony, de geestelijke vader en stichter van ons klooster, placht te zeggen: "Wie zijt gij, als mens, om tot God te zeggen: 'Ik ben de Uwe, behoud mij'? Overtuig God ervan, dat gij de Zijne zijt!" Dus dit is een manier om God ervan te overtuigen dat wij de Zijne zijn, juist wanneer Hij Zijn genade van ons wegneemt. En dan komt Hij en Hij zegt tot ons: "Ja, gij zijt Mijn, heden heb ik U verwekt. Al het Mijne is het uwe".[45]

Dat is de idee in die periode. Deze periode die volgt op de eerste periode van de genade (ik hoop dat ik die niet heb verstoord!) is een zeer bijzondere gave, om God te overtuigen. Wanneer de genade mét ons is, dan is God met ons. Wanneer de genade niet met ons is, dan is het een hel. Wat is de hel? De afwezigheid van God! Wanneer God in ons leven afwezig is, dan is het een hel. En wanneer wij in deze hel van Zijn afwezigheid verkeren, en wij geloven nog steeds in de Heer en wij volgen Hem, dan betekent dit dat de dood van deze hel, die ons leven bedreigt, niet zo sterk is als ons geloof; ons geloof is sterker dan de dood die ons leven bedreigt, sterker dan de hel die ons martelt; en op die wijze overwinnen wij de dood en de zonde. Het is een zeer kostbare tijd. Wij hebben misschien een in-zinking – hoe noemt men dat in de muziek, een neergang. Wij gaan naar omlaag. Maar wij zouden niet beneden moeten blijven. De heilige Makarius de Grote zegt: "Wanneer wij beneden zijn, moeten wij niet denken dat wij daar beneden zullen blijven". Wij moeten een nieuw begin maken, en dan zullen wij weer omhoog gaan. En in werkelijkheid gaan wij heel ons leven op en neer. Want God wil ons een grote les leren, dat het heil niet van ons afkomstig is – het is niet onze verdienste. Het heil is een vrijelijk geschonken gave van God. Feitelijk is dit een wonderbaarlijke periode, de tweede periode. Wederom, dit is een voorrecht, een eer. Wanneer God de

[44] Cf. LXX Ps.118(119):94.
[45] Cf. LXX Ps.2:7; Jes.43:1; Lk.15:31.

genade van ons wegneemt om ons te beproeven, dan bewijst Hij ons een eer door ons de gelegenheid te geven Hem ervan te overtuigen dat wij de Zijne zijn. En dan komt Hij terug, en zegt: "Ja, gij zijt Mijn. Al het Mijne is het uwe".

Niemand van ons kan die eerste genade bewaren, zoals wij horen van onze Vaders, niemand.[46] En de maximale periode waarin men die eerste genade kan bewaren zou zeven jaar kunnen zijn. Maar daarna zullen lange jaren van beproeving komen. Doch wie de Heer volgt en deze periode verduurt en probeert de lessen te bewaren die hij in de eerste periode heeft geleerd, die zal zegevierend binnentreden in Gods Koninkrijk: hij ontvangt "een rijke intrede in het Koninkrijk", zoals de heilige Petrus zegt.[47]

Vraag 6: Tijdens de Grote Vasten probeer ik het vaak beter te doen in de Biecht. Maar vaak voel ik dat mijn belijdenis zwak is, en ik vroeg me af of u enige aanwijzingen kunt geven hoe wij zouden moeten biechten. Het gebeurt mij, dat ik mij probeer te herinneren hoe mijn week verlopen is, maar tegen de tijd dat de Vespers voorbij zijn en ik naar de Biecht ga, dan zijn alle gedachten verdwenen en dan weet ik niet wat ik moet zeggen. En ik vroeg me af wat ik zou kunnen doen om mijn Biecht te verbeteren.

Antwoord: Ook de Biecht is een grote eer die God ons bewijst. En de weldaad van de Biecht komt overeen met de schande die wij vrijwillig op ons nemen om de wonden van onze ziel bloot te leggen. Want de Heer, die ons behouden heeft door Zijn offer aan het Kruis der schande, wanneer wij in de Biecht schande verduren om met Hem te worden verzoend, dan beschouwt Hij dit als dankzegging voor wat Hij voor ons gedaan heeft, en dan schenkt Hij ons genade. Dat is waarom wij vaak herboren uit de Biecht te voorschijn komen. Wel, soms komt onze belijdenis vanuit ons hart, en dan ontvangen wij meer zegen, meer kracht; en soms is het niet zo sterk, soms voelen wij dit niet. Maar ik denk dat het altijd nuttig is. Zoals wanneer gij een tuin hebt, dan wiedt gij deze niet slechts eenmaal om het er dan bij te laten; gij blijft de tuin wieden, om het onkruid eruit te verwijderen zodat de tuin vruchten kan voortbrengen.

---

[46] Cf. "Saint Silouan", GK p.421, EN p.331, NL p.351.
[47] Cf. 2Petr.1:11.

Soms zeggen mensen: "Maar moet ik dan steeds weer dezelfde dingen belijden?" Ja! Wij wieden onze tuin, om in staat te zijn meer vruchten voort te brengen. Maak u dus geen zorgen; doe het gewoon met een goed geweten, en soms zal het zeer krachtig zijn, soms minder krachtig, maar het zal altijd weldadig zijn.

Maar dit is een zeer, zeer groot iets. Het is jammer dat wanneer sommige mensen naar de Biecht gaan, zij bang zijn om schande te dragen; en zij mompelen iets, en dan zeggen ze: "Niet veel, vader. Niets ernstigs, de gewone kleine dingen..." Zij zijn bang dat de priester misschien een slechte indruk van hen zal krijgen. Integendeel! Wanneer de priester iemands biecht hoort, en hij ziet echte schaamte in hem terwijl hij zijn zonden belijdt, en de schande op zich neemt om met God verzoend te worden, dan zeg ik u: dan wordt de priester vervuld van *ontzag*, en van eerbied voor die persoon – want hij weet, dat op dat ogenblik Gods hand op die persoon is om die persoon te herscheppen. En als priester zijt gij in vreze wanneer gij voor iemand staat die op passende wijze biecht, om niet het werk van God te hinderen, het werk van herschepping, de genade van de wedergeboorte die Hij die mensen schenkt. Heel de hemel staat aan hun kant – zoals de Heer zeide: "Wanneer iemand zich bekeert, dan verheugt zich de gehele hemel".[48] Heel de hemel staat aan de zijde van degene die biecht, wanneer deze dit eerlijk en oprecht doet. Er ligt groot nut in de Biecht, en het is een grote eer – een grote eer die God ons bewijst. En ik zeg u: tegenwoordig zijn wij zelfs in de kloosters geen goede asceten, wij hebben nauwelijks enige ascese, en dit is een algemeen verschijnsel – dit is niet enkel hier of daar, het is overal zo. Doch deze schaamte in de Biecht kan soms compenseren wat ons ontbreekt. Het ontbreekt ons aan ascese, het ontbreekt ons aan inspanning, maar als wij vrijwillig de schande op ons nemen in de Biecht, dan zal God ons rijke genade schenken om de hartstochten en de zonden te overwinnen. Vergeef mij.

Vraag 7: Dank u zeer, vader, voor alles wat u met ons deelt. Ik vroeg me af of u enkele woorden hebt over de visie op het huwelijk in onze Kerk, in het bijzonder in het licht van alle aanvallen op het huwelijk in de ons omringende samenleving.

---

[48] Cf. Lk.15:7.

Antwoord: Ik weet niet wat ik over het huwelijk zou moeten zeggen. Maar ik denk, dat ik daar misschien meer over weet dan u als gehuwden, hoewel ik niet getrouwd ben. Want dezelfde principes die gelden voor het monastieke leven, zijn ook toepasbaar op het huwelijk. Bijvoorbeeld, wij hebben vandaag met de vaders besproken, dat het belangrijk is niet één slechte gedachte te hebben over onze medebroeders in het klooster; dat elk van ons voor Gods aanschijn zou moeten staan, op zodanige wijze dat God heel de gemeenschap in ons hart ziet. De eenheid van onze gemeenschap ligt in het hart van elk van ons, niet alleen in het hart van de Hegoumen. En wanneer wij een slechte gedachte over iemand hebben, dan verminken wij ons bestaan – want, zoals vader Sophrony zei: "Als wij een slechte gedachte hebben over één van onze broeders, dan is dit als een scheur in de muur van de Kerk" – in de muur van het klooster. Dus de eenheid wordt uitgedrukt door dit begrip: iedereen in ons hart te bewaren en zelfs een enkele slechte gedachte jegens de anderen te vermijden. En in het huwelijk geldt hetzelfde! Als het echtpaar leert geen slechte gedachten te aanvaarden over de ander, en een wedstrijd te houden zoals wij in het klooster hebben, in het mysterie van de gehoorzaamheid: de *ander* is belangrijk. Wat de Hegoumen ook zegt: "Ja, met uw zegen!" En zo aanvaard ik de wil van de ander, en die andere is belangrijk, niet ikzelf. En tenslotte leer ik de wil te aanvaarden van de Eerste Ander, van Christus, onze Heiland. Zoals dit in het klooster geldt, zo is het ook in het huwelijk. Als het echtpaar een wedstrijd houdt, wie het meest de wil van de ander zal doen, als elk zich voor de ander vernedert, dan zal hun leven een voorportaal zijn van het paradijs – en niet hun fysieke contact, maar deze eenheid van hart, de eenheid van geest, zal de werkelijke vervulling brengen, de geestelijke vervulling van degenen die uit Geest geboren zijn.

Wanneer wij in het gezin dezelfde wedstrijd houden als in het klooster, deze 'goddelijke wedstrijd' – wie zich het meest voor de ander vernedert, wie het meest de wil van de ander doet – en wij koesteren geen slechte gedachten jegens elkaar, en wij dragen heel het gezin in ons hart en wij brengen hen voor Gods aanschijn, dan zal dit voorzeker eenheid brengen en liefde. Dit is een kwestie van het hart, alles vindt dáár plaats. Al die principes die wij in het monastieke leven toepassen, wat wij gezegd hebben over de eerste liefde en de eerste genade, datzelfde geldt in het huwelijk. Wij ontmoeten elkaar, en de eerste jaren is er veel liefde en geluk. En wanneer de moeilijkheden komen en de rekeningen toenemen, en er komen kinderen die ons van onze slaap beroven, en er wordt meer van ons gevraagd... dan moeten wij niet vergeten dat wij zouden moeten voortgaan in dezelfde trouw en dezelfde liefde, die God ons geschonken had toen wij ons leven begonnen. "Gedenk uw eerste liefde".[49] Pas dezelfde principes toe, en het einde zal goed zijn. Ik weet dat van mijn eigen familie. De eerste achttien jaar van mijn ouders waren verschrikkelijk. Doch zij hadden geduld met elkaar, en plotseling vonden zij het! En toen begonnen dertig jaren, waarin zij in grote vrede en grote liefde leefden, en zij stierven beiden "der dagen zat" – niet "na vele dagen", maar "vol van dagen". Wanneer wij in de heiligenlevens zeggen, dat zij "der dagen zat" waren toen zij stierven,[50] dan betekent dit dat elk van hun dagen de volheid bezat van Gods genade, de vrede der genade. Dus het was het waard, achttien jaar lang geduld te hebben met elkaar, en dan dertig jaar lang zo gelukkig te leven, zo vervuld, en dan zulk een heerlijk einde te hebben. Mijn vader, hij voelde zijn einde naderen, en hij begon de handen van mijn moeder te kussen, terwijl hij zijn schoonvader zegende die hem zulk een metgezel had gegeven voor zijn leven. En de volgende morgen stierf hij.

En mijn moeder had tot mij gezegd: "Als uw vader niet behouden is, dan wordt niemand behouden". Ik zei tot haar: "Waarom?" "Hij bidt de halve nacht," zei ze tot mij. En in de tijd dat ik bij hen was, baden zij nauwelijks. Zij gingen naar de Kerk, min of meer regelmatig, maar ik zag geen bijzondere ijver. Maar toen ik monnik werd, en zij naar ons klooster kwamen, toen 'stalen' zij – allebei – het gebed van de monniken daar. En toen zij ons verlieten, gingen zij op die wijze voort. Begrijpt u? Het was het waard, achttien jaar lang geduld te oefenen, en dan de volgende dertig jaar te leven met zulk een genade en met zulk een liefde, in zulk een vrede. Tegenwoordig klinkt het vanaf de eerste moeilijkheid: "O, wij passen niet bij elkaar. Vaarwel!" En weet u, ik zie niemand die op die manier

---

[49] Cf. Openb.2:4-5.
[50] In de Bijbel wordt deze uitdrukking o.a. gebruikt bij de dood van Izaäk, David en Job (zie Gen.35:29; 1Kron.23:1; Job.42:17).

genezen wordt, die op zo'n manier vervulling vindt. Begrijpt u?

Dus dezelfde principes die gelden voor het leven van de monniken, gelden ook in het leven van echtparen. Ik herinner mij dat ik in Parijs een professor had in de Patristiek (hij was een Cyprioot), die vaak zei: "Ik denk dat de beste voorbereiding voor het huwelijk het monnikschap is!" En wij waren geschokt, en ik zei tot hem: "Maar wat bedoelt u?" Hij zei tot mij: "Kijk. Ik was mij aan het voorbereiden om monnik te worden, en plotseling kwamen de omstandigheden zo uit dat ik trouwde. Maar ik ben God zeer dankbaar dat ik mij had voorbereid op het monnikschap. Want nu weet ik hoe ik moet strijden tegen mijn hoogmoed, en gelukkig kan leven met mijn vrouw, en ik weet de waarachtige principes voor het leven, die ik geleerd heb toen ik mij voorbereidde op het monnikschap. En zo bleef ik ook bewaard, en nu kan ik priester worden." En hij werd priester. En hij zei dit op zulk een manier, dat als ge dit alleen maar hoorde, zonder zijn gedachten te kennen, gij geschokt zou zijn. Maar hij was een zeer heilige persoon, een zeer heilig man (...moge God hem een goed einde schenken; hij is nu oud, maar hij leeft nog).

Houdt dus in gedachten dat dezelfde principes die gelden in het monastieke leven, ook gelden voor echtparen. En dezelfde trouw die van monniken wordt vereist – gehoorzaamheid en trouw – wordt ook vereist van echtparen. En dan bouwen wij het leven op. Wat betekent dat? Wij bouwen de tempel Gods op, niet alleen in onszelf, maar ook in onze medemensen – dat is onze bestemming.

10

Een klein beetje
huiselijke theologie

Een introductie,[1] voorafgaand aan het woord van vader Zacharias

eze bijeenkomst hebben wij de bijzondere gelegenheid te luisteren naar archimandriet Zacharias, die een leerling was van oudvader Sophrony – eeuwige gedachtenis! – die zelf een leerling was van de heilige Silouan van de Berg Athos. Vader Zacharias is een monnik van het klooster van de heilige Johannes de Doper in Essex, Engeland – het klooster dat gesticht werd door oudvader Sophrony. Dit is een stavropegisch klooster, onder het Oecumenisch Patriarchaat.

Vader Zacharias werd geboren en opgevoed in Cyprus, in een Orthodox Christelijk gezin – zijn moeder werd tegen het eind van haar leven moniale. In 1964 kwam hij vanuit Cyprus naar Engeland om in Londen scheikunde te studeren, en in die tijd leerde hij het klooster in Essex kennen. Hij verliet zijn studies om Gods roeping te volgen, en verhuisde naar het klooster om daar het monastieke leven te leiden in de context van de Orthodoxe Kerk. Doch om te beginnen zond oudvader Sophrony hem naar het Theologisch Instituut St. Serge in Parijs, om theologie te studeren. Hij bracht daar vijf jaar door, en ging toen naar Thessaloniki voor nog veertien maanden van verdere studie. (Oudvader Sophrony liet zijn jonge monniken aan het seminarie studeren, opdat zij enige theologische kennis zouden hebben, vooral om te kunnen spreken met iedereen die het klooster kwam bezoeken en hun vragen te kunnen beantwoorden.) In Thessaloniki behaalde vader Zacharias zijn tweede graad in de theologie. Zijn doctoraal-scriptie schreef hij onder leiding van professor George Manzarides, één van de leidende Orthodoxe theologen van de twintigste eeuw op het gebied van de Christelijke ethiek. Dit werk vormde de basis voor het eerste boek

---

[1] Deze voordracht werd gehouden in de eerste week van het Triodion, in St. Vladimir's Seminary, New York (12 februari A.D.2014).

van vader Zacharias, "Christus, onze Weg en ons Leven". Ook is hij de auteur van de boeken "Weest ook gij uitgebreid", "De verborgen mens des harten" en "Gedenk uw eerste liefde".[2] De theologische overwegingen in al deze werken komen voort uit zijn contact met oudvader Sophrony.

Sinds de verschijning van zijn eerste boek heeft hij op verschillende plaatsen in de wereld voordrachten gehouden over de theologie van de heilige Silouan de Athoniet en oudvader Sophrony...[3] Doch zijn voornaamste werk is monnik te zijn in het Klooster van de heilige Johannes de Doper. In 1984 werd hij tot diaken gewijd, en het jaar daarop tot priester. En sindsdien functioneert hij als één van de geestelijke vaders van het klooster, op nederige wijze dienstbaar in het uitdelen van het woord Gods aan zijn broeders en aan de bezoekers van het klooster.

Maar bij dit alles is vader Zacharias werkelijk één van de meest diepgewortelde getuigen van de Traditie van het Heilig Orthodox Geloof, onder hen die nog in leven zijn. Wij zijn bevoorrecht dat wij vandaag zijn woord mogen horen, en ik weet zeker dat u in zijn woorden de helderheid en de diepgang zult horen van zijn levende ervaring van het Orthodoxe geloof, uitgedrukt in een stem van deze tijd – Vader Zacharias, het is mij een vreugde u hier te mogen verwelkomen!

---

[2] Deze werken zijn ook in het Nederlands beschikbaar, onder de hierboven vermelde titels. Voor de Engelse titels en nadere details van de diverse uitgaven, zie de Bibliografie achterin.
[3] Hier gaf de spreker een indrukwekkende opsomming: Hij heeft voordrachten gegeven aan het "St. John of Damascus Institute of Theology" van de Universiteit van Balamand, Libanon; voor het "Orthodox Institute" in Cambridge, Engeland; alsmede in Finland, Griekenland, Roemenië, Bulgarije en Rusland. In de Verenigde Staten heeft hij uitgebreid onderricht gegeven in "St. Tikhon's Seminary" in Pennsylvania. Ook was hij de gastspreker op een aantal retraîtes voor de geestelijkheid, in Midden-Amerika, op uitnodiging van Bisschop Basil van Wichita (de basis voor de genoemde drie boeken die volgden op "Christus, onze Weg en ons Leven"). Op uitnodiging van het Athonitisch klooster van Watopedi was hij bovendien de 'keynote speaker' op de eerste internationale conferentie m.b.t. het leven en het werk van Oudvader Sophrony van Essex (Athene, October 2007).

Vader Zacharias:

Na zo'n inleiding zal ik niet kunnen spreken. Ik ben maar een heel eenvoudig persoon. En al wat ik weet is een klein beetje huiselijke theologie: de theologie van vader Sophrony, mijn vader in God... Ik zal enkele eenvoudige dingen zeggen, en dan kunt u vragen stellen, en dan kunnen wij misschien nog wat meer zeggen.

Ik ben werkelijk verheugd en vereerd om hier te zijn, in dit gewijde instituut dat de Kerk dient op zulk een bijzondere wijze. En ik heb het gevoel dat ik dezelfde bestemming deel als u. Want ook ik leef in het Westen, en onze bestemming is om een woord te geven aan iedereen die ons daarom vraagt – zodat zij weten dat wij niet zomaar bij toeval Orthodox zijn, maar dat wij ledematen zijn van het grote Lichaam van Christus, de grote Orthodoxe Kerk. Deze identiteit delen wij allemaal, en deze gaat boven elke andere identiteit. Of wij nu Grieks zijn of Russisch, Amerikaans of Engels, dat is absoluut secundair. Onze eerste, primaire identiteit is dat wij ledematen zijn van dit wondere Lichaam van Christus. De Heer wist dat niemand, als individu op zich, de volheid van Zijn genadegaven kan bevatten, de volheid van Zijn genade. Dus heeft Hij in de geschiedenis een Lichaam bereid, zodat al de ledematen van dit Lichaam heel de rijkdom van Zijn Geest kunnen bevatten. Dat is de ongelofelijke goedertierenheid van God, en het resultaat – de vrucht – van zijn Vleeswording. Hij kwam om in de geschiedenis een Lichaam te bereiden, dat Hij vervuld heeft met al Zijn leven: Zoals in Hem heel de Godheid lichamelijk woonde,[4] zo woont dezelfde Godheid in de Kerk – uiteraard in de vorm van Zijn Energie.

Wij zijn dus ledematen van het Lichaam van Christus. In het Evangelie lezen wij, dat de Heer voorouders heeft naar het vlees: al de rechtvaardigen van oudsher. En deze voorouders van de Heer geloofden in Zijn woord, zij verwachtten Zijn komst, en zij ontvingen zelfs de besnijdenis in het vlees om te bezegelen dat zij Hem toebehoorden, dat zij ledematen waren van het uitverkoren volk van God. En de Heer kwam en, zoals ik reeds gezegd heb, Hij bereidde een Lichaam, en sindsdien heeft Hij geen voorouders meer maar afstammelingen. Wij zijn Zijn afstammelingen. En op dezelfde

---

[4] Cf. Kol.2:9.

wijze als de voorouders des Heren de besnijdenis ontvingen als
zegel dat zij behoorden tot Gods volk, zo ontvangt het Nieuwe
Israël, door de Doop, de besnijdenis des harten – de besnijdenis
die niet verricht wordt door mensenhand, maar door de Geest Gods.
En op dezelfde wijze is dit het zegel dat toont, dat al deze mensen
van het Nieuwe Israël, de ledematen van het Lichaam van Christus,
de Heer toebehoren. Zij hebben geloofd en zij hebben Zijn verschijning in het vlees liefgehad, en zij leven in verwachting van
Zijn wederkomst op de laatste dag.[5] En dit, toe te behoren aan de
Heer en de geestelijke besnijdenis van het hart te dragen, gaat natuurlijk vergezeld van Zijn vertroosting. Weet u, de God der Christenen,
zoals wij lezen in de Schriften, is de "Vader van alle mededogen
en de God van alle vertroosting".[6] En de enige manier om ons met
deze God te verbinden is Hem te naderen met een verbroken geest,
een nederig hart. Ik herinner me een oudvader die zeide: "Wilt u
God kennen? Dat is heel gemakkelijk. Nader hem slechts met een
hart vol pijn" – en dan is het gemakkelijk om met Hem in contact te
komen, met een verbroken en nederig hart,[7] en Zijn vertroosting te
ontvangen. En deze onvergankelijke vertroosting overschaduwt
het leven van de ledematen van dit Lichaam, en wanneer deze
vertroosting in hun leven overvloedig wordt, dan brengt dit de
einden der wereld over hen. "Over ons zijn de einden der wereld
gekomen", zegt de heilige Paulus.[8] Dat wil zeggen, de leden van
dit Lichaam leven op eschatologische wijze.[9] Zoals de Heer omwille
van hen geleden heeft "buiten de legerplaats" van deze wereld, zo
verlaten ook zij de legerplaats van deze wereld, door al de ijdelheid, de nutteloosheid van deze wereld te verloochenen, al de illusies
van deze wereld. En de grootste illusie van deze wereld is de liefde

---

[5] Cf. 2Tim.4:8; Tit.2:13.
[6] Cf. 2Kor.1:3.
[7] Cf. LXX Ps.50:19 (51:17/19).
[8] Cf. 1Kor.10:11.
[9] Het begrip 'eschatologisch' heeft betrekking op de 'laatste dingen' aan het
einde der tijden, d.w.z. de Wederkomst des Heren, de algemene Opstanding, het
Laatste Oordeel en het Eeuwig Koninkrijk in de voortdurende Aanwezigheid van
de Heer der heerlijkheid. Te leven in eschatologisch perspectief wil dus zeggen,
dat al het doen en laten van de mens, en heel zijn visie, bepaald wordt door het
besef van deze uiteindelijke bestemming. *Noot vert.*

Gods verenigbaar te willen maken met de liefde voor de wereld. "De liefde voor de wereld is vijandschap jegens God", zegt de Schrift.[10] De waarachtige leden van het Lichaam van Christus leven dus voortdurend in Gods aanwezigheid, overschaduwd door de onvergankelijke vertroosting van Zijn Geest, en zij haasten zich naar Zijn wederkomst. Zij wachten niet slechts op de Wederkomst, maar zij haasten zich daarheen – vanwege de grote vertroosting die zo overvloedig is in hun leven.

Ik zeg deze dingen, omdat het voor ons priesters – die in de Kerk het dienstwerk hebben ontvangen van de verzoening van de mensen met God – zeer belangrijk is dat wij niet enkel celebranten zijn van sacramenten; wij zijn geen magiërs, vergeef mij dit overtrokken woord. Natuurlijk, de sacramenten zijn heilig en de Heer is daarin tegenwoordig. Maar bovenal zijn wij troosters van zielen. God heeft ons zulk een genade geschonken, en Hij verwacht van ons dat wij troosters van zielen zullen zijn. Maar hoe kunnen wij zieletroosters zijn? Eenvoudig door binnen te treden in Gods aanwezigheid. Elke keer dat wij deze levende God naderen met een verbroken hart en een nederige geest, dan treden wij in Zijn aanwezigheid. En wanneer wij dan naar buiten komen vanuit de aanwezigheid van de levende God, dan vinden wij in ons hart de woorden gereed om aan onze medemens over te brengen: woorden die hen deelgenoot zullen maken aan de genade, woorden die hun harten zullen verzekeren van genade, en hen voor de Heer zullen winnen, en hen zullen maken tot medewerkers met God voor hun wedergeboorte. Dit is bij uitstek het voortdurende werk van de priesters, of zij nu de Mysteriën van de Kerk vieren, of zich voorbereiden op de Liturgie, of de Liturgie opdragen, of zij preken; wat zij ook doen, zij moeten een levend woord hebben voor hun medemensen, zij zouden een woord aan hen moeten overbrengen. Zelfs bij de eerste kerkgang van een kind zouden wij enkele woorden moeten spreken; wij zouden enkele zinnen moeten zeggen tot de ouders, om hen te doen begrijpen dat zij rentmeesters zijn van dit kind en medewerkers met God aan een groot bouwwerk, aan een wonderbaarlijk werk van God. Dus wat wij ook doen, of wij mensen huwen, of wij mensen begraven, of wij de eerste kerkgang ver-

---

[10] Cf. Jak.4:4.

richten van kleine kinderen, wij moeten altijd gereed zijn om een woord te geven – een woord dat de mensen kracht zal geven, dat hen genade zal brengen.

Wij zien hieruit dat onze identiteit als leden van dit grote Lichaam veel groter is dan welke andere menselijke identiteit dan ook. Want in dit Lichaam, zoals ik reeds gezegd heb, kunnen wij binnentreden in de gemeenschap der genade, de gemeenschap van de genadegaven van alle heiligen. Wanneer wij ons voorbereiden op de Liturgie, bijvoorbeeld – niet alleen de priesters, maar alle gelovigen – dan werken wij in het verborgene, thuis in ons "binnenste vertrek"[11] om een kleine gave te verzamelen voor de Liturgie. Dat wil zeggen, wij streven naar de berouwvolle bekering, wij proberen ons hart op te warmen door de verwachting van deze gave, en met deze kleine gave komen wij naar de Liturgie. Elk van ons moet een kleine gave hebben, om lid te kunnen zijn van het Lichaam van Christus; en die kleine gave zal een sleutel worden om de deur te openen voor de genadegaven van al de andere ledematen van dit Lichaam.

Wij komen dus naar de Liturgie met een kleine gave, die wij in het verborgene bewerkt hebben. In het verborgene: wij moeten niet door de mensen gezien worden, zoals de Heer zegt;[12] dat is een leefregel. En dat was de regel die de Moeder Gods had. Dat is waarom de Allerhoogste haar nederigheid bezag en "grote dingen" aan haar gedaan heeft.[13] Wij moeten in het verborgene een kleine gave bewerken: ons hart vullen met nederige intenties, met een gezindheid van bekering, van nederigheid, en zelfs van liefde tot God. En met ons hart vol van dergelijke houdingen komen wij naar de vergadering van dit Lichaam, naar de andere ledematen. Wij moeten allemaal iets bijdragen aan deze vergadering – als wij geen enkele gave meebrengen dan doen wij onszelf tekort en wij doen ook onze medemensen onrecht aan. En deze gave die wij meebrengen opent de weg voor ons om deelgenoot te worden aan de gaven van al de andere ledematen, die daar tezamen verenigd zijn in de Naam van Christus. En dat is hoe wij rijk worden in deze

---

[11] Cf. Mt.6:6.
[12] Cf. Mt.6:1.
[13] Cf. Lk.1:48-49.

gemeenschap der genade. Want wanneer wij samenkomen om het Lichaam van Christus te vormen, dan is de Heer Zelf aanwezig, en waar de Heer is, daar zijn ook al de koren der heiligen en der engelen. Waar de Heer is, daar zijn al de hemelse heerscharen aanwezig, en dat is het Koninkrijk Gods in de Liturgie, "gekomen in kracht".[14]

Wanneer wij aldus voorbereid naar de Liturgie komen, met een kleine gave, en wij voegen deze gave bij de Gaven die de priester God aanbiedt uit naam van ons, dan leggen wij in die Gaven al onze gebeden, al onze bekering, al onze nederigheid, al onze liefde, al onze verwachting jegens Hem – heel ons leven – en wij bieden dit alles aan God aan, via de woorden van de priester die dit doet uit naam van ons: "Het Uwe uit het uwe bieden wij U aan, in alles en voor allen".[15] En God – Die trouw is in Zijn beloften aan ons, in Zijn verbond dat Hij met ons gesloten heeft in de Doop – Hij doet dan hetzelfde: Hij legt Zijn leven in de heilige Gaven, de genade van de Heilige Geest, door ze te maken tot Zijn Lichaam en Bloed, die al de genade bevatten van de Heilige Geest. En tenslotte spreekt de Heer tot ons, en Hij zegt: "Het Heilige voor de heiligen".[16]

Wij bieden Hem deze gaven aan, gevuld met ons leven, zeggende: "Het Uwe uit het uwe...". En de Heer aanvaardt ons nederige en kleine offer, ons kleine leven, en daarvoor geeft Hij ons Zijn oneindige en grenzeloze leven: "Het Heilige voor de heiligen". En zo hebben wij in deze bijeenkomst, in deze vergadering van het Lichaam van Christus, de mogelijkheid ons kleine en beperkte leven om te ruilen voor het grenzeloze en grote leven van God. In elke Liturgie hebben wij deze uitwisseling van ons leven met het leven van God. Dat is waarom, nadat wij hebben deelgenomen aan de Heilige Gaven – nadat wij de Communie hebben ontvangen – de Kerk een overwinningslied zingt, vanwege deze uitwisseling die heeft plaatsgevonden: "Wij hebben het waarachtige Licht gezien,

---

[14] Mk.9:1.

[15] Anaphora van de Goddelijke Liturgie van de heilige Johannes Chrysostomos.

[16] Ibid. [Letterlijk staat hier een meervoud: "De Heilige (Gaven) voor de heiligen". *Noot vert.*]

wij hebben ontvangen de Hemelse Geest, het ware geloof
gevonden; wij aanbidden de Heilige Drieëenheid..."[17]
Dus daar ligt ons leven, in dit Lichaam. En wij moeten niet vergeten wat de heilige Paulus zegt tot de Efezen, dat wij "de diepte
en de hoogte, de lengte en de breedte" van Gods liefde alleen kunnen
bevatten samen met alle heiligen.[18] Het is daarom, dat onze Vaderen
(in het bijzonder de heilige Cyprianus van Carthago) onderrichtten
dat er buiten dit Lichaam geen heil is: *"extra ecclesia nula salus"*,
"buiten de Kerk is er geen heil". Want alleen in de Kerk vinden wij
deze gemeenschap van genade, deze gemeenschap aan de genadegaven van alle heiligen – van de sterken in de hemel, en van het uitverkoren volk van God op aarde, in elke plaats van Zijn heerschappij.
En in deze gemeenschap der genade, in deze gemeenschap van de
genadegaven der heiligen, worden wij rijk en vinden wij het heil.
    Dit is een Mysterie, dat zelfs in het Oude Testament bekend
was – als de Joden opgingen naar de Tempel van Salomo en dan
weer afdaalden, nadat zij in deze Tempel waren binnengetreden in de
wondere aanwezigheid van God. Want de heerlijkheid Gods
vervulde het huis van God, zoals wij lezen in de Oude Schrift.[19]
Wanneer zij waren binnengegaan in deze stralende aanwezigheid
van God, dan kwamen zij naar buiten "als degenen die dromen", zegt
de Psalm.[20] Zo gelukkig waren zij in die tijd om binnen te treden
in de levende aanwezigheid van God. In die tijd zagen de kinderen
der Hebreeën de Zon niet rechtstreeks, maar weerspiegeld in het
water, in een waterpoel. Dit was voor hen de enige mogelijkheid
om de Zon der Rechtvaardigheid, Christus, te kunnen zien. Voor
ons is er nog iets groters: Voor ons bestaat de mogelijkheid deelgenoten te worden aan Zijn Lichaam en Bloed – om deelgenoot te
worden aan Zijn natuur in de vorm van Zijn energie, door de genade.
Zoals dus de Joden van oudsher, nadat zij waren binnengegaan in
de Tempel, in de aanwezigheid van God, naar buiten kwamen als

---

[17] Uit de Goddelijke Liturgie van de heilige Johannes Chrysostomos (zie o.a.
Joh.1:9,17; 7:39; 2Thess.2:13-14).
[18] Cf. Ef.3:18-19.
[19] 1Kon.8:10-11.
[20] LXX Ps.125(126):1. [Deze verwijzing betreft de Hebreeuwse tekst. De Griekse
tekst spreekt hier meer expliciet over de vertroosting die de mens dan ervaart.
Noot vert.]

degenen die dromen, evenzo is het voor de kinderen Gods van het Nieuwe Israël, van de Kerk van Christus: Wanneer zij in de Liturgie binnentreden in Gods aanwezigheid, en God gaven brengen op de wijze die wij geprobeerd hebben te beschrijven, dan komen zij hernieuwd weer naar buiten. Dit is zulk een wonderbaarlijke eer, zulk een voorrecht dat wij bezitten, deze uitwisseling van levens. En natuurlijk, wanneer wij deze uitwisseling maken, dan zullen wij waarachtige getuigen zijn van Zijn dood en Opstanding. En dan zullen onze woorden misschien sommige mensen ervan kunnen overtuigen om de waarheid van Christus' openbaring te aanvaarden. Als wij er niet eerst in slagen God te overtuigen dat wij Hem toebehoren, dan zal onze inspanning om mensen in deze wereld te overtuigen tevergeefs zijn.

Dit zijn de weinige woorden die ik u wilde zeggen. Veel van de tragedies in de geschiedenis van de Kerk zijn te wijten aan het feit dat wij ons niet bewust zijn van deze grote identiteit die wij allemaal bezitten in de Kerk: Dat wij bovenal ledematen zijn van het Lichaam van Christus, en al het andere is een schaduw, al het andere is uiterst secundair. Vergeef mij, ik wilde enkel een paar woorden spreken – en als u mij nog ergens over wilt vragen, dan zal ik proberen om nog iets meer te zeggen.

Vragen & Antwoorden

Inleider: Vader Zacharias, dit is de tijd van het jaar waarin wij allen, als Orthodoxe Christenen, overal op zoek zijn om kleine geestelijke schatten te vinden, die wij om zo te zeggen in onze rugzak kunnen stoppen, omdat wij weten dat wij ons voorbereiden op een lange reis door de woestijn, op weg naar het heilig Pascha. En wij danken u, omdat u ons hier vele stukjes geestelijk voedsel hebt gegeven, en ik weet zeker dat ik niet de enige ben, wanneer ik zeg dat ik deze in mijn rugzak heb gestopt, en dat ik daar vele malen aan zal refereren nu wij onszelf voorbereiden op die grote tocht van de Vastentijd...

Vraag 1 (een priester van een Grieks-Orthodoxe Kerk in de staat New York): Dank u voor uw woorden. Ik zou enkel willen vragen, daar u zojuist een retraîte voor de geestelijkheid hebt beëindigd in het Mid-westen: Wat zou u zeggen dat de meest centrale zorg was, die de geestelijken met u hebben gedeeld?

Antwoord: Hier in Amerika heb ik vele oprechte priesters ontmoet, die werkelijk willen leren over dit profetische dienstwerk van het Priesterschap. Het Priesterschap is een profetisch dienstwerk. En het is geen klein ding, om medewerker te zijn met God, om een trooster van zielen te zijn; het is een wonderbaarlijk voorrecht. En dat was hun voornaamste zorg. En wij hebben geprobeerd enkele dingen te zeggen over hoe wij medewerkers kunnen zijn met God voor het opbouwen van de tempel Gods, eerst in onszelf en dan ook in de gelovigen. Want dit is de taak. De heilige Paulus zegt tot de Korinthiërs: "Weet gij niet, dat gij een tempel zijt van de levende God?"[21] En hij zegt dit, alsof dit iets heel gewoons is: "Weet gij niet, dat gij een tempel zijt van de levende God?" En dat is het precies: Wij moeten werken aan de opbouw van de tempel Gods in onszelf en in onze medemensen, en (in het bijzonder) in de mensen die de Voorzienigheid ons heeft toevertrouwd. En wij hebben met name drie middelen benadrukt om de tempel Gods in ons op te bouwen.

Het eerste is door Zijn Naam aan te roepen, de naam van de Heer Jezus, die door openbaring gegeven werd: "Want er is ook onder de hemel geen andere Naam, die onder de mensen gegeven is, in welke wij moeten worden behouden".[22] En door deze Naam aan te roepen treden wij in de aanwezigheid van deze Persoon die wij aanroepen, de Heer Jezus. En door voortdurend deze Naam aan te roepen, gebeuren er vele dingen. Allereerst, om te beginnen, worden wij door het voortdurend aanroepen van deze Naam dragers van de eerste Zaligspreking: "Zalig de armen van geest, want hunner is het Koninkrijk der hemelen".[23] Het is alsof wij tot de Heer zeggen: "Heer, ik roep Uw Naam aan, want zonder U kan ik niets doen", zoals Hijzelf gezegd heeft.[24] En wie het kruis van Christus draagt, draagt tegelijkertijd dus ook de zaligheid van de Zaligsprekingen – hij is niet alleen een kruisdrager, maar ook een ontvanger van

---

[21] Cf. 1Kor.3:16.
[22] Hand.4:12.
[23] Mt.5:3.
[24] Zie Joh.15:5.

Gods zaligheid. Dit is dus het eerste middel: Het aanroepen van de Naam van onze Heer Jezus Christus, te allen tijde, in een voortdurende belijdenis dat wij zonder Hem niets kunnen doen. En beetje bij beetje, wanneer wij Zijn Naam aanroepen, verzamelen wij in ons hart de voetsporen van Zijn aanwezigheid. En wanneer deze sporen van Zijn genade zich in ons hart opeenhopen en een zekere volheid bereiken, dan gaat het hart wijd open om hemel en aarde te omvatten. En dat is werkelijk de geestelijke wedergeboorte van de Christen. De Heer zegt in het Evangelie een groot woord: "De vrouw, wanneer zij gebaard heeft, vergeet haar pijn en haar weeën, omdat er een *mens* in de wereld is gekomen".[25] Maar dit verwijst vooral naar onze geboorte in de eeuwigheid: Wanneer wij de genade van de eeuwigheid ontvangen, dan is een mens binnengekomen in de wereld van God, in het geestelijk paradijs. Dit is dus iets anders wat er gebeurt: door in ons hart de sporen te verzamelen van Zijn genade, door het aanroepen van Zijn Naam, bouwen wij beetje bij beetje aan de tempel van God. En de tempel van God is heilig. Dit zijn maar enkele woorden – wij zouden hier vele dingen over kunnen zeggen, maar ik moet ook iets zeggen over de twee andere middelen.

Het tweede middel is het lezen van het woord Gods, het bestuderen van het woord Gods. En nog meer, door het woord Gods te *bidden* – door te leren bidden met het woord Gods, en zo de taal van God te leren, de taal waarin Hij tot ons gesproken heeft. Wanneer wij de Schriften lezen, leren wij Zijn 'taal' – om met Hem te kunnen spreken en tot Hem te kunnen bidden met dezelfde taal waarin Hij tot ons spreekt. En wanneer, zoals de heilige Paulus zegt, het woord Gods rijkelijk in ons hart woont,[26] dan brengt dit dezelfde vrucht voort: de sporen van Zijn genade hopen zich op in ons hart, en zij bouwen de tempel Gods in ons op.

Een ander middel, waarover wij reeds gesproken hebben, is de Liturgie: wanneer het ons lukt deze uitwisseling te bewerken van ons kleine leven met het grenzeloze leven van God.

Dit zijn drie zeer krachtige middelen waarmee wij de tempel Gods in onszelf opbouwen. En als wij deze in onszelf hebben

---

[25] Cf. Joh.16:21.
[26] Cf. Kol.3:16.

opgebouwd, dan zijn wij in staat om Gods dienaren te zijn, om medewerkers te zijn met God voor de wedergeboorte van vele mensen – tenminste, diegenen die naar ons toekomen met de verwachting iets van ons te ontvangen.

Er zijn vele manieren om de sporen van Zijn aanwezigheid in ons hart te ontvangen en te verzamelen. De heilige Paulus zegt het heel eenvoudig tot de Filippenzen: "...deze gezindheid zij in u, die ook is in Christus Jezus".[27] Maar wat is deze gezindheid? Hij legt dat uit, even daarvóór. Hij zegt, dat wij onder elkaar een wedstrijd zouden moeten houden, wie de ander meer zal eren dan zichzelf. Dat is het teken van mensen die geestelijk wedergeboren zijn: zij willen altijd grotere eer geven aan de ander, dan aan zichzelf. Als iemand zich voor u vernedert, en uw reactie is om uzelf nog meer te vernederen voor hem, dat is het teken dat gij geestelijk wedergeboren zijt. Dit is de wedstrijd: de ander meer te eren dan onszelf. En daarbij gaat het om de *ander*, niet om onszelf. En de voornaamste 'Ander' is de Heer. Maar daarnaast ook Zijn volk, "de minste" van deze kleinen, zegt de Heer in de gelijkenis van het Laatste Oordeel.[28] Het is dus een groot ding, deze regel te leren in ons leven. En dan zullen wij in ons leven een gouden regel hebben: Aan al wat wij doen, en aan al wat wij zeggen, en aan al wat wij denken over onze medemensen, een kleine hoeveelheid toe te voegen van de nederige liefde van Christus. Dit is een grote cultuur. En dat is hoe dit gedaan wordt. En degene die in zijn leven deze regel heeft, hij zal nimmer zijn medemensen oordelen of veroordelen. Hij zal altijd een nederige en verbroken geest in zich dragen, die de Heer nimmer zal verachten.

Dit is het soort dingen dat wij gezegd hebben. In deze weinige woorden hebben wij geprobeerd deelgenoot te zijn van die God-welgevallige vergadering, dat "apostolisch bondgenootschap", zoals ik hen graag noem: de geestelijkheid van Bisschop Basil van Wichita.[29] Het zijn prachtige mensen, en zij komen met zulk een

---

[27] Fil.2:5.

[28] Zie Mt.25:40,45.

[29] Zij zijn verenigd onder de naam "St. Raphael Brotherhood" en houden in die hoedanigheid een jaarlijkse retraîte. Het zijn deze retraîtes waar ook vader Zacharias werd uitgenodigd te spreken, en die de basis vormden voor de eerder genoemde boeken. *Noot vert.*

eenvoud en zulk een verlangen. En weet u, als priesters kunnen wij niet tot de mensen spreken tenzij zij ons willen horen. Wanneer zij ons willen horen, dan geeft God een woord. Zelfs de Heer Zelf, Hij kon niet veel wonderen doen in zijn eigen landstreek.[30] Niet omdat Hijzelf daar niet toe in staat was, maar omdat Hij Zichzelf niet wilde opdringen. En dit wordt zelfs nog duidelijker bij het Laatste Avondmaal: Hij kon niet tot de apostelen spreken, totdat Judas was uitgegaan, en toen barstte de Heer uit: "Nu is de Zoon des mensen verheerlijkt".[31] En dit is dus een groot ding: in staat te zijn deze wedstrijd te houden, en in ons dagelijks leven deze regel te hebben in ons contact met de mensen: een kleine hoeveelheid liefde in alles.

Vraag 2 (een eerste-jaars seminarie-student): Dank u wel voor uw komst; dank u voor uw woorden; en dank u, dat u mijn vraag wilt aannemen. In uw aanvangswoorden hebt u genoemd dat Christenen niet zouden moeten wachten op de Wederkomst, maar dat wij daarheen zouden moeten snellen. Ik vroeg me af, of u daar iets meer over zou kunnen zeggen. Wat dat is, en hoe dat eruit ziet?

Antwoord: Dank u zeer! Toen ik mijn voordracht beëindigde, bedacht ik dat ik dit niet genoeg had uitgelegd, en ik ben blij dat u dit naar voren hebt gebracht.

Weet u, overal waar de heilige apostelen spreken over de uitnemendheid van het heilige leven in Christus – de heilige Paulus, de heilige Petrus, de heilige Johannes de Theoloog – wanneer zij maar spreken over hun grote visie aangaande de heiligheid van onze Kerk, dan verbinden zij dit onmiddellijk met de Wederkomst van onze Heer. "De heilbrengende genade van God is verschenen voor alle mensen", wordt er gezegd in de Brief aan Titus.[32] En onmiddellijk daarop onderricht de Apostel ons om op de juiste wijze te leven, in afwachting van de Wederkomst. Hetzelfde vinden we bij de heilige Petrus (ik herinner me nu even niet het specifieke vers, maar dat geeft niet). Evenzo de heilige Johannes de Theoloog; hij zegt: "Nu zijn wij Gods kinderen, en wij weten nog niet hoe het

---

[30] Zie Mt.13:58; Mk.16:5.
[31] Zie Joh.13:25-31.
[32] Cf. Tit.2:11.

zal zijn, wanneer Hij ons geopenbaard zal worden, maar wij weten
één ding: dat Hij Licht is, en dat wij zullen zijn gelijk Hij is, wanneer
Hij komt".[33] En onmiddellijk daarop zegt hij: "En al wie deze
verwachting heeft, deze hoop..." – deze "levende hoop", zoals de
heilige Petrus zegt[34] – "die zal zichzelf voortdurend reinigen,[35] en
heiligheid volbrengen in de vreze Gods,[36] zodat hij voorzeker de
Heer zal ontmoeten bij Zijn Wederkomst in heerlijkheid, en door
Hem zal worden opgenomen om voor eeuwig mét Hem te zijn.[37]

Waarom verbinden de apostelen het leven in heiligheid met de
Wederkomst? Simpelweg omdat wij mensen gemakkelijk aan alles
gewend raken. Wij leven gedurende enkele weken of maanden in
vurige bekering voor de vergeving van onze zonden, of misschien
gedurende enkele jaren, en dan verslappen wij. Want wij raken
daaraan gewend, en bovendien ontvangen wij de troost van de
Trooster – en dan verslappen wij. Maar wanneer wij deze vurige
verwachting bezitten van Hem, Die gekomen is en Die zal weder-
komen, dan kunnen wij daar niet aan gewend raken, want dit is een
gebeurtenis die in de geschiedenis nog niet heeft plaatsgevonden.
Dat is waarom het ons steeds weer nieuwe inspiratie verleent, te
leven in een eschatologisch perspectief, in de verwachting van Zijn
komst – waarbij wij de legerplaats van deze wereld verlaten, zoals
wij aan het begin van de voordracht hebben gezegd, om Hem Die
komt te ontmoeten. Het is daarom, om onze inspiratie te bewaren,
dat wij te allen tijde deze dimensie in ons leven nodig hebben.

*Vraag 3 (een eerstejaars studente aan St.Vladimir's, uit Rus-
land):* Ik heb twee vragen, als dat mogelijk is. De eerste: Zou u met
ons een verhaal kunnen delen over uw geestelijke vader, Sophrony
Sacharov, als dat mogelijk is; misschien een bijzondere gebeurtenis
of iets wat u van hem geleerd hebt; gewoon iets uit het leven, aangezien u hem persoonlijk gekend hebt. Ik bedoel, ik denk dat tenminste ikzelf daar winst uit zou kunnen halen. En het tweede: Zoals

---

[33] Cf. 1Joh.3:2.
[34] 1Petr.1:3.
[35] 1Joh.3:3.
[36] 2Kor.7:1.
[37] Cf. 1Thess.4:17.

gezegd is, en ik weet, dat u veel gereisd hebt; en u hebt gesproken voor een zeer uiteenlopend gehoor. U hebt in Cyprus geleefd, en in Engeland, en u bent in Rusland geweest en nu bent u hier. Kunt u ons vertellen... is er een verschil tussen de mensen, tussen hun reacties, hun tradities, hun Orthodoxie? En als dat er is, kunt u daar misschien iets over zeggen? Dank u.

Antwoord: Ah, dit zijn grote vragen, moeilijke vragen...

Over vader Sophrony zal ik slechts één ding zeggen. Op een dag kwam ik zijn studeervertrek binnen. Ik had de gewoonte altijd te zoeken naar een gelegenheid om contact met hem te hebben. Verschillende malen per dag – tweemaal, driemaal – ging ik naar hem toe om hem te zien. Ik stelde nooit een vraag, maar ik wist dat hij mij iets zou zeggen. En elke keer dat hij iets zeide, dan opende dit een nieuwe horizon, een geestelijke horizon. Ik zou u kunnen vertellen van vele malen, wanneer slechts één woord van hem mij vele dingen deed verstaan uit de levens van de profeten en van de heilige apostelen en de heiligen. Slechts één woord. Maar op een dag ging ik naar hem toe in zijn studeervertrek (en dit was ook de plaats waar hij de Biecht hoorde), en hij zegt tot mij: "Ik plaats mijzelf beneden allen die dit vertrek binnenkomen, opdat ik enkelen zou kunnen helpen". En dat is de taak van de priesters. Wij moeten er nimmer op vertrouwen dat de wijding die de Kerk ons gegeven heeft ons in staat stelt te handelen met gezag. Maar wij moeten proberen onszelf onder de mensen te plaatsen die wij trachten te helpen. Als wij onszelf nederig beneden de mensen plaatsen die wij dienen, dan zullen zij tot een zeker eergevoel komen en hun hart openen en ons woord aanvaarden. Dat was hetgeen mij meer dan alles trof in het leven van vader Sophrony.

Ik herinner me hoe er iemand kwam voor gebeden (hij leed aan een voortschrijdende verlamming van zijn ledematen). Hijzelf was geen man van geloof, en zijn vrouw geloofde nauwelijks. Maar zijn schoonmoeder was zeer vroom. En zij brachten hem opdat vader Sophrony zou bidden voor zijn genezing. Vele malen hebben wij genezingen gezien – niet altijd, maar vele malen – en wij raakten daar zo aan gewend dat wij daar geen aandacht aan schonken. En hijzelf schonk geen aandacht aan dergelijke dingen. Maar vader Sophrony wilde deze man helpen. En ik ging zelfs met vader Efraïm naar zijn huis in Londen, en ik deed een Ziekenzalving met heilige olie en ik gaf hem één of twee boeken te lezen, in een poging hem te doen herleven – want hij was geen gelovig man, maar hij zocht genezing van een priester. Wel, hij raakte wat verzacht, hij werd wat meer aanvaardend, en toen brachten zij hem voor een tweede keer naar vader Sophrony voor gebeden. (Vader Sophrony vertelde mij, waarom hij de eerste maal niet genezen was – vanwege de aanwezigheid van een andere persoon, die daar toen bij was.) Maar zij brachten hem een tweede maal. Vader Sophrony las de drie gebruikelijke gebeden uit het gebedenboek. En hij had nauwelijks het derde gebed beëindigd, of hij nam zijn epitrachilion weg met een zekere droefheid. En hij zegt tot de man: "Weet u, wij zijn geen wonderdoeners. Wij zijn slechts priesters, die proberen de mensen te helpen met God verzoend te worden." En deze man keek hem aan met een vriendelijk gelaat, bleek en stralend, en met een glimlach. En hij zei tot hem: "Ja, mijn lichaam is niet genezen. Maar terwijl u de gebeden aan het lezen was, werd mijn ziel genezen, en nu geloof ik". En daarop was vader Sophrony zó gelukkig en hij verheugde zich zozeer, meer dan wanneer hij op zijn gebeden genezingen zag. Want dat was zijn doel: Hij zei altijd dat er geen groter wonder bestaat in heel het universum, dan de eenheid van het hart van de mens met de Geest van God. En dat was het wonder dat hij diende, het wonder waarop hij doelde en waaraan hij dienstbaar was. Dat wat het éne wat mij bij hem het meeste trof.

En nu uw tweede vraag [of er verschil is tussen de volkeren.] Ik weet het niet. Ik houd er niet van zulk strikt onderscheid te maken. Ik denk dat iedereen geschapen is op een bijzondere wijze, met een diep hart. En het diepe hart van de mens heeft een goddelijke gewaarwording nodig. Dat is de bestemming van de mens. En dat is waarom God zich richt tot het diepe hart van de mens. En iedereen heeft een diep hart, maar wij weten het niet. Wij moeten dit aan de oppervlakte brengen. En wederom, daar bestaan vele middelen voor. Wij hebben in Wichita gesproken over vele middelen om het hart van de mens naar de oppervlakte te brengen, en in staat te zijn deze levende gewaarwording te verwerven van Gods aanwezigheid. Dus in elke natie zijn er mensen die dat zoeken, en iedere mens is daar in potentie voor geschapen. Natuurlijk, in Orthodoxe volken zoals de Russen, de Serven, de Grieken, de Roemenen, de Arabieren, de Georgiërs... al deze mensen hebben zovele eeuwen lang de Liturgie gevierd, en zij zijn daardoor gevormd. Want dit is de grootste school van het Orthodoxe volk, de Liturgie. "Eén is onze Leraar, namelijk Christus",[38] en één is Zijn school: de Liturgie. Dus natuurlijk zijn die mensen daardoor in meerdere mate mensen van het hart. Maar elke mens, geschapen naar Gods beeld en gelijkenis, heeft dit potentieel. Wanneer hij het woord Gods aanvaardt en de Naam van God aanroept, dan is dat het begin van de verwerkelijking van het doel van zijn komst in dit leven.

Vraag 4 (een derdejaars student aan St. Vladimir's Seminary): Vader, dank u dat u bij ons gekomen bent en met ons spreekt, hier aan St. Vladimir's. Daar u naar ons seminarie gekomen bent, had ik gehoopt dat u een goed woord zou kunnen spreken tot degenen die aan het seminarie studeren, diegenen die hier studeren en die meer zouden willen weten over hun geloof. Zou u iets kunnen zeggen voor diegenen onder ons.

Antwoord: Ik denk dat alles wat wij gezegd hebben daarop gericht was. Wij hebben gesproken over de aard van het Priesterschap, wat de aard is van het dienstwerk van een priester, hoe wij medewerkers worden met God. Alles wat wij gezegd hebben was daarop gericht. Maar misschien kan ik daar nog één ding aan toevoegen.

Ik ben er zeker van dat u hier theologie studeert met de zegen van uw geestelijke vader, of tenminste van uw bisschop. Dat wil zeggen, ik weet zeker dat u die hier theologie studeert ook een referentiepunt hebt, dat u zal bewaren in een nederige geest, en u een waarachtig begrip zal geven van de theologie en van het woord van God. Wij hebben allemaal een referentiepunt nodig.

Om ons aan te sluiten bij een club, moeten wij de secretaris van die club ontmoeten, en ons inschrijven. In de Kerk is dat hetzelfde: Wij moeten een referentiepunt hebben, een geestelijke vader. Wij zullen regelmatig biechten, en op die manier tonen wij onze afhankelijkheid aan het Lichaam van Christus, en bewaren wij een nederige geest, en dat zal ons priesterschap tot het einde toe levend houden. Anders – God verhoede het! – zou iemand heel zijn leven kunnen

---

[38] Cf. Mt.23:8.

doorbrengen met een dood priesterschap. Wij moeten in ons leven het priesterschap levend houden, en voelen en verstaan wat wij in de Kerk aan het doen zijn. En het is een grote hulp voor seminarie-studenten, voor studenten in de theologie, gekomen te zijn met een zegen, en om altijd een referentiepunt te hebben. Want dit referentie-punt bewaart ons in een nederige geest. En als wij voortdurend deze nederige geest hebben, zal deze ons ook in staat stellen het Evangelie te verstaan – zo niet, dan kunnen wij zelfs het Evangelie niet verstaan.

Elke keer dat wij biechten, elke keer dat wij een beetje schande dragen voor Gods aanschijn in onze belijdenis, om met God te wor-den verzoend, dan aanvaardt God onze schaamte als dankzegging aan Hem. Want Hijzelf heeft de schande van het Kruis gedragen. En voor deze kleine schande die wij dragen in de Biecht, deze dankzegging aan Hem, maakt Hij ons deelgenoot van Zijn genade. Dat is waarom degene die biecht en de schande daarvan draagt, heel de hemel aan zijn zijde heeft, zoals de Heer zegt: "Heel de hemel verheugt zich over één zondaar die zich bekeert".[39] Dus als gij, zo God wil, straks priesters zijt en er mensen naar u toekomen voor de Biecht: Wanneer zij komen en biechten met schaamte en nederigheid, verneder u dan voor hen *tot het uiterste*, want op dat ogenblik is de hand van God op hen om hun leven te herscheppen, hun leven om te vormen; en wij moeten dat scheppende werk van Gods rechterhand niet stoppen.

Het is dus zeer belangrijk voor ons om oprecht te biechten, en om regelmatig te refereren aan dat referentiepunt. Want dan zullen wij voortdurend worden hernieuwd en de genade van het priester-schap levend houden – of, als wij leken zijn, dezelfde genade te bewaren, de genadegave Christen te zijn. Het is een geestelijke gave om een Christen te zijn. En wij moeten dit in ons leven levend houden. Maar, voor leken is dit veel gemakkelijker. Voor priesters is het moeilijker, want er is ons veel gegeven, en er zal veel van ons worden geëist.[40] In het Oude Testament staat nog een andere vreeswekkende tekst: "... de machtigen zullen op machtige wijze worden getoetst", zegt de Septuagint.[41] ... Dus dat moeten

---

[39] Cf. Lk.15:7.
[40] Cf. Lk.12:48.
[41] Wijsh.6:6 (LXX) «δυνατοὶ δὲ δυνατῶς ἐτασθήσονται».

wij in gedachten houden. Ik wil u geen schrik aanjagen, maar het is goed altijd bevreesd te zijn, want hoe meer vreze wij hebben, des te meer zal Gods woord in ons een plaats vinden. De heilige Paulus zegt tot de Korinthiërs: "Toen ik tot u kwam, kwam ik met vreze en beven, en ik stelde mijn vertrouwen niet op menselijke wijsheid". En zo was het woord Gods levend in hem, om dit aan hen over te dragen. Want hij gaf er de voorkeur aan niets anders te weten dan Christus, "en Dien gekruisigd".[42] Vergeef mij.

Vraag 5: Soms kan het leven een routine worden en aards – gij doet uw dagelijkse bezigheden, en het lijkt of dit steeds weer hetzelfde is. En dan lijkt de toekomst soms weinig inspirerend en weinig motiverend. Wat zou u voorstellen, in geestelijke zin, om dat te bestrijden en ons animo en onze hoop op de toekomst levend te houden?

Antwoord: Wij hebben gesproken over de besnijdenis des harten. Hoe bewaren wij die? Wel, wij allen hebben een goede routine nodig. Dat wil zeggen, wij moeten leren om wanneer wij opstaan, ons hart uit te storten voor Gods aanschijn, zoals de profetes Hanna – om zo de onvergankelijke vertroosting te ontvangen van God. En dat zal een schram zijn op ons hart, die ons heel de dag zal vergezellen, en wij kunnen niet vergeten dat wij Hem toebehoren. Wij moeten ons voorbereiden, wij moeten zulke momenten hebben waarop alleen God en wijzelf op aarde bestaan, alleen ikzelf en God op aarde. Als wij zulke momenten hebben – laten we zeggen: in de ochtend, midden op de dag, en in de avond – dan zullen die enkele afdrukken achterlaten, enkele zegels in ons leven. Dat zijn de zegels van de eeuwigheid. En langzaamaan zullen deze zegels van de ochtend, van de middag, van de avond en van elk moment, heel de tijd van ons leven doen opgaan in de eeuwigheid. Dit is de wijze waarop wij het zegel Gods ontvangen – dat zegel dat de mensen niet zien; maar de engelen Gods zien het wel, en zij zullen in staat zijn ons te verzamelen van de uiteinden der aarde, wanneer de Heer komt in Zijn Koninkrijk. Wij moeten dus enkele momenten hebben waarin wij vanuit ons hart tot God kunnen spreken. De Psalm zegt: "Ik was bereid, en ik werd niet

---

[42] Cf. 1Kor.2:1-3.

verontrust".[43] Wij moeten onszelf op die manier voorbereiden, en dan zullen wij niet verontrust worden door de prikkels en de verzoekingen die ons voortdurend belagen. Vergeef mij.

Vader Zacharias: Vergeef mijn stoutmoedigheid, maar ik zou u ook een vraag willen stellen. Wat is het grootste gebod van het Nieuwe Testament? [*stilte*] Alstublieft, zegt u mij, wat is het grootste gebod van het Nieuwe Testament?[44]

Antwoord: Hebt elkander lief, zoals Ik u heb liefgehad.[45]

Vader Z.: Nee.

[*enkele via de microfoon onhoorbare voorstellen*]

Vader Z.: Nee.

Antwoord: Hebt God lief met geheel uw hart en geheel uw verstand...[46]

Vader Z.: Nee, dat is het niet. U zult het zien wanneer ik het u vertel. Als niemand het vindt, dan zal ik het zeggen, en dan zult gij zien dat dit het niet is.

Antwoord: Leert van Mij, want Ik ben nederig van hart.[47]

Vader Z.: Nee, sorry. [*er wordt gelachen*]

Antwoord: Vreest niet.

Vader Z.: Nee.

Antwoord: Weest volmaakt, zoals uw hemelse Vader volmaakt is.[48]

Vader Z.: Nee.

Ik zal het u vertellen, om onze ontmoeting niet te lang te rekken. Als gij uw Nieuwe Testament opent en leest in het Lukas-evangelie, hoofdstuk zeventien, vers tien, dan leest gij daar: "Wanneer gij alles gedaan zult hebben wat Ik u heb opgedragen..." – *alles*, God lief te hebben met geheel uw hart, lief te hebben zoals Ik u heb liefgehad, enzovoort... – "Wanneer gij alles gedaan zult hebben wat Ik u heb opgedragen, zeg dan tegen uzelf: 'Wij zijn onnutte

---

[43] LXX Ps.118(119):60.

[44] Ditzelfde punt werd ook elders besproken, in de bijeenkomst te St. Tikhon's, in antwoord op een vraag over de zelfveroordeling. Zie hfst.9, vraag 1, p.181.

[45] Joh.15:12.

[46] Cf. Mt.22:37; Mk.12:30; Lk.10:27.

[47] Cf. Mt.11:29.

[48] Cf. Mt.5:48.

dienstknechten, en wij hebben gedaan wat wij schuldig waren te doen'."[49] Het grootste gebod is voortdurend dit besef te hebben. Dan zullen wij in contact zijn met "de Vader van alle mededogen en de God van alle vertroosting".[50] Dan zullen wij Hem ontvangen, wij zullen Zijn tuchtiging aanvaarden, en Hij zal Zichzelf aan ons schenken als aan Zijn zonen. Vergeef mij.

---

[49] Cf. Lk.17:10.
[50] 2Kor.1:3.

Bibliografie van geciteerde werken

De geciteerde werken zijn vermeld in Engelse vertaling, tenzij anders aan-gegeven. M.b.t. de werken van Archim. Sophrony wordt ook verwezen naar anderstalige uitgaven: GK = Griekse editie (in de oorspronkelijke vertaling van Archim. Zacharias), EN = Engelse editie, NL = Nederlandse editie.

WERKEN VAN HET KLOOSTER ST. JOHN THE BAPTIST

Archim. Sophrony (Sacharov)

"Saint Silouan the Athonite" (afgekort: "Saint Silouan")
vert. Rosemary Edmonds;
Stavropegic Monastery of St. John the Baptist
Tolleshunt Knights, Essex, U.K., 1991;
herdruk: St. Vladimir's Seminary Press, Crestwood NY (U.S.A.) 1999.

> Nederlandse vertaling: *"De heilige Silouan de Athoniet"*
> vert. Zr. Elisabeth (Koning); uitg. Axios, 1998;
> (heruitgave: Orthodox Logos, Tilburg).

"We Shall See Him As He Is" (afgekort: "We Shall See Him")
vert. Rosemary Edmonds;
Stavropegic Monastery of St. John the Baptist,
Tolleshunt Knights, Essex, U.K.,1988.

"On Prayer"
vert. Rosemary Edmonds;
Stavropegic Monastery of St. John the Baptist,
Tolleshunt Knights, Essex, U.K., 1996.

Archim. Zacharias (Zacharou)

"The Enlargement of the Heart: 'Be ye also enlarged' (2 Corinthians 6:13) in the Theology of Saint Silouan the Athonite and Elder Sophrony of Essex"
redactie Christopher Veniamin;
Mount Thabor Publishing, South Canaan PA (U.S.A.), 2006.

> Nederlandse vertaling: *"Weest ook gij uitgebreid (2Kor.6:13) – De uitbreiding van het hart in de theologie van de heilige Silouan en oudvader Sophrony van Essex" (afgekort: "Weest ook gij uitgebreid")*
> vert. A. Arnold-Lyklema;
> Uitgeverij Orthodox Logos, Tilburg, NL, 2014.

«*ΑΝΑΦΟΡΑ ΣΤΗ ΘΕΟΛΟΓΙΑ ΤΟΥ ΓΕΡΟΝΤΟΣ ΣΩΡΦΟΝΙΟΥ*»
(Anaphora aan de theologie van oudvader Sophrony)
Stavropegic Monastery of St. John the Baptist,
Tolleshunt Knights, Essex, U.K., 2000.

Engels-talige bewerking: *"Christ, Our Way and Our Life:
A Presentation of the Theology of Archimandrite Sophrony"*
vert. Sr. Magdalen;
Saint Tikhon's Seminary Press, South Canaan PA (U.S.A.), 2003.

Nederlandse vertaling: *"Christus, onze Weg en ons Leven
– Anaphora aan de theologie van oudvader Sophrony"*
vert. A. Arnold-Lyklema;
Maranatha House, 2014.

"The Hidden Man of the Heart (1 Petr.3:4)"
Stavropegic Monastery of St. John the Baptist,
Tolleshunt Knights, Essex, U.K., 2007.

Nederlandse vertaling: *"De verborgen mens des harten (1 Petr.3:4)"*
vert. A. Arnold-Lyklema;
Maranatha House, 2014.

*"Remember Thy First Love (Rev.2:4-5) – The three stages of the spiritual
life in the theology of Elder Sophrony"*
Stavropegic Monastery of St. John the Baptist,
Tolleshunt Knights, Essex, U.K., 2010.

Nederlandse vertaling: *"Gedenk uw eerste liefde (Openb.2:4-5)
– De drie stadia van het geestelijk leven in de theologie van
oudvader Sophrony"*
vert. A. Arnold-Lyklema;
Maranatha House, 2014.

LEVEN & WERKEN VAN DE HEILIGE VADERS
(min of meer chronologisch geordend)

H. Justinus, Filosoof & Martelaar

"First Apology of Justin"
in de serie Ante-Nicene Fathers (NPNF).

Woestijnvaders

"The Sayings of the Desert Fathers: The Alphabetical Collection"
vert. B.Ward SLG;
Cistercian Publications, Kalamanzoo MI (U.S.A.), 1975; heruitgave 1984.

H. Basilius de Grote

Homilie XVIII: "Over de martelaar Gordius"
Griekse tekst: Patrologia Graeca (PG 31).

Abba Dorotheüs van Gaza

"Practical Teaching on the Christian Life"
vert. Constantine Scouteris;
Athene, 2000.

H. Johannes Klimakos (= van de Ladder)

"The Ladder of Divine Ascent" (afgekort: "The Ladder")
Holy Transfiguration Monastery Press, Boston MA (U.S.A.), 1991.

H. Johannes van Karpathos

*"For the Encouragement of the Monks in India who had Written to Him:
One Hundred Texts",* in: *"The Philokalia"*, vol.1,
ed. G.E.H. Palmer, Philip Sherrard & Kallistos Ware,
Faber & Faber, Londen, 1981.

H. Philaret van Moskou

"Select Sermons", ed. Joseph Masters, Londen 1873;
heruitgave: Elibron Classics, Adamant Media Corporation, 2005.

OVERIGE WERKEN

Een Nederlandse vertaling van genoemde teksten en hymnen uit de
Orthodoxe Diensten is te vinden in de uitgaven van het Orthodox Klooster
te Den Haag, van de hand van archimandriet Adriaan. (Van sommige
teksten zijn ook andere vertalingen beschikbaar, afhankelijk van het
gebruik ter plaatse.)

In de noten werd bovendien verwezen naar het volgende werk:

John S. Romanides

*"The Ancestral Sin – A comparative study of the sin of our ancestors
Adam and Eve according to the paradigms and doctrines of the first- and
second-century Church and the Augustinian formulation of original sin."*
vertaling & introductie: George S. Gabriel
Zephyr Publishing, Ridgewood, New York, 1998/2002.

Index Bijbelcitaten

OUDE TESTAMENT

218 VAN DE DOOD TOT HET LEVEN

118 (119):	32	25, 99, 157,	53:	2	33,
	60	212,		3	33cf,
	94	187cf,		5	37,
125 (126):	1	90, 200,		7	18zie, 70cf, 74, 33,
	5	142,		7-8	33, 39,
132 (133):	3	126cf, 158cf,		8	107,
141 (142):	7/8	139,	61:	1-2	14cf,
SPREUKEN			63:	9	105zie,
3:	34	80cf, 175cf,	JEREMIA		
8:	22-23	26cf,	11:	18	121cf,
HOOGLIED			31:	34	101cf,
8:	6	12,	EZECHIËL		
JOB			12:	2	42cf,
2:	13	118,	DANIËL		
3:	1vv	118,	9:	7	34cf,
42:	17	191zie,	JOËL		
JESAJA			3:	4	152,
1:	6	105cf, 178cf,	MICHA		
2:	12	175cf,	4:	6-7	116,
6:	1-3	174cf,	5:	1-13	116,
	2-3	10cf,			
9:	6	43,	*Overige boeken LXX*		
22:	22	57zie,			
40:	1-2	100cf,	WIJSHEID VAN SALOMO		
	13-14	16zie,	6:	6	17, 150cf, 210,
43:	1	187cf,	GEBED DER DRIE JONGELINGEN		
53:	geheel	16zie,	(LXX Dan.3)		32cf,

NIEUWE TESTAMENT

MATTHÉÜS			5:	5	40, 100, 101,
3:	7	11zie,		6	41, 101,
	11	71,		7	42,
5:	3	36, 98, 202,		8	43,
	4	38, 99cf, 99,		9	43,

Inhoud

EINDE

Aan de Ene God in Drieëenheid,
de Vader en de Zoon en de Heilige Geest,
zij alle heerlijkheid, dank en aanbidding
in de eeuwen der eeuwen.
Amen

WERKEN van Archim. Zacharias in Nederlandse vertaling
voor nadere details zie o.a. de website van Maranatha House (.info)

♦ **Christus, onze Weg en ons Leven** – *Anaphora aan de theologie van oudvader Sophrony*
Over de levende theologie als het relaas van de ontmoeting met God. Ter inspiratie, zowel als voor serieuze studie. Compleet met alle oorspronkelijke verwijzingen en patristieke citaten in Nederlandse vertaling.

♦ **Weest ook gij uitgebreid (2Kor.6:13)** – *De uitbreiding van het hart in de theologie van de heilige Silouan de Athoniet en archimandriet Sophrony van Essex*
Inspirerend onderricht m.b.t. het doel van de geestelijke weg.

♦ **De verborgen mens des harten (1Petr.3:4)**
Over het mysterie van het menselijk hart, en over het leven in bekering als een tocht om het 'diepe hart' te vinden.

♦ **Gedenk uw eerste liefde (cf. Openb.2:4-5)** – *De drie stadia van het geestelijk leven in de theologie van oudvader Sophrony*
Nader onderricht omtrent het verloop van de geestelijke weg.

♦ **De mens, God's doelwit** – *"Wat is de mens, dat Gij hem hebt grootgemaakt ..." (Job 7:17-18)*
Een theologische verdieping in het Mysterie van de Persoon.

♦ **Van de dood tot het leven** – *De weg van het Kruis des Heren in ons dagelijks bestaan*
Een reeks voordrachten naar aanleiding van een woord van oudvader Sophrony over de aard van de Christelijke weg.

♦ **Het zegelbeeld van Christus in het hart van de mens**
De geestelijke visie van de weg van Christus, toegepast op het dagelijks leven, eredienst en verkondiging, priesterschap, monnikschap, en de paradoxale weg van kruis tot overwinning.

✠

www.ingramcontent.com/pod-product-compliance
Lightning Source LLC
Chambersburg PA
CBHW022006080426
42733CB00007B/501